rororo

ro
ro
ro

Zu diesem Buch

Volker Arzt nimmt uns mit auf eine imaginäre Reise in die aufregendsten und lebendigsten Epochen der Erdgeschichte; auf den Spuren von Fossilfunden folgen wir ihm durch ganz Deutschland. In einem neuen Eisenbahntunnel bei Bonn erleben wir, wie zum ersten Mal die deutsche Küste besiedelt wurde – von Pionieren aus dem Meer. Wir entdecken Weiße Haie vor Mainz und krokodilgroße Tausendfüßer in Sachsen. Wir erfahren, wie Deutschland vom Äquator an seinen heutigen Ort gekommen ist und wie eine Steinzeitsippe auf der Schwäbischen Alb vor 33 000 Jahren den Alltag meisterte …

Viel Spaß bei einer Reise durch 500 Millionen Jahre wildbewegte Vergangenheit!

Der Diplomphysiker und freischaffende Journalist **Volker Arzt** ist einem breiten Publikum durch seine populärwissenschaftlichen TV-Sendungen («Querschnitt», zusammen mit Hoimar von Ditfurth), seine TV-Dokumentationen aus Wissenschaft, Umwelt und Technik (u. a. die hoch gelobte Serie «Naturzeit» und die Jugendserien des ZDF «Die Welt in der Wanne» und «Abenteuer unter Wasser») und seine Tätigkeit als Regisseur, Autor und Publizist bekannt. Für sein filmisches Werk erhielt er zahlreiche Auszeichnungen im In- und Ausland, darunter den «Nautilus» in Bronze, Silber und Gold. Volker Arzt lebt, wenn er nicht auf Reisen ist, in Hamburg.

Volker Arzt

ALS DEUTSCHLAND AM ÄQUATOR LAG

EINE REISE IN DIE URGESCHICHTE

Mit Illustrationen von
Knud Jaspersen

Rowohlt Taschenbuch Verlag

Veröffentlicht im Rowohlt Taschenbuch Verlag,
Reinbek bei Hamburg, August 2004

Umschlaggestaltung: ZERO Werbeagentur, München
Abbildung: zefa, Foto des Autors: © Heinz von Matthey
Druck und Bindung Clausen & Bosse, Leck
Printed in Germany
ISBN 3 499 61952 0

IMPRESSUM

INHALT

EINLADUNG ZU EINER ZEITREISE

Gesucht werden Reisegefährten. Sie sollten fit sein im Kopf, neugierig und phantasievoll. Interessiert? Es gibt da allerdings ein Problem. Es soll eine unmögliche Reise werden, eine wahrhaft phantastische Reise, die nur in unserer Phantasie stattfinden kann. Eine Zeitreise nämlich – in unsere eigene ferne Vergangenheit. Eine Fahrt durch die aufregendsten und lebendigsten Epochen der Erdgeschichte.

Die einzige Zeitmaschine, die so etwas leisten kann, ruht verborgen unter unserer Schädeldecke: unser Gehirn. Mit seiner unfassbaren Fähigkeit, Vorstellungen und Gedanken zu produzieren, kann es uns auch Jahrmillionen in andere Zeitalter zurückversetzen. Vorausgesetzt, es erhält ausreichende Datenmengen und Verknüpfungsanweisungen.

Aber das macht meine Aufgabe, Teilnehmer für unser Reisevorhaben zu gewinnen, nicht leichter. Im Gegenteil: Auch Gedankenreisen können anstrengend, beschwerlich oder einfach zeitraubend sein.

Machen wir's also wie jedes Reisebüro. Machen wir Werbung. Ich will versuchen, die vorgesehenen Reiseziele in leuchtenden Farben zu schildern, und ich will vor allem unser bequemes und zuverlässiges Reisegefährt anpreisen, das uns in ferne Zeiträume entführen soll. Es gibt nichts Passenderes, als mit einem Heißluftballon (oder für alle, die es altmodischer mögen: mit einer Montgolfiere) zu unserem Gedankenflug abzuheben. Zugegeben, da kommt meine ganz persönliche Vorliebe für dieses Fluggerät durch. Aber es gibt auch historische Gründe. Schließlich war es eine Montgolfiere, mit der zum ersten Mal eine andere, bis dahin unmögliche Reise gelang.

Die beiden Brüder Jacques und Michel Montgolfier ließen eine Riesenkugel aus Papier fertigen, heizten die Luft darin auf – und siehe da: Am 19. September 1783 stieg der Ballon vor dem Schloss von Versailles in die Höhe. Die erste Reise in die Luft! König Ludwig XVI. schaute sich das Spektakel persönlich an und war begeistert. Über die Stimmung der Fluggäste an Bord – ein Hahn, eine Ente und ein Schaf – ist nichts überliefert.

Ein Ballon ist der ideale Ort, um sich entspannt dahintreiben zu lassen. Kein Lüftchen weht, der Ballon zieht mit dem Wind. Tief unten bleibt das Alltagsgeschehen zurück. Über dir wölbt sich die majestätische Kuppel. Sie hält den Korb, und sie trägt dich fort – mitsamt deinen Träumen und Gedanken. Und manchmal scheint der Ballon tatsächlich rückwärts in der Zeit zu reisen. Frühmorgens zum Beispiel. Hoch oben aus dem Korb siehst du die Sonne glutrot über den Horizont steigen. Aber du kannst sie wieder zurückschicken: ein zügiger Sinkflug des Ballons in die Schattenzone, und die Sonne zieht sich wieder unter den Horizont zurück, bis sie verschwunden ist. Dann geht sie ein zweites Mal auf – als hätte man die Uhr zurückgestellt. Ein Ballon – so scheint es – entkommt sogar dem Lauf der Zeit. Ein Grund mehr, ihn für unsere Zeitreise auszuwählen. Bitte einsteigen!

Bei unserem Gedankenflug sind wir natürlich nicht an die üblichen Reisebeschränkungen gebunden. Frech durchstoßen wir die Lufthülle und blicken aus dem Weltraum auf die Erde. Und wenn es sich lohnt, tauchen wir mit unserem Ballon sogar forsch ins Wasser ein. Bei allen Freiheiten wollen wir aber hauptsächlich innerhalb Deutschlands Grenzen bleiben. Nicht, dass sich alles

Wesentliche der Erdgeschichte hier abgespielt hätte. Keineswegs. Aber die abenteuerlichsten Abenteuer sind meistens die vor der eigenen Haustür – vielleicht, weil man sie dort am wenigsten erwartet.

Ein neuer Eisenbahntunnel bei Bonn zum Beispiel entpuppt sich als dramatischer Tatort. Hier erleben wir, wie zum ersten Mal die deutsche Küste besiedelt wurde – von Pionieren aus dem Meer. Sie haben das Gesicht der Erde total verändert. Was waren das für Lebewesen? Und warum hatten sie es so schwer?

Wir schauen aus unserem Korb hinunter auf die deutschen Mittelgebirge, auf das Erzgebirge, den Harz oder das Rheinische Schiefergebirge, und entdecken, dass sie die kümmerlichen Reste einer gigantischen Gebirgskette sind, die einmal die ganze Welt umspannte.

Für alle, die es tropisch heiß mögen: Wir werden sogar zum Äquator fahren und dort in wilder und gefährlicher Umgebung niedergehen – und das mitten in Deutschland. Tatsächlich gab es eine Zeit, als unsere «Heimatscholle» am Äquator lag – wie heute das Kongobecken in Afrika oder das Amazonasbecken in Südamerika. Entsprechend ungewöhnlich sind die Bewohner, auf die wir stoßen: Riesentausendfüßer – so groß wie Krokodile – und nicht weniger gefährlich. Oder räuberische Libellen mit einer Flügelspannweite wie Falken.

Klingt wie aus einem Gruselfilm. Soll man das einfach so glauben? Natürlich wollen wir Beweise haben. Und selbstverständlich fragen wir uns, wie denn Deutschland vom Äquator an seinen heutigen Ort gekommen ist – immerhin eine Reise von 7000 Kilometern.

Bei Chemnitz gerät unser Ballon in einen gewaltigen Vulkanausbruch. Ganze Wälder werden flachgelegt. Die umgestürzten Bäume kann man heute noch sehen und betasten.

Am Rand der Norddeutschen Tiefebene verfolgen wir die Spur eines gewaltigen Raubsauriers – bis wir ihm selbst in den Rachen greifen …

Dann steuern wir unseren Ballon über die Schwäbische Alb. Das ist der Jurassic Park von Deutschland. Hier erleben (und überstehen) wir die Attacke eines fliegenden Sauriers. Zum Glück ist er nur auf Fische aus. Wir folgen ihm ins Wasser – und tauchen gleich weiter in die Unterwasserwelt von damals. Wir werfen einen Blick in den Magen eines Fischsauriers und sind dabei, wenn ein Saurierweibchen, das eigentlich Eier legen müsste, im Wasser ein lebendes Junges zur Welt bringt.

Zwischendurch springen wir ins Jahr 1912 und laden einen leidenschaftlichen Ballonfahrer zu uns in den Korb. Er erzählt von seiner verrückten Idee, dass die Kontinente «wie Flöße» über den Globus schlittern würden. Die Floß-Idee wurde damals verlacht – heute gilt sie als bewiesen.

Richtig, fast hätte ich es vergessen. Für alle, die Überraschungen lieben: Auf unserem Korbrand landet unvermittelt ein Dinosaurier. Offensichtlich hat er bis heute überlebt.

Aus der Höhe unseres Ballons haben wir den großen Überblick: Ein Ereignis am Südpol verändert Deutschland und die Welt – und läutet den Siegeszug des Grases und die dramatische Geschichte der Pferde ein.

Und die Geschichte anderer Grasfresser: Im Rheintal landen wir neben dem riesigen Schädel eines «Ungeheuers». 30 Mann sind nötig, um ihn zu bergen. Was für ein ungewöhnliches Tier mag das sein? Mit seinen abwärts gebogenen Stoßzähnen? Jedenfalls sorgen sie für einen bissigen Gelehrtenstreit.

In der berühmten Vogelherdhöhle auf der Schwäbischen Alb schließlich belauschen wir eine Steinzeitsippe vor 33 000 Jahren. Das Jagdglück der Familie ist ausgeblieben. Ihr Schamane findet einen Ausweg – der bis heute bestaunt und bewundert wird. Und weltberühmt geworden ist.

Und zu guter Letzt – unser Ballon macht's möglich – fahren wir 50 Millionen Jahre in die Zukunft und schauen uns da ein bisschen um. Ein beunruhigender Ausblick – in beruhigend weiter Ferne.

Viel Spaß bei unserer Deutschlandreise. Es ist die Reise in eine wild bewegte Vergangenheit; eine Reise, die sich zwar nur in unseren Köpfen abspielt, aber ohne diese Vergangenheit gäbe es unsere Köpfe nicht.

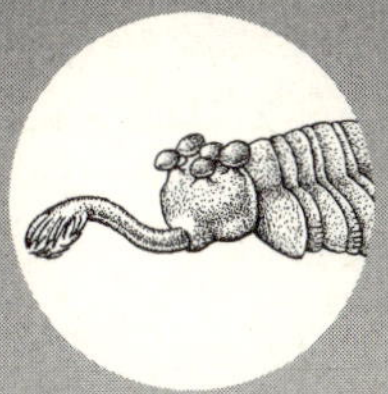

SCHÖPFUNG IM KAMBRIUM

DIE ERSCHAFFUNG DER TIERE UND DES LICHTS

Schon so oft war ich dabei gewesen. Aber jedes Mal bin ich wieder aufs Neue gepackt und gefesselt. Vor allem, wenn es im Morgengrauen geschieht. Da liegt zunächst nur ein großer, wenn auch sehr großer Stoffsack auf der Wiese: die platte Hülle unseres Ballons. Aber ganz schnell ist es vorbei mit der Plattheit: Ein Ventilator pustet Luft durch die Sacköffnung; der Stoff beginnt zu wabern; in großen Wellen kriecht die Luft bis ans Ende der Hülle. Nur widerwillig, so scheint es, bläht sich unser Ballon. Auch Minuten später liegt er noch reichlich schlapp auf dem Boden, und es scheint ganz unvorstellbar, wie er den Schritt zum prallen und tragfähigen Ballon machen könnte, der in den Himmel drängt. Aber genau dann kommt jener wahrhaft erhebende Augenblick, der mich immer wieder in seinen Bann zieht: Hansgeorg Lutz, unser Ballonpilot, macht Feuer. Er zündet den Propangas-Brenner und jagt mehrmals eine meterlange Stichflamme in die Hülle. Im durchscheinenden Licht der Feuerstöße leuchten die Stoffbahnen rot und gelb – begleitet vom fauchenden Getöse des einschießenden Gases.

Die Wirkung des Feuerstrahls ist mehr als verblüffend. Als hätte man einen Lebensfunken gezündet, beginnt unser Ballon, sich aus eigener Kraft zu straffen; er wälzt sich ein paar Mal wie ein Riesentier – dann richtet er sich langsam und majestätisch auf, bis er Raum greifend über dem Ballonkorb steht. Bereit zum Abheben. Der ganze Vorgang dauert nur ein paar Minuten. Nichts daran ist rätselhaft oder unerklärlich, und trotzdem erfasst mich jedes Mal das unheimliche Gefühl, als hätten wir ein Untier aus dem Schlaf geweckt oder einem Dinosaurier Leben eingehaucht (ein Thema, auf das wir noch ausführlich zurückkommen werden). Dieses seltsame Gefühl bleibt sogar bestehen, wenn ich mir nüchtern den physikalischen Sachverhalt ins Gedächtnis rufe: Die Stichflamme erwärmt die Luft im Ballon; das macht die Luft dünner und leichter – und deshalb steigt sie nach oben. Nicht anders als die heiße Luft über einer Kerzenflamme. Oder die warme Atemluft an einem kalten Wintertag, die als sichtbarer Hauch dann nach oben zieht. Unser Atem kann sogar als echte Ballonfüllung dienen: für Seifenblasen. In kühler Winterluft steigen sie geradezu ungestüm in den Himmel – als kleine, schillernde Heißluftballons.

Auch unser großer Heißluftballon ist schon unterwegs. Hansgeorg Lutz hat unter lautem Brennergetöse die Luft in der Kuppel noch mehr erhitzt. Die Autos unter uns schrumpfen und scheinen immer langsamer voranzukommen. Die Kühe werden zu bedeutungslosen Tupfern auf der Weide. Nur die Wälder gewinnen an Format. Sie weiten sich zu großen, dunklen Flächen. Nach oben hingegen immer dasselbe Bild. Die sonnendurchleuchtete Hülle wölbt sich wie ein fremder Himmel über unseren Köpfen. Nach einiger Zeit verliert sich der Blick in den Mustern der Stoffbahnen; der Maßstab für Größe und Entfernungen schwindet; das Gefühl für die Zeit löst sich auf. Es ist der richtige Augenblick, noch mehr abzuheben und sich davontragen zu lassen – weit über die Wirklichkeit hinaus ... an den Anfang unserer Geschichte. Und der liegt immerhin 540 Millionen Jahre zurück.

Vor 540 Millionen Jahren beginnt ein Zeitabschnitt der Erdgeschichte – oder in der Sprache der Wissenschaftler: eine Periode –

mit dem Namen «Kambrium». Diese Bezeichnung ist so beliebig wie irgendein Straßenname; sie bezieht sich auf eine Gegend in Großbritannien, wo man im 19. Jahrhundert Gestein aus dieser Periode gefunden hat: in Nordwales nämlich. Aber weil Nordwales in den Ohren der damaligen Forscher nicht wissenschaftlich genug klang, wählte man den römisch-keltischen Namen für diese Gegend; und der heißt Cambria. Die Periode des Kambriums dauert von 540 Millionen bis 500 Millionen Jahre vor unserer Zeit.

Die Frage ist berechtigt: Warum starten wir gerade im Kambrium? Warum beginnen wir mit unserer Reise nicht früher, vor 1000 Millionen Jahren zum Beispiel? Oder viel bescheidener vor einer Million Jahren? Möglich wäre das, auch aus diesen Zeiten gäbe es Spannendes zu berichten, aber vor 540 Millionen Jahren, mit dem Beginn des Kambriums, ereignete sich Revolutionäres in der Geschichte der Erde. Manche sprechen sogar von einer «Explosion des Lebens». Mehr noch: Bis dahin hatte Dunkelheit auf der Erde geherrscht. Jetzt gelingt die «Erschaffung des Lichts». Zum ersten Mal wird es hell. Zugegeben – das alles klingt noch recht geheimnisvoll, aber es lässt zumindest ahnen, dass unser Reiseantritt nicht zufällig auf dieses Datum fällt.

540 Millionen Jahre – es ist hoffnungslos, sich diese Zeitspanne irgendwie vorzustellen. Sie scheint einfach über alle Maßen lang zu sein. Und das stimmt auch, solange man sie mit Zeitabläufen aus der menschlichen Geschichte vergleicht. Die Pyramiden der Ägypter wurden vor etwa 5000 Jahren errichtet. Das Rad vor etwa 6000 Jahren erfunden. Die älteste Flöte vor 30 000 Jahren geschnitzt. Das erste Lagerfeuer brannte vor 800 000 Jahren. Und vor rund 4 Millionen Jahren tauchten überhaupt zum ersten Mal menschenähnliche Wesen in Afrika auf. So gesehen sind 540 Millionen Jahre tatsächlich eine «unmenschlich» lange Zeit.

Aber man kann das auch anders sehen. Verglichen mit dem Alter der Erde, sind 540 Millionen Jahre nur eine kleine Spanne. Die Erde ist nämlich achtmal so alt; sie entstand vor rund 4500 Millionen, also 4,5 Milliarden Jahren. Unsere so unvorstellbar lange Geschichte befasst sich demnach gerade mal mit dem letzten Achtel der Erdgeschichte. Das ist, als würde man aus dem Leben eines Achtzigjährigen nur das letzte Jahrzehnt ab 70 herausgreifen.

Die Teilung Deutschlands

Schluss mit den Zahlenspielen. Unser Ballon ist inzwischen so hoch wie möglich gestiegen – und weit darüber hinaus. Wie aus einem Raumschiff schauen wir hinunter auf unsere Erde – vor 540 Millionen Jahren. Aber was heißt da «unsere» Erde? Nichts erinnert an die Erde, wie wir sie von Weltraumfotos kennen. Mal abgesehen davon, dass da unten Meere sind und irgendwelche Kontinente. Und Wolken gibt es auch. Aber ansonsten könnte das irgendein fremder Planet im Weltall sein.

Sogar mit der Zeit scheint etwas nicht zu stimmen: Die Sonne hat es wesentlich eiliger. Fast hektisch geht sie auf, stürmt über den Himmel und stürzt sich wieder hinter den Horizont. Nachts ziehen Mond und Sterne mit derselben Ungeduld über den Himmel. Wir schauen auf die Uhr: Ein voller Tag dauert gerade mal 20 Stunden. Dagegen scheint unser 24-Stunden-Tag von heute richtig gemütlich.

Ein Erdentag, der schon nach 20 Stunden vorbei ist – wie will man das belegen? Wer hat damals auf welche Uhr geschaut? Die Stunden gezählt? Oder anderweitig die Tageslänge gemessen? Es gibt tatsächlich Lebewesen, die das fertig bringen; ziemlich gewöhnliche Wassertiere sogar. Wir werden ihnen später noch begegnen, und dann werden sie uns auch ihre besondere Technik des Zählens verraten.

Der Verantwortliche für die kurzen Tage damals sei aber jetzt schon genannt. Jeder kennt ihn, denn noch heute beeinflusst er die Erde. Die Erdkugel dreht sich bekanntlich wie ein Kreisel, als hätte man durch den Nord- und Südpol eine Achse gesteckt. Jede

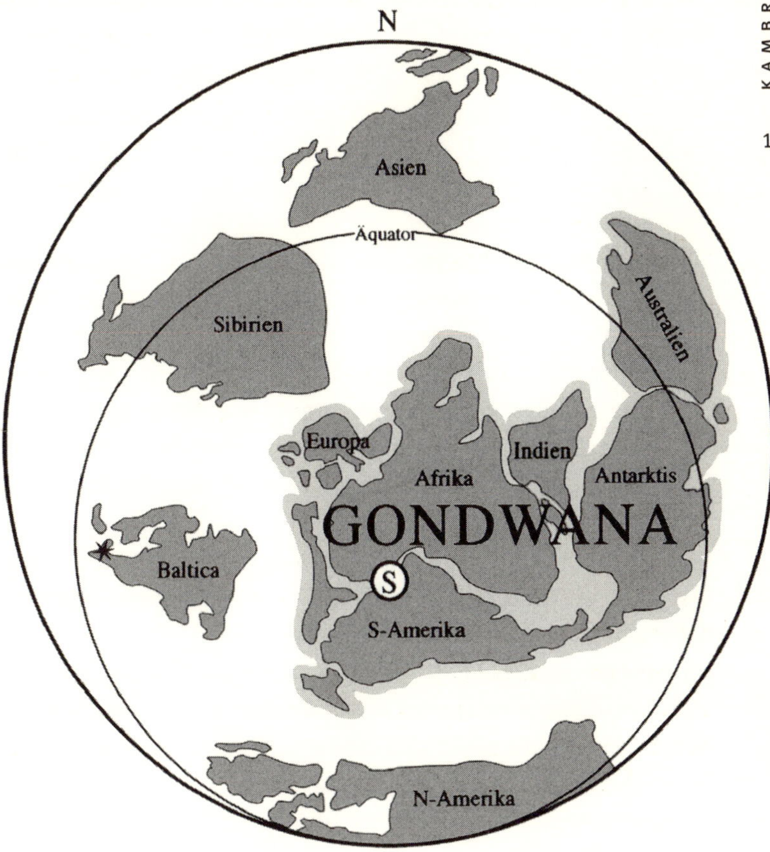

Vor 540 Millionen Jahren ist Deutschland geteilt und befindet sich südlich des Äquators: Der Norden mit Hamburg (✶) liegt auf dem Kontinent Baltica, während der große Rest Teil von Gondwana ist.

Umdrehung erleben wir als einen Tag. Und wie jeder Spielzeugkreisel wird auch die Erde mit der Zeit immer langsamer. Allerdings bremst hier nicht die Luft oder die Berührung mit dem Boden, sondern – der Mond. Tatsächlich bremst der Mond, obwohl er die Erde gar nicht berührt. Er macht es über seine Anziehungskraft: Er zieht das Wasser der Ozeane in seine Richtung und sorgt so für eine Erscheinung, die jedem geläufig ist, der mal an der Küste war: die Gezeiten. Die mit Ebbe und Flut verbundenen Wasserbewegungen bremsen die Drehung der Erde. Sie ziehen die Tage auseinander. Unmerklich nur. Aber in 540 Millionen Jahren kommt eben einiges zusammen.

Sei's drum, an die verkürzten Tage kann man sich gewöhnen. Aber nicht an das fremde Gesicht der Erde unter uns. Weder die vertrauten Umrisse Afrikas noch Amerikas sind zu erkennen, von Europa ganz zu schweigen. Stattdessen ist die nördliche Halbkugel fast vollständig mit Wasser bedeckt – ein einziger weltumspannender Ozean. Die Kontinente hängen alle mehr oder weniger unten auf der Südhalbkugel, und ihre Gestalt erinnert nicht im Geringsten an unsere heutigen Erdteile.

Besonders auffällig ist ein riesiger Großkontinent in der Nähe des Südpols. Um ihn besser in den Blick zu bekommen, steuern wir in eine Beobachtungsposition schräg über dem Südpol und fertigen eine Skizze für unser Logbuch an. Und dort ist auch schon eingetragen, was erst nach viel Tüftelei klar geworden ist: Der seltsame Riesenkontinent ist aus mehreren uns vertrauten Erdteilen zusammengesetzt. Da fügen sich Afrika und Südamerika aneinander wie zwei Puzzlestücke. Auf der anderen Seite sind Australien und die Antarktis angeheftet. Und weil sogar Indien passend dazwischen hängt, wurde der Riesenkontinent nach dem indischen Volksstamm der «Gond» benannt. Er wurde zu Gondwana.

Auch hinter den anderen, kleineren Kontinenten verbergen sich Landmassen von heute – obwohl ihre Küstenlinien das nicht auf Anhieb vermuten lassen. Auf unserer Skizze zeichnen wir

Nordamerika und Sibirien ein; beide liegen knapp unter dem Äquator. Und dann gibt es einen – für uns besonders interessanten – Kontinent namens Baltica. Auf ihm liegt Nordeuropa mit Skandinavien und dem Baltikum (das ist das Gebiet von Estland, Lettland, Litauen). Aber auch der nördlichste Teil Deutschlands gehört gerade noch als Randzone dazu. Südlich von Hamburg ist Deutschland zu Ende. Hier stürzt Balticas Küste in die Tiefsee.

Und wo bleibt Restdeutschland? Auf der Suche nach den südlichen Teilen Deutschlands müssen wir zurück auf den Riesenkontinent Gondwana mit seinem Herzstück Afrika. Am Nordrand Afrikas sind ein paar kleinere Stücke dabei, sich zu lockern und zu lösen. Später einmal werden sie sich in Richtung Baltica auf den Weg machen, um Deutschland und Europa zu ergänzen. Aber so weit ist es noch nicht. Zum jetzigen Zeitpunkt ist der Süden Deutschlands und Europas ein Anhängsel von Afrika. Heimatkontinent: Gondwana. In der Nähe des Südpols.

Die Kontinente sind offenbar beweglich, ja sogar brüchig und scheinen leicht in Fahrt zu kommen. Das ist natürlich eine höchst beunruhigende – um nicht zu sagen aberwitzige – Behauptung, die wir noch genauer unter die Lupe nehmen müssen; denn nichts kommt uns so unverrückbar fest vor wie der Boden, auf dem wir stehen.

Trotzdem wollen wir für den Augenblick die Kontinente in Ruhe lassen. Sie sind ohnehin recht eintönig und farblos. Vor allem die Farbe Grün fehlt fast völlig. Kein einziges Pflänzchen unterbricht die Wildnis aus Sand und Felsen. Weder Moos noch Flechten beleben das Land. Es ist öd und leer. Stürme fegen über die Bergkämme. Die Flüsse zernagen das Gestein und stürzen sich über Felsabhänge in die Tiefe. Aber es gibt kein Ohr für das Heulen des Windes und kein Auge für das glitzernde Schauspiel eines Wasserfalls: Die Kontinente sind unbelebt.

Grund genug für uns, einen Blick in die Ozeane zu werfen. Wie sieht es hier mit Leben aus? Ganz gezielt landen wir am Strand einer sonnendurchfluteten Lagune, denn wenn überhaupt, dann könnten Tiere und Pflanzen am ehesten hier im flachen Wasser gedeihen. Schon auf den ersten Blick fallen uns dunkle, mit Schleim überzogene Höcker und Kuppeln auf, die jetzt bei Ebbe aus dem Wasser herausragen. Reglos, wie sie sind, sehen sie nicht sehr lebendig aus – eher wie Sitzkissen. Und in gewisser Weise stimmt das sogar, denn obendrauf, in einer papierdünnen Schicht, sitzen einzellige Algen: mikroskopisch kleine Kügelchen und Fäden, die dicht miteinander verwoben sind. Sie bilden einen lebenden Überzug, der seine Energie vom Licht der Sonne bezieht. Das Kissen selbst besteht aus den zahllosen Schichten abgestorbener Algen und Bakterien. Mit Sand und Schwebstoffen als Kitt sind sie fest zusammengebacken und bilden so – Stockwerk für Stockwerk – das Fundament für den lebenden «Dachgarten». Solche Bauwerke aus Algen- und Bakterienmatten heißen in der Fachsprache Stromatolithe (man könnte es mit «Steingewebe» übersetzen), und an wenigen Orten haben sie bis heute überlebt; in der Shark Bay in Australien zum Beispiel oder in der Baja California in Mexiko.

Eigentlich müssten sie im Guinness-Buch der Rekorde stehen; denn keine andere Lebensform auf der Erde hat so lange unverändert überdauert. Irgendwie verstehen es die Stromatolithe, im Strom der Zeit nicht unterzugehen. Und das will etwas heißen angesichts der katastrophalen Strudel und Wirbel, die immer wieder versuchen, das gesamte Leben auf der Erde in den Abgrund zu ziehen. Wir werden noch erleben, wie alle Lebewesen der Erde um ein Haar wieder ausgestorben wären.

Die Erfindung der Tiere

Zurück zu unserer Lagune. Bei allem Respekt vor ihren Stromatolithen – unsere Begeisterung hält sich in Grenzen. Denn solche Algenmatten sind weder neu noch überraschend: Wir hätten sie auch 2,5 Milliarden (!) Jahre früher antreffen können. Sie sind in der Geschichte des Lebens ein uralter Hut. Allerdings: Es gab kaum andere Lebensformen. Bis zum Zeitpunkt unserer Landung – vor rund 540 Mio. Jahren – bevölkerten fast nur Winzlinge wie Algen oder Bakterien die Ozeane der Erde. Man musste sie mit der Lupe suchen, und auch unter der Lupe waren sie nur einzelne runde oder längliche Zellen – formlos, kopflos, ohne Arme und Beine. Ganz zu schweigen von schützenden Panzern oder Stacheln oder gar «vorausschauenden» Augen. Nichts dergleichen. Erst mit Beginn des Kambriums…

Vorsichtig machen wir die ersten Schritte ins seichte Wasser, den Blick suchend nach unten gewandt – wie auf einer Wanderung durchs Watt. Und nicht anders als an der Nordsee entdecken wir Krabbelspuren im Sand und Bohrgänge von Würmern. Da liegen muschelähnliche Schalen herum. Ein Büschel Seetang wird mit jeder Welle ein Stück weiter an den Strand gespült. Zwischendurch stoßen wir auf schwarz gefärbte Stellen im Sand – Flecken aus stinkendem Faulschlamm, aus vermoderten Kleinstlebewesen. Ich kenne solche Moderstellen von Wanderungen durchs Watt und gehe achtlos darüber weg. (Erst später, viel später sollte ich wieder mit der Nase auf sie stoßen.) Die durchsichtige Qualle hingegen sollte man besser nicht übersehen: Sie ist in die Brandung geraten und versucht, pulsierend zurück ins ruhige Wasser zu kommen. Wir überlassen sie ihrem Schicksal – niemand weiß, wie giftig ihre Nesselfäden sind.

Ein paar Schritte weiter jenseits der Brandungswellen fallen mir zwei schwarze Pünktchen auf, direkt vor meinem großen Zeh auf dem Meeresgrund. Jetzt bin ich mutiger und grabe mit den Händen aus, was immer sich da im Untergrund verbergen mag. Es ist ein gepanzertes Tier, so groß wie eine Krabbe: ein wunderschöner Trilobit. Ich erkenne ihn sofort; denn es war schon immer mein Traum, einem dieser längst ausgestorbenen Tierchen zu begegnen. Sie sind – selbst als Versteinerungen – so formschön und kompakt gebaut, als wären sie im Windkanal getestet: vorne ein gebogener Kopfschild; unmittelbar dahinter der rundliche Körper mit eleganter «Mittelrippe». Man muss sie einfach mögen. Unsere Zeichnung wird jeden davon überzeugen. Und sie klärt auch über den Namen auf: «Trilobit» heißt «der Dreilapper», und das bezieht sich auf die deutliche Unterteilung in Kopf-, Mittel- und Schwanzteil.

Aber jetzt halte ich meinen Traum in der Hand. Erst war er vor Schreck eingerollt wie eine Kellerassel, aber nun streckt sich mein Trilobit, und ich kann seinen makellosen Panzer bewundern. Noch keine einzige Schramme ist drauf – offensichtlich eine Neuerwerbung. Das Tierchen muss sich vor kurzem erst gehäutet haben, so wie es Krebse und Hummer tun. Irgendwo auf dem Meeresgrund liegt seine alte, zu klein gewordene Hülle – wer weiß, vielleicht wird sie als Versteinerung überdauern. Bei den meisten «Trilobiten», die heute in den Geschäften angeboten werden, handelt es sich um solche versteinerten Panzerhemden.

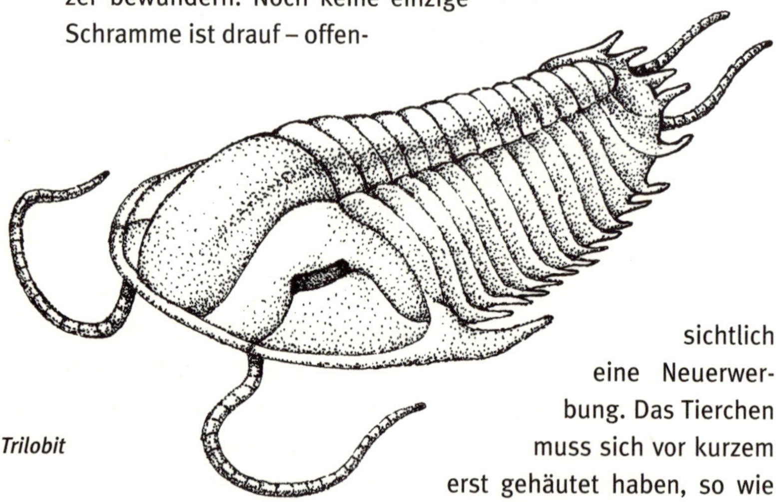

Trilobit

Ich schaue ihn an – und er schaut zurück. Aus kleinen, dunklen Knopfaugen. Die ersten Augen, die man aus der Erdgeschichte kennt! Sie erinnern an Insektenaugen; denn wie bei Fliegen – oder noch deutlicher bei großen Libellen zu sehen – sind sie aus vielen winzigen Einzellinsen zusammengesetzt. Offensichtlich ein genialer Entwurf. Denn dieser Bauplan des Trilobitenauges bleibt ein Superhit in der Geschichte des Lebens. Nicht nur alle Insekten in der Luft, sondern auch alle Krebstiere im Wasser tragen bis heute solche «Facettenaugen».*

Es wird Zeit, meinen Fund wieder zurück ins Wasser zu befördern; denn wie Fische atmen auch Trilobiten durch Kiemen. In wenigen Augenblicken ist er verschwunden. Nur eine kleine Trübung des Wassers zeigt, wo er sich eingegraben hat.

Wie soll man das begreifen? Tausende von Jahrmillionen dümpelt das Leben so vor sich hin, und dann – scheinbar aus dem Nichts – tauchen Tiere auf, die wie unser Trilobit schon alles können, was man von einem «richtigen» Tier erwartet: Sie krabbeln, atmen, sehen. Sie fressen mit Zangen; tasten mit Fühlern; schützen sich durch Panzer. Dazu braucht es Nervennetze, Blutbahnen, Verdauungsorgane und vieles, vieles mehr. Das ist beinahe so, als wenn es nie etwas anderes als Handwagen gegeben hätte – und plötzlich kommt das neueste Mercedes-Modell um die Ecke gefahren.

Um diese Plötzlichkeit zum Ausdruck zu bringen, sprechen die Wissenschaftler gern von der «Kambrischen Explosion». Zugegeben, wenn ein Knallfrosch explodiert, geht das schneller; denn die Explosion im Kambrium hat sich über 10 Millionen Jahre hingezogen. Aber gemessen an seinem gemächlichen Gang zuvor, hat das Leben hier wirklich einen explosionsartigen Entwicklungsschub gemacht.

Man muss nur wissen, wie das gemeint ist. Auch wenn die Pilze aus dem Boden schießen, geschieht das ja nicht mit der Geschwindigkeit einer Gewehrkugel, sondern nur erheblich schneller, als man es von irgendeiner Pflanze kennt.

Mindestens so unfassbar wie die Geschwindigkeit der Kambrischen Explosion ist jedoch ihr Ausmaß. Neben den Trilobiten erscheint ein ganzer Zoo anderer, äußerst seltsamer Tiere – Tiere,

* Auch Komplex- oder Verbundaugen genannt; bei ihnen setzt sich das Bild aus vielen Lichtpünktchen zusammen, bis zu 15 000 bei Trilobiten und bis zu 30 000 bei Libellen.

die so fremdartig und phantastisch aussehen, als hätte ein Zeichner sie für den Wettbewerb «Wer malt das verrückteste Tier?» entworfen. Schauen wir uns einige Kostproben an...

Weiter draußen in der Lagune gibt es eine Riffwand aus Kalk. Mit ihren Höhlen und Nischen bietet sie Verstecke und Unterschlüpfe für jeden. Nicht anders als heutige Riffe. Aber sonst ist alles anders, und wir kommen aus dem Staunen nicht heraus. Da tanzt tatsächlich eine «Schuhsohle» vorbei. Harmlos sieht sie aus, wäre da nicht das Rundmaul auf der Unterseite mit scharfen Raspeln. Auf dem Sandboden stakst ein «Darm auf Stelzen» mit langen, spitzen Nadeln auf dem Rücken. So unwirklich wie ein Trugbild.

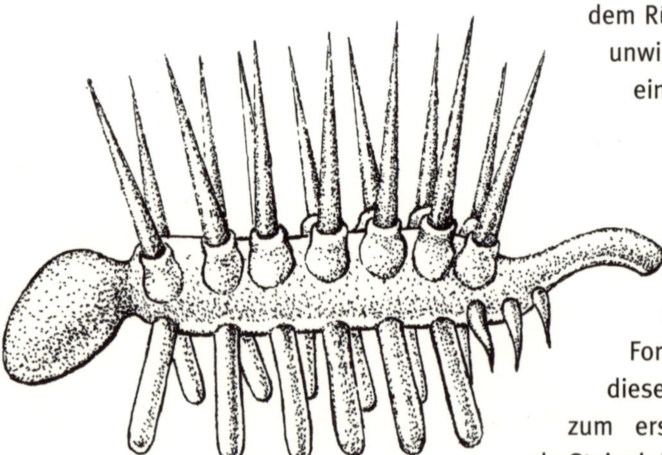

Hallucigenia

Auch die Forscher, die diese Kreatur zum ersten Mal als Steinabdruck entdeckten, trauten ihren Augen nicht; denn sie tauften sie «Hallucigenia», die Trugbild-Erzeugende. Auch andere Namen sind so phantastisch wie ihre Träger. «Wiwaxia» erinnert an einen geflügelten antiken Kriegerhelm – der allerdings über den Boden krabbelt. «Opabinia» hat auffallend schöne Augen – fünf pfefferkorngroße Knopfaugen; sie schiebt einen langen Rüssel vor sich her, der in einer Art Greifquaste endet. Irgendwie – ich kann mir nicht helfen – hat Opabinia etwas von einem Staubsauger.

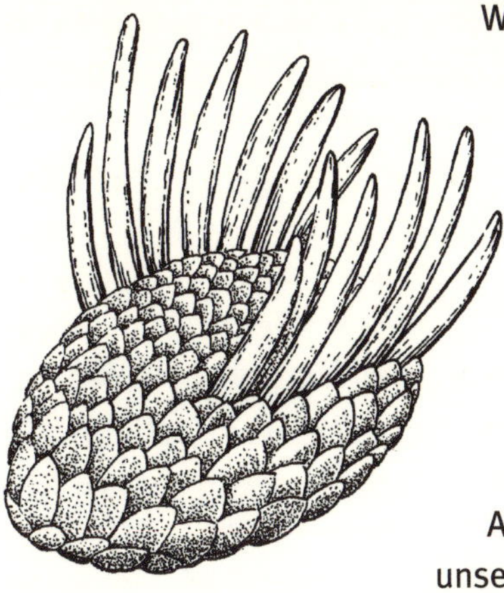

Wiwaxia

Wir fühlen uns, als wären wir im Zirkus der absonderlichsten Tiere. Viele sehen so abartig aus, dass einfach die Worte fehlen, sie angemessen zu beschreiben. (Als Opabinia bei einem Kongress erstmals vorgestellt wurde, brachen die Teilnehmer in ohrenbetäubendes Lachen aus!) Aber ich hoffe, dass wenigstens unsere flüchtigen Skizzen eine Vorstellung von diesen kambrischen Sonderlingen vermitteln. Hinzu denken muss man sich allerdings die Farben: Einige der Krabbler und Schwimmer schillern in allen Regenbogenfarben, während sie durch einen Sonnenstrahl huschen. Feinste Wimpernhärchen auf dem Rücken sorgen für diesen Leuchteffekt.

Endlich ein Vertrauter unter den Phantasie-Geschöpfen, auch wenn ich ihn wegen seiner Übergröße zunächst gar nicht erkenne: Ein Trilobit, so groß wie eine Computermaus, zieht über den Sand. Seine Augen sind wie Autoscheinwerfer in den Kopfschild eingebaut (in die «Frontpartie integriert» würde ein Autotester

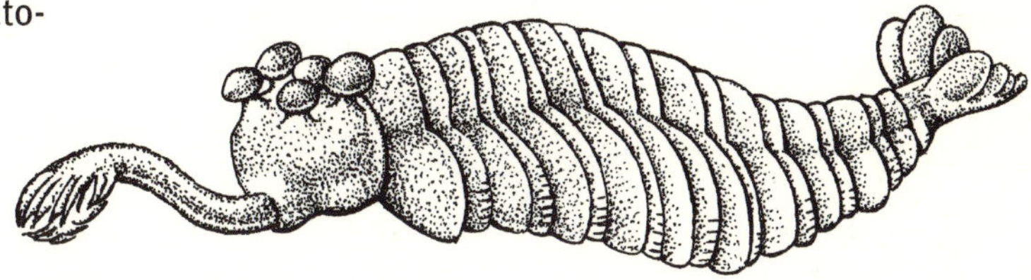

Opabinia

wahrscheinlich sagen). Dieser Trilobit gehört zu einer anderen Art und hat es offensichtlich nicht nötig, sich im Sand zu verstecken; er marschiert sogar furchtlos auf mich zu. Aus der Nähe bemerke ich, dass sein gerippter Panzer eine deutliche Narbe trägt – groß wie ein Daumenabdruck. Das kann nur eine frühere Verletzung sein, die wieder verheilt ist. Aber wer könnte diesem gepanzerten Haudegen etwas anhaben?

Noch während mir der Gedanke durch den Kopf geht, schießt der Trilobit mit einem kräftigen Schwanzschlag an mir vorbei auf eine Riffspalte zu. Auch die anderen Tiere jagen davon und suchen aufgeregt nach einem Versteck. Was ist los? Haben sie erst jetzt unseren Besuch bemerkt?

Ein Schatten mit flirrenden Rändern gleitet über den körnigen Sand. Berührungslos überspringt er Bodenwellen und Vertiefungen, klettert über Steine und Schwämme. Dann hält er an – fast in meiner Reichweite. Der Schatten gehört zum gefährlichsten Raubtier des Kambriums. Für kambrische Verhältnisse ist es riesig: über einen halben Meter, größer als ein ausgewachsener Hummer. Aber natürlich habe ich keinen Hummer vor mir, genauso wenig wie einen Hai oder Kraken. Die waren alle noch

Anomalocaris

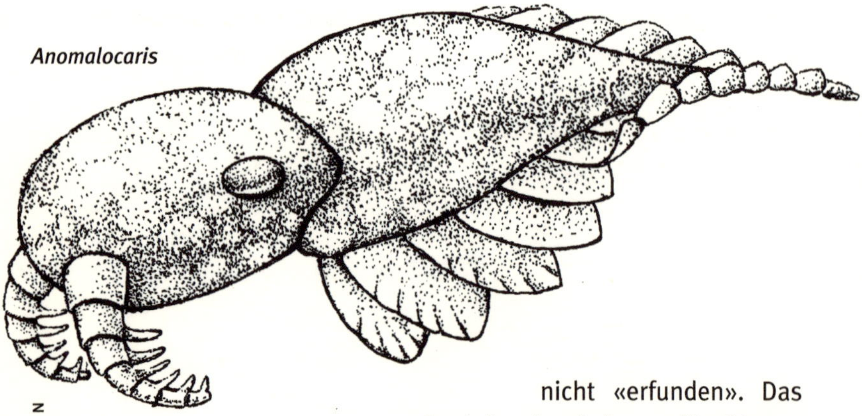

nicht «erfunden». Das Raubtier, das da lauernd im Wasser schwebt, sieht unvergleichlich aus – so unvergleichlich, dass es den Namen «der Nicht-Normale» bekommen hat. Es heißt «Anomalocaris».

Anomalocaris ist so seltsam gebaut, dass ich gar nicht versuchen will, ihn zu beschreiben, sondern erneut auf die Aussagekraft unserer Zeichnung hoffe. Dort sieht man seinen torpedoförmigen Kopf, aus dem wie Sicheln zwei abwärts gebogene Klauen ragen. Blitzschnell packen sie zu, und weil sie mit scharfen Zähnchen bestückt sind, gibt es für Beutetiere kein Entkommen. Bis sie Stück für Stück in dem großen, gefräßigen Rundmaul verschwunden sind. Anomalocaris trägt auf beiden Seiten einen Saum von Flossen; wie Lamellen sind sie übereinander geschoben und machen ihn zu einem wendigen und gefährlich schnellen Schwimmer. Mein Trilobit hat Glück gehabt. Bei der nächsten Häutung wird auch seine Narbe verschwinden – vorausgesetzt, er ist bis dahin etwas vorsichtiger.

Die Begegnung mit dem Furcht einjagenden Anomalocaris ist sicher der Höhepunkt unseres Lagunen-Besuches, und eigentlich könnten wir es damit gut sein lassen. Aber wir dürfen auf keinen Fall die kleine «Schnecke» übersehen, die sich da an der Riffwand entlangschlängelt. Schließlich verdanken wir ihr eine ganze Menge. Nichts Geringeres nämlich als unsere Existenz – die Tatsache, dass es uns gibt. Das Schneckchen sieht – im Gegensatz zu den sonstigen Riffbewohnern – ziemlich normal, fast etwas langweilig aus: zwei Fühler am Kopf und ein flacher, etwas durchscheinender Körper. Längs über den Rücken zieht sich eine Mittellinie – wie ein angedeutetes Rückgrat. Und genau hierin liegt seine Verbindung zu uns Menschen. «Pikaia» – so heißt das Schneckchen – ist der Urahn aller Tiere mit Rückgrat. Also auch unsere eigene fernste

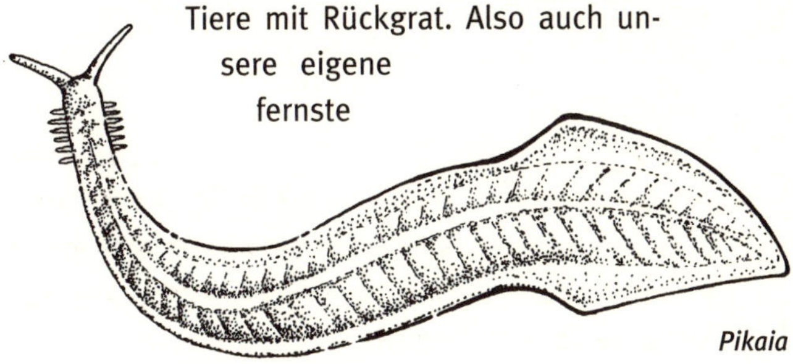

Pikaia

Stammmutter. Grund genug, sie behutsam in eine kleine Riffspalte zu versetzen, wo sie vor Anomalocaris sicher ist. Wir wollen ja unsere eigene Zukunft nicht gefährden.

Wie sähe die Welt heute aus, wenn Pikaia und mit ihr die Idee, längs des Rückens eine Versteifung einzubauen, sich nicht durchgesetzt hätte? Würden intelligente, krakenähnliche Tiere die Welt beherrschen? Oder Abkömmlinge von Anomalocaris? Oder Insektenköniginnen mit ihren Völkern? Ohne die Erfindung eines Rückgrats oder einer Wirbelsäule müssten wir auf Schlangen und Frösche verzichten, auf Fische und Vögel, auf Hunde und Katzen. Aber was soll's? Kein Mensch wäre auf der Welt, der darauf hätte «verzichten» können. Denn auch wir haben bekanntlich eine Wirbelsäule.

Etwas nachdenklich, aber immer noch außer Atem vor Begeisterung verlassen wir unsere kambrische Lagune. Wir wissen, dass es nur ein Kurzbesuch war und dass wir die meisten und vielleicht die irrwitzigsten Tiere gar nicht zu Gesicht bekommen haben. Die kambrische Explosion war eine einmalige Explosion der Erfindungen und Ideen, der Phantasie und Lust am Probieren – wie sie nie zuvor und auch niemals danach wieder stattgefunden hat. Selbst die heutige Vielfalt an Lebewesen kann da nicht mithalten.

Alle Tierarten, die es heute gibt, vom Wurm bis zum Wal, lassen sich in etwa 30 Tierstämme einteilen, die sich jeweils durch einen deutlich anderen Körperbau unterscheiden. Wer zum selben Tierstamm gehört, dessen Körper spiegelt dieselbe Konstruktionsidee wider. Zum Stamm der Weichtiere gehören beispielsweise so unterschiedliche Tiere wie Schnecken, Muscheln oder Kraken; sie haben einen weichen Körper ohne Knochen. Ganz im Gegensatz zu unserem eigenen Stamm der Wirbeltiere. Zum Stamm der Gliederfüßer wiederum gehört so ziemlich alles, was auf mehrgliedrigen Beinen krabbelt und sich häutet. Alle Insekten also, alle Spinnen und Käfer und sogar so Schwergewichtler wie Hummer oder Garnelen. Auch die Trilobiten des Kambriums waren Gliederfüßer. Die Unterteilung in Stämme ist also wirklich großzügig; sie schaut nur auf die Roh-Baupläne der Tiere. Und so erklärt sich auch die bescheidene Zahl von nur 30 Stämmen bei dem riesigen Heer unterschiedlicher Tiere. Aber – das ist der entscheidende Punkt – einige Wissenschaftler schätzen, dass die Kambrische Explosion sage und schreibe 100 Stämme – also 100 grundverschiedene Baupläne – hervorgebracht hat. Kein Wunder, dass uns viele Tiere so fremd vorkamen. Die meisten Tierstämme sind zwar bald wieder ausgestorben, aber die Frage bleibt: Was war der zündende Funke für diese Explosion an Lebensentwürfen? Was war so einmalig und einschneidend im Kambrium – vor 540 Millionen Jahren?

Um es gleich zu sagen: Man weiß es nicht. Die Gründe für das rasante Aufblühen des Lebens sind bis heute ein Rätsel. Natürlich gibt es eine Reihe von Behauptungen und Vermutungen. Es war eine Frage der Rohstoffe, sagen die einen. Im Kambrium habe es zum ersten Mal genügend Substanzen im Meer gegeben (Phosphorverbindungen zum Beispiel), aus denen man harte Schalen und Panzer bauen konnte. Das habe die Kambrische Explosion ausgelöst.

Andere widersprechen. Auch Tiere ohne Panzer hätten sich rasant entwickelt. Entscheidend, sagen sie, sei die Zunahme an Nährstoffen im Meer gewesen. Jetzt konnten die Tiere größer werden. Und Größe eröffnet mehr Spielraum für neue Baupläne. Augen zum Beispiel liefern erst ab einer Mindestgröße von einem zehntel Millimeter richtige Bilder.

Wieder andere glauben, erst mit dem Kambrium sei genügend Sauerstoff im Wasser gewesen, um problemlos atmen zu können. Das sei der entscheidende Auslöser für die explosionsartige Entwicklung der Tiere gewesen.

Vielleicht liegt ja keiner ganz falsch; vielleicht mussten viele Dinge zusammenkommen, um als Zündfunke zu wirken. Hier gibt es, wie gesagt, noch keine eindeutige Antwort. Aber eines scheint klar: Als die Lebewesen einmal über die Stufe winziger Einzeller hinausgewachsen waren und ihr Körper schließlich aus vielen unterschiedlichen Zellen und Organen bestand, gossen sie – bildlich gesprochen – Öl ins Feuer der Kambrischen Explosion. Aus eigener Kraft trieben sie die weitere Entwicklung kämpferisch und geradezu brutal voran: Sie fraßen sich gegenseitig auf. – Na und?, ist man versucht zu sagen, das tun sie bis heute; wo ist das Besondere? Es war in der Tat etwas Besonderes damals. Etwas Ungeheuerliches. Eine Revolution, die die Geschichte des Lebens abgrundtief verändert hat.

Jahrmilliardenlang war es gemächlich und friedlich, fast paradiesisch auf der Erde zugegangen. Die Algen- und Bakterienmatten der Stromatolithen bekamen alles frei Haus geliefert, was sie zum Leben brauchten: Sonnenlicht und Meerwasser. Die Algenzellen nutzten das Sonnenlicht als Energiequelle – der große Trick aller Pflanzen. Und die Bakterien, die diesen Trick nicht beherrschten, versorgten sich ausschließlich aus dem Wasser: Sie zogen Energie spendende Nährstoffe durch ihre Zelloberfläche nach innen. Das alles war nicht sonderlich aufregend und entsprach in etwa dem Leitspruch: «Leben und leben lassen.»

Aber dann war es plötzlich vorbei mit der Gemütlichkeit. Es tauchten Tiere auf, die sich am Leben erhielten, indem sie andere umbrachten. Räuber und Beute. Was für ein Umschwung. Man kann sich das gar nicht einschneidend genug vorstellen. Wenn wir den Fall auf unseren Straßenverkehr übertragen, dann würden plötzlich Autos auftauchen, die kein Benzin mehr tanken, sondern stattdessen andere Autos überfallen und sie mit Haut und Haar beziehungsweise Chrom und Blech verschlingen. Eine schaurig absurde Vorstellung, aber bleiben wir noch einen Augenblick dabei. Denn nach dem überraschenden Auftreten solcher Killerautos wird sich einiges ändern. Ganz schnell werden sich die anderen Autos mit Abwehrvorrichtungen versehen – mit Panzerplatten vielleicht oder Stahlstacheln, um unangreifbar zu wer-

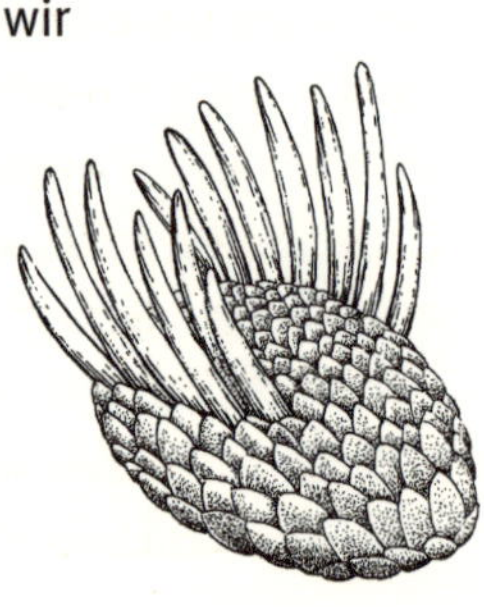

den. Andere fahren nur noch bei Nacht oder ziehen um in friedlichere Gegenden. Auf jeden Fall lohnen sich Warnsysteme, die möglichst früh die Gefahr entdecken und melden. Aber was auch immer sich die bedrohten Autos einfallen lassen – es wird nie von Dauer sein. Denn natürlich erfinden auch die Raubautos neue Waffen und Angriffstaktiken. Sie verstecken sich in Toreinfahrten und schlagen unerwartet zu. Sie entwickeln Kettenräder, die alles überrollen, schleudern Stahldraht-Lassos oder legen sich panzerknackende Greifzangen zu. Die armen Beuteautos! Sie müssen ihrerseits etwas Neues erfinden – vielleicht tarnen sich manche perfekt als Hausecke oder Müllcontainer. Auf jeden Fall, so viel steht fest: Schon nach kurzer Zeit wird eine Fülle neuer Fahrzeugtypen und Fahrweisen das Straßenbild prägen. Nichts wird mehr sein wie früher – als man noch friedlich tanken konnte.

Und so ist auch nach Beginn der Kambrischen Explosion nichts mehr wie früher. Die Waffen der Angreifer und Verteidiger schaukeln sich gegenseitig in die Höhe – ein nimmer endender Wettlauf. Wer nicht mehr mithalten kann, muss abtreten. Neue Gefahren geben neuen Bauplänen eine Chance. Man kämpft um Raum, um Nahrung, um Weibchen. Man versucht, den anderen auszustechen und sich mit allen Mitteln durchzusetzen. Irgendwie hat das Leben seine Unschuld verloren. Der neue Leitspruch lautet: «Lebe auf Kosten des anderen!»

Hier kann ich mir eine kleine Abschweifung nicht verkneifen. Es gibt Leute, die diesen Leitsatz allen Ernstes auch für unseren Alltag, für die Schule und vor allem für das Berufsleben fordern. Häufig formulieren sie es etwas versteckter. «Setze dich durch um jeden Preis» oder «Wenn du etwas willst, musst du es dir nehmen!». Das sei «natürlich», argumentieren sie und verweisen auf den Kampf ums Dasein in der Natur. Diese Leute vergessen dabei völlig, dass Tiere, im Gegensatz zu uns, gar nicht die Möglichkeit haben, rücksichtsvoll oder fair zu sein, Mitleid oder gar Nächstenliebe zu zeigen. Solche Haltungen setzen nämlich voraus, dass man sich in die Gefühlswelt des anderen hineinversetzen, gleichsam in seine Rolle schlüpfen und eine Situation aus seiner Sicht erleben kann. Das ist aber eine Fähigkeit – viele Tests mit Tieren belegen es –, die praktisch bei keiner Tierart ausgebildet ist. Allenfalls Menschenaffen zeigen sie ansatzweise. Und dass sie auch bei uns nicht allzu stark entwickelt ist, belegen zum einen die vielen brutalen Entgleisungen und Verstöße und zum anderen die fast beschwörenden Verankerungen in Verfassungen und Religionen, nicht das Recht des Stärkeren gelten zu lassen. Trotzdem lässt sich nicht bestreiten, dass die Fähigkeit, sich in andere hineinzuversetzen, zu unserer ureigenen Natur gehört. Sie ist natürlich und menschlich. Sie zu unterdrücken wäre unnatürlich und unmenschlich.

Zurück zu unserer Geschichte vor 540 Millionen Jahren. Der blitzartige Aufschwung des Lebens, in dem wie in der Ouvertüre einer Oper schon all die Themen anklingen, die später voll entwickelt werden – dieser Aufschwung wurde mit der Einführung des Bekämpfens, Verfolgens und Verschlingens anderer Kreaturen «erkauft».

Die Erfindung des Lichts

Eine besondere Rolle dabei – manche glauben, es sei die entscheidende Rolle überhaupt gewesen – hat sicher die «Erfindung des Lichts» gespielt. Das klingt etwas seltsam, denn Licht, so sollte man meinen, gibt es, seit die Sonne scheint – seit den Uranfängen unseres Planetensystems. Und haben wir nicht selbst hervorgehoben, dass primitive Algenpflanzen schon 2,5 Milliarden Jahre vor dem Kambrium das Licht der Sonne nutzten?

Tatsächlich spielt uns hier unsere Sprache einen verwirrenden Streich; denn sie verwischt den Unterschied zwischen Sonnenlicht und Sonnenstrahlung. Wenn die Sonne morgens aufgeht,

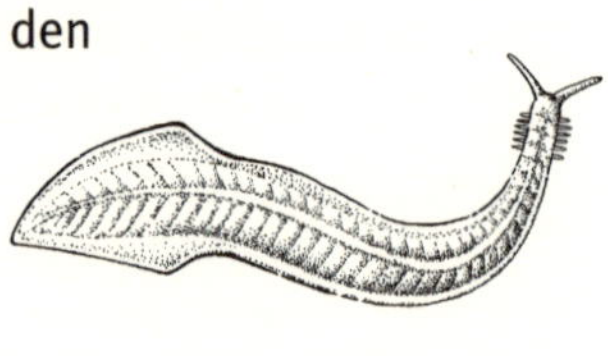

ergießt sich genau genommen nur ihre Strahlung über die Erde: Sie trifft auf Berge, Meere, Häuser oder Autos – die ganze Erde wird bestrahlt. Und wenn die Sonnenstrahlen auf Pflanzen treffen, dann treiben sie die chemische Maschinerie der Pflanzenzellen an. Aber all das bedeutet weder Helligkeit noch Licht. Nicht einmal die Sonne selber ist hell. Erst, wenn die Strahlung in unser Auge fällt, wenn sie dort umgewandelt wird in elektrische Nervenimpulse, und wenn unser Sehzentrum im Gehirn auf geheimnisvolle Weise daraus das Erlebnis von hell und dunkel, von Formen und Farben macht – erst dann wird diese Strahlung zu Licht; erst dann wandelt sich Bestrahlung in Beleuchtung. Mit anderen Worten: Ohne sehende Augen gibt es kein Licht. Sie *machen* das Licht.

So gesehen wurde die Kambrische Explosion zu einem leuchtenden Ereignis; denn die Augen der Trilobiten sind – wir haben es schon erwähnt – die ältesten, die man kennt. Sie oder ihre uns noch unbekannten Vorgänger haben das Licht auf der Erde angeschaltet. Was für ein Augenblick! – Der erste Augenblick der Erdgeschichte, der diesen Namen wortwörtlich verdient. Und die Folgen waren ungeheuerlich ...

Wer Augen hat, kann in die Zukunft sehen! Das ist sicher etwas überspitzt formuliert, aber wenn ich sehen kann, was auf mich zukommt – ein Tier mit riesigen Klauen zum Beispiel –, dann weiß ich, was in naher Zukunft droht. Selbstverständlich bringt das gewaltige Vorteile mit sich. Wenn die Klauen einmal zuschnappen, ist es meist zu spät. Aber so, mit hinreichender Vorwarnzeit, kann ich in eine Spalte flüchten, mich einbuddeln oder in Bewegungslosigkeit erstarren.

Sehen bedeutet: voraussehen. Darin liegt sein unschätzbarer Wert. Es ist ein phantastisches Frühwarn- und Erkundungssystem – mit einer Reichweite, die größer ist als der längste Fühler oder Rüssel. Es zahlt sich aus, Augen zu besitzen, und wenn einer damit anfängt, müssen die anderen nachziehen. Sonst sind sie – als Blindgänger – aus dem Rennen. So gesehen ist es keine Überraschung, dass neben den Trilobiten auch Trilobitenjäger wie Anomalocaris große, leistungsfähige Augen besessen haben.

Wer schlechter sieht – hat das Nachsehen. Das gilt selbstverständlich auch für heutige Tiere. Ein geradezu hinterlistiges Beispiel liefert der Drachenfisch aus der Tiefsee. Nicht umsonst heißt er so, denn er sieht Furcht erregend aus mit seinem riesigen Kiefer, in dem nadelspitze Zähne stecken. Wo der Drachenfisch seine Beute jagt, herrscht ewige Nacht; kein Lichtschimmer reicht bis in diese Tiefen. Trotzdem funkelt, leuchtet und blitzt es unentwegt. Die Tiefseeorganismen senden blaugrünes Licht aus – wie Meeresleuchten –, und sie haben auch Augen, die dieses Blaugrün sehen können. Für andere Farben wie Rot sind sie absolut blind. Mit einer Ausnahme. Eben jener Drachenfisch sieht auch Rot. Auf den ersten Blick erscheint das widersinnig: Was hat er von seiner Rotsichtigkeit, wenn es kein rotes Licht gibt? Aber – und das ist eben sein Trick – er macht selber rotes Licht. Mit zwei rot strahlenden Scheinwerfern unter den Augen sucht er nach Beutefischen. Im Strahl seiner Lampen leuchten sie auf – und merken nichts davon. Sie sind blind für die Gefahr – und dem Drachenfisch hilflos ausgeliefert. Aber wer weiß, wie lange noch? Die Beutefische könnten nachrüsten. Schon der erste blasse Schimmer von Rotsichtigkeit würde sich auszahlen. Und wenn sie erst mal richtig rotsehen, beginnen harte Zeiten für den Drachenfisch.

Bleiben wir noch einen Augenblick bei diesem Drama der Tiefsee. Denn hier – wie auch schon in den vergangenen Abschnitten – reden wir etwas unbekümmert davon, dass Tiere nachrüsten oder bessere Augen entwickeln müssten – beinahe so, als könnten sie in den Bastelkeller gehen und sich diese zusammenbauen. Aber im Ernst: Wie könnte ein Beutefisch, der nur Blaugrün sieht, ein Auge entwickeln, das auch rotsichtig ist? Die Antwort ist kurz und bündig: Er kann es überhaupt nicht! Kein einzelnes Tier kann an seinem Körper gezielt etwas verändern – und wenn es noch so nötig wäre. Das ist eine der Kernaussagen des berühmten englischen Naturforschers Charles Darwin, der aber zugleich erkannt hat, wie Tiere sich trotzdem weiterentwickeln und Verbesserungen «erwerben». Das Verfahren kann sich über Millionen von Generationen hinziehen, und die Schlagworte heißen «Zufall» und «natürliche Auslese». Am besten, wir spielen das mal mit den armen Beutefischen durch, die so dringend ein Auge für das Rotlicht ihrer Feinde bräuchten. Zunächst einmal müssen sie auf den Zufall warten. Sie brauchen das zufällige Ereignis, dass irgendwann und irgendwo unter ihren Nachkommen einer mit erblichem Augenfehler zur Welt kommt – einer der rotsichtig ist; und sei es auch nur ein ganz klein wenig. Solche zufälligen Erbfehler oder Abweichungen sind nichts Besonderes, es gibt sie immer wieder bei allen Lebewesen. Aber in diesem Fall ist der Fehler natürlich ein Pluspunkt. Unser «Rotsichtling» hat rasch gelernt, beim Licht des Drachen zu fliehen. Er lebt länger als andere; bekommt mehr Nachwuchs als andere. Und dieser Nachwuchs besteht wieder aus lauter kleinen Rotsichtlingen, die wiederum mehr Nachkommen haben usw. Über kurz oder lang sorgt dieses natürliche Ausleseverfahren dafür, dass es nur noch Rotsichtlinge gibt. Die anderen sind ausgestorben. – Aber damit ist die Geschichte noch nicht zu Ende. Irgendwann wird einer geboren werden, dessen Auge noch etwas empfindlicher ist für Rot. Dann wiederholt sich das Spiel. Unsere Fische verbessern Schritt für Schritt ihr Auge, ohne dass jemand daran konstruieren müsste. Das Einzige, was sie dafür benötigen, ist Zeit. Viel Zeit.

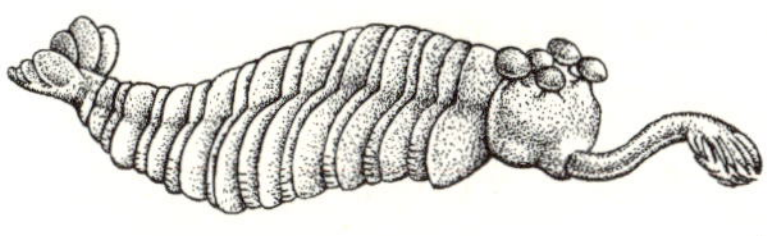

So also, durch das natürliche Zusammenwirken von Zufall und Auslese, läuft ab, was wir bequemerweise als Nachrüsten oder Entwickeln bezeichnet haben. Nach diesem Grundmuster schufen die Tiere Waffen und Gegenwaffen, Tricks und Gegentricks, Augen – und Tarnkappen. Sie erfanden tatsächlich raffinierte Tarnkappen, um sich unsichtbar zu machen!

Die einfachste Lösung, sich den Blicken seiner Feinde zu entziehen, scheint die rechtzeitige Flucht in ein Versteck. Aber wer weiß, wer dort schon wartet? Außerdem kostet das reichlich Kraft und Energie, die dann für andere Bedürfnisse wie Futtersuchen oder Eierlegen fehlen. Manche Tiere machen deshalb das Gegenteil: Sie rühren sich nicht und verschmelzen mit der Umgebung, als wären sie ein Teil davon. Tintenfische oder Schollen sind darin Meister. Sie ändern so lange Farbe und Muster ihrer Haut, bis sie sich von der Umgebung nicht mehr unterscheiden. Ich bin einmal einem Schwarm von Tintenfischen nachgetaucht und wollte sie aus der Nähe anschauen. Keine Chance – sie hielten mühelos ihren Abstand, und dann zog das ganze Geschwader in eine Seegraswiese. Weg waren sie. Ich durchmusterte suchend das Pflanzengewirr, aber sie waren verschwunden. Gerade wollte ich umkehren, da fiel mein Blick zufällig auf ein rundes Auge, ganz in meiner Nähe. Und dann entdeckte ich sie: Die ganze Bande hatte sich zur Tarnung Längsstreifen angezogen. Aber nicht nur das. Sie hatten sich alle senkrecht gestellt, und mit ihren Ärmchen ahmten sie täuschend echt das Gewirr der Wasserpflanzen nach. Was für ein Trick! Ich nehme an, ein Raubfisch wäre darauf reingefallen.

Andere Tiere wie Fischlarven oder Quallen sind von vornherein durchsichtig. Wieder andere wühlen eine Schlammwolke auf oder stoßen Tinte aus, um darin zu verschwinden. Manche Krabben pflücken sogar Pflanzen ab und packen sie mit großer Sorgfalt auf ihren Rücken, um sich wie unter einem Tarnnetz unsichtbar zu machen. Und das ist nur eine kleine Auswahl, wie man auch das beste Sehvermögen ausschalten kann. Selbst das meine. Nie werde ich die Blamage vergessen – zumindest empfand ich es damals als Fünfjähriger so –, als ich beim Familien-Versteckspiel kläglich versagte. Meine Mutter war an der Reihe, sich zu verstecken; wer von uns Kindern sie als Erster finden würde, hatte gewonnen. Wir waren ehrgeizig, wir waren flink, und wir waren erfahren im Versteckspiel. In null Komma nix hatten wir alle Büsche, Gräben und Holzstapel erkundet, hatten hinter die dicken Stämme geschaut und auch in die Baumkronen – Mutti war gut im Klettern. Fehlanzeige. Wie vom Erdboden verschwunden. Auch eine neue Suchrunde ergab nichts. Schließlich fingen wir an zu streiten, ob wir aufgeben oder weitermachen sollten – und ob es nicht überhaupt ein ganz blödes Spiel sei. In diesem Augenblick fing das braune Etwas neben mir zu zittern und zu kichern an. Das konnte doch nicht wahr sein. Mutti in ihrem braunen Rock kniete geduckt zwischen unseren Picknicksachen. Die verräterischen Füße unter einer Tasche, eine Decke über Kopf und Schultern – das war's. Das war das Gegenteil von Versteck. Vor aller Augen war sie zu einem Teil unseres Gepäcks geworden, das wir einfach übersehen hatten. Vorgeführt und ausgetrickst – als wären wir zu dumm zum Gucken! Beschämend.

Auf der anderen Seite geriet dieser Trick zum Lehrstück in Sachen Wahrnehmung: Nicht alles, was in unser Blickfeld gerät, wird deshalb schon sichtbar; es muss auch auffallen. Solange etwas nicht auffällt, solange es keinerlei Aufmerksamkeit auf sich zieht, entzieht es sich auch unserer Wahrnehmung: Es bleibt unsichtbar. – Und damit gelingt dann das zauberhafte Kunststück, sich beim Versteckspiel ohne Versteck zu verstecken. Ein unauslöschliches Aha-Erlebnis.

Das endlose Spiel um Suchen und Verstecken, um Erkennen und Tarnen hat im Kambrium seinen Anfang genommen. Es war ein Spiel auf Leben und Tod. Aber mir gefällt der Gedanke, dass es durch das Licht der Sonne angestoßen wurde. Dasselbe Licht, das schon Jahrmilliarden zuvor den Pflanzen auf die Energie-Sprünge geholfen hatte, sorgte jetzt für den explosionsartigen Aufschwung der Tiere. Zum ersten Mal erblickten ihre Augen das Licht der Welt, und die Möglichkeiten, damit umzugehen, wuchsen ins Unermessliche. Selbst Tiere ohne Augen wurden davon erfasst; denn sie mussten andere Sinne und Fähigkeiten entwickeln oder verfeinern, um diesen Mangel auszugleichen.

Um es nochmals zu wiederholen: Niemand weiß mit Sicherheit, was im Kambrium vor 540 Millionen Jahren die Explosion des Lebens in Gang gesetzt hat, aber die Rolle, die Licht und Augen dabei gespielt haben, leuchtet mir besonders ein.

Zeitzeugensuche am Ostseestrand

«Trilobiten wollen Sie finden? Können Sie haben; ich wette, wir finden mindestens zehn verschiedene Arten.» Frank Rudolph nimmt mein zweifelndes Staunen befriedigt zur Kenntnis. Dann setzt sich seine Truppe langsam in Bewegung: Zwölf vermummte Gestalten in Gummistiefeln und dick gefütterten Jacken schreiten den «Weißenhäuser Strand» der Ostsee ab. Den Blick forschend nach unten gerichtet, in der Hand einen Hammer, einen Rucksack auf dem Rücken. Und die meisten haben sich eine Lupe umgehängt; wie ein Orden baumelt sie auf der Brust. Ich bin an einem windig kalten Dezembermorgen mit Geschiebesammlern unterwegs. Was, bitte, ist ein Geschiebesammler? Als ich den Ausdruck zum ersten Mal hörte, konnte ich mir überhaupt keinen Reim darauf machen – das klang irgendwie nach Schieberei und dunklen Geschäften, auf jeden Fall unseriös. Völlig daneben. Geschiebe – das sind Steine und Felsbrocken, die von Gletschermassen herangeschoben wurden – zum Beispiel an den Ostseestrand. Jeder Stein, über den man am Ostseeufer stolpert, wurde während der letzten Eiszeit hierher verschleppt. Damals, vor etwa 70 000 Jahren, rückte eine kilometerdicke Gletscherdecke aus Skandinavien südwärts bis nach Norddeutschland vor. Wie eine gigantische Planierraupe schrammte sie über den Untergrund, riss Gesteine los und nahm sie mit auf den Weg. Als der Eispanzer abzuschmelzen begann – das war vor 12 000 Jahren –, blieb seine mitgeschleppte Steinfracht einfach liegen.

Und heute ärgern sich die sandstrandverwöhnten Badegäste darüber.

Nicht so meine Geschiebesammler. Sie wandern durch das Steingeröll, als hätten sie es mit vertrauten Gästen auf einer Party zu tun. Sie schlendern vergnügt von einem Stein zum nächsten, kennen eines jeden Namen – und sei er noch so zungenbrecherisch – und Heimatort. Der schwergewichtige Rhombenporphyr zum Beispiel mit den rötlichen Flecken stammt aus der Gegend von Oslo; der grau melierte Kinne-Diabas vom Vänernsee in Schweden. Unter den Augen der Sammler wird das belanglose Ufergeröll zur anregenden Steinegesellschaft. Bei manchen lohnt es sich sogar, ihr Inneres genauer zu erkunden. Prüfendes Klopfen, dann zwei, drei scharfe Hammerschläge: Der Stein teilt sich – und öffnet die Tür in ein Fundbüro vergangener Zeiten. Da liegen kreuz und quer die Stacheln von Seeigeln. Oder die zerknickten Stiele von Seelilien. Und haufenweise Bohrgänge von Strandwürmern. Unter der Lupe sieht es aus, als müssten die Würmer gleich selbst durch die Gänge düsen.

«Und wo sind meine Trilobiten aus dem Kambrium?», frage ich ein klein wenig stichelnd. Frank Rudolph gibt sich gelassen: «Die kommen noch. Zehn Arten!» Er kann sich auf seine Berufserfahrung verlassen; schließlich ist er Paläontologe, also jemand, der berufsmäßig die Lebewesen vergangener Erdzeitalter erforscht. Zudem hat er eine Doktorarbeit über die Lebensweise von Trilobiten geschrieben. Umso mehr überrascht mich seine nächste Bemerkung, da müsse man «einfach der Nase nach gehen». Das klingt beinahe so, als könnte man Steine aus dem Kambrium riechen. Man kann es tatsächlich. Frank Rudolph klärt mich auf. Die Steine, die von den Gletschern abgeladen wurden, sind ein kunterbuntes Gemisch aus verschiedenen Erdzeitaltern. Auch solche aus dem Kambrium sind dabei. Vor allem so genannte Stinkkalke. Gerade will ich ihn nach dem merkwürdigen Namen fragen, da zeigt er auf einen semmelgroßen, grauen

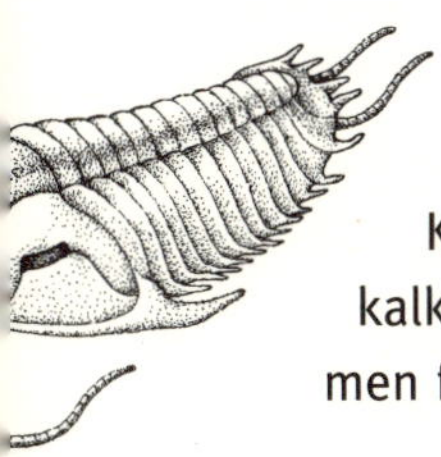

Stein vor meinen Füßen. Nichts Besonderes; ein Nobody im farbig glitzernden Strandgeröll. Frank Rudolph spaltet ihn mit einem einzigen Hammerschlag und hält mir die Bruchfläche unter die Nase. Sie ist rau und schwarz, und sie riecht. Sie riecht sogar kräftig, irgendwie nach Teer und faulen Eiern. Stinkkalk! Der Name spricht für sich – trotzdem melde ich Protest an. Für mich ist das kein Gestank; das riecht interessant, aufregend, keine Spur von eklig. Aber Nasen riechen bekanntlich verschieden, und vielleicht ist die meine auch einfach überwältigt von der Tatsache, dass dieser flüchtige Duft 500 Millionen Jahre lang eingeschlossen war und jetzt – in diesem Augenblick – aus seinem steinernen Gefängnis befreit wird. Originalgeruch aus der Urzeit der Lebewesen! Meine Nase schnuppert Kambrium.

Der starke Geruch versetzt mich für einen Augenblick zurück an unsere kambrische Lagune. Da waren doch diese schwarzen Faulschlamm-Stellen im Sand – eine Schicht aus vermoderten Kleinstlebewesen. Damals beachtete ich sie nicht weiter. Und jetzt habe ich sie wieder vor Augen – zu Stein gepresst und zusammengebacken. 500 Millionen Jahre später. Und immer noch riechend.

Frank Rudolph zeigt triumphierend auf einige Abdrücke in der Bruchfläche. Als sich meine Begeisterung in Grenzen hält – ich erkenne nämlich keinen einzigen Trilobiten –, reicht er mir seine Lupe. Es nützt nicht viel. Ich kann keine «Dreilapper» sehen – obwohl Frank Rudolph bereits verkündet, dass sie zur Gattung «Olenus» gehören. Ich komme mir ziemlich blöde vor – bis ich plötzlich die Einzelteile erkenne: runde Kopfschilde, gerippte Rückenpanzer, Teile vom Schwanzschild. Alles kreuz und quer durcheinander. Natürlich hatte ich vollständige Trilobiten-Modelle erwartet und nach der eleganten Karosserie Ausschau gehalten. Stattdessen bietet sich mir ein enttäuschender Schrottplatz von Wrackteilen. Eigentlich hätte ich damit rechnen müssen, denn selbst von Krebs- und Krabbenpanzern, die viel stabiler gebaut sind, werden meist nur Bruchstücke an den Strand gespült. Der Rest ist abgetrennt, aufgefressen, zertrümmert. Wie winzig muss die Chance für einen zierlichen Trilobiten-Panzer sein, dass er am Stück in den Meeresboden gebettet wird! Und dass er unter dem Druck neuer Bodenschichten schließlich versteinert! Seit gut 20 Jahren, gesteht Frank Rudolph, sammle er Geschiebe auf, und erst ein paar Mal habe er einen heilen Trilobiten-Panzer aus den Stinkkalken der Ostsee geborgen. – Schon gut, denke ich, aber in dieser Geschiebelotterie könnte auch mal der Hammerschlag eines Neulings einen Treffer landen.

Frank scheint über solche Wünsche erhaben: Für ihn reicht ein Stück der Heckklappe oder Fronthaube, um auf Marke und Modell zu schließen. So kommt er im Laufe unseres Strandspaziergangs leicht auf seine zehn verschiedenen Trilobiten-Arten/-Typen. Durchweg Importmodelle aus Skandinavien. Made in Kambrium. Zu einer Zeit, als Skandinavien auf dem Kontinent Baltica lag – südlich des Äquators.

Wir nehmen die Ortsangabe als Stichwort, um endlich wieder nach der «verqueren» Lage der Kontinente und ihrer sonderbaren Wanderung zu sehen; denn hier bahnt sich Dramatisches an.

PIONIERZEIT IM DEVON

LANDMASSENKARAMBOLAGE UND GRÜNE REVOLUTION

Als wir das letzte Mal das Gesicht der Erde anschauten, war das vor 540 Millonen Jahren. (Wer mag, kann zu unserer Logbuchskizze auf Seite 17 zurückblättern.) Damals war die nördliche Halbkugel fast völlig landlos – ein riesiger Ozean. In Südpolnähe hängt die riesige Landmasse Gondwana mit dem Herzstück Afrika. Und dazwischen – knapp unter dem Äquator – liegen kleinere Kontinente wie Nordamerika und vor allem Baltica. Der Kontinent Baltica, der im Wesentlichen aus Skandinavien besteht, hat uns besonders interessiert und irgendwie unser Heimatgefühl angesprochen; denn am unteren Rand von Skandinavien sind wir auf ein Stückchen Deutschland gestoßen: den nördlichsten Zipfel – mit Schleswig-Holstein und Hamburg.

Seitdem sind 150 Millionen Jahre ins Land gegangen, und wir machen eine erneute Bestandsaufnahme: Die Kontinente haben ihre eigenartige Rutschpartie über den Globus fortgesetzt. Von einer geheimnisvollen Kraft getrieben, gleiten sie durch die Meere. Aber wohin? Gibt es ein Ziel? Fast scheint es, als hätten sie sich zu einem interkontinentalen Treffen verabredet; denn wie gigantische Flöße auf Kollisionskurs treiben sie aufeinander zu. Nordamerika und Baltica sind bereits zusammengestoßen – ein

Auffahrunfall, bei dem sich beide Landmassen ineinander verkeilt haben. Die Ränder wurden verformt, gequetscht und nach oben gepresst. Die Reste dieser Knautschzone sind selbst heute, nach 400 Millionen Jahren, noch beeindruckend: die mächtigen Gebirge Norwegens, die direkt aus der Nordsee aufsteigen und durch tief eingeschnittene Fjorde zerklüftet sind.

Aber dieser Zusammenstoß ist erst der Anfang. Jetzt schiebt sich der riesige Gondwana-Kontinent von Süden heran und nimmt Kurs auf den aus Nordamerika und Baltica entstandenen, neuen Großkontinent Laurussia*. Das Tempo der Annäherung scheint zwar beruhigend langsam – kaum eine Handbreit im Jahr. Aber in zehn Millionen Jahren kommen so über 500 Kilometer zusammen. Es ist nur eine Frage der Zeit, bis die große Massenkarambolage der Kontinente unsere Erde erschüttern wird.

Der drohende Crash kann uns nicht gleichgültig sein, denn die Aufprallzone wird quer durch Deutschland verlaufen. Wir zeichnen die Situation «kurz vor dem Zusammenstoß» in unser Logbuch ein, denn hinterher werden Deutschland und die Welt völlig anders aussehen.

Die Zeit, die uns bis zum bevorstehenden Großereignis bleibt, sollten wir unbedingt den Zeitzeugen von damals widmen. Denn irgendwie (und wir werden diesem «irgendwie» noch genauer nachgehen) scheint sich die Unruhe der Kontinente auf ihre Bewohner zu übertragen. Es kommt zu Revolutionen, die alle bisherigen Grenzen sprengen; zu umwälzenden Erfindungen, von denen wir heute noch profitieren; und zu Durchbrüchen in neue Welten, die sogar unsere viel gepriesene «Eroberung des Weltraums» in den Schatten stellen. Dieser besonders aufregende Abschnitt der Erdgeschichte trägt den ganz und gar nicht aufregenden Namen «Devon». Er weist schlicht auf die Gegend hin, wo man im 19. Jahrhundert zum ersten Mal auf Gestein aus dieser

* Laurussia wird auch häufig wegen seiner roten Gesteine «Old-Red-Kontinent» genannt.

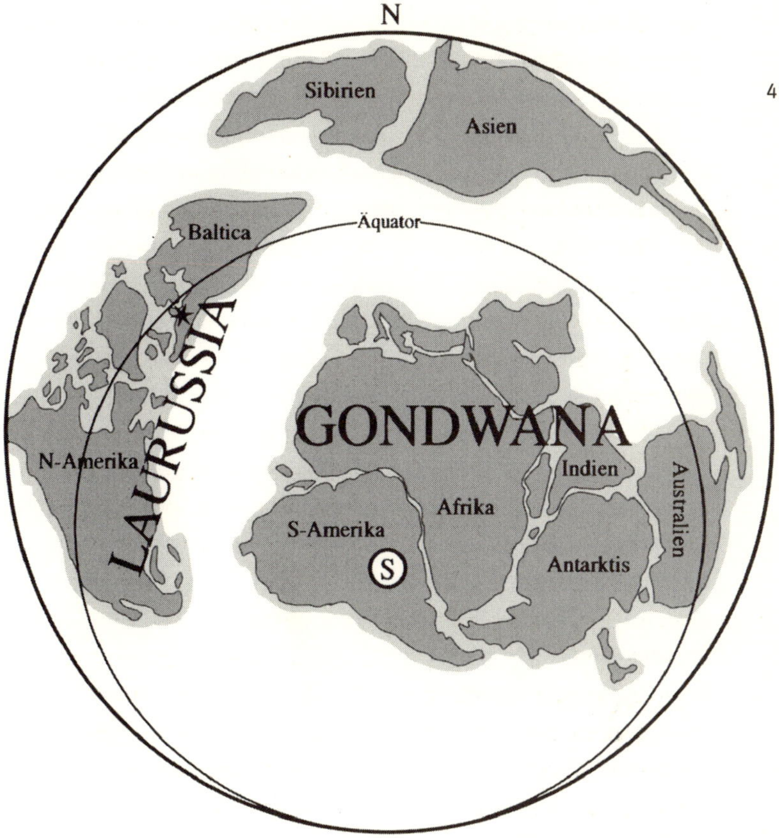

Vor 400 Millionen Jahren: Nordamerika und Baltica (mit dem nördlichsten Zipfel Deutschlands) haben sich zum neuen Großkontinent Laurussia vereint. Von Süden her rückt Gondwana näher.

Zeit – mit eingeschlossenen Fossilien – stieß: die Grafschaft Devonshire im Südwesten Englands.

So spannend die Erdvergangenheit ist, die zugehörigen Namen können einem wirklich den Nerv töten. Sie sind so unsystematisch und willkürlich wie Straßennamen. Sie nehmen weder Bezug auf die auffälligsten oder häufigsten Lebewesen noch auf landschaftliche oder klimatische Besonderheiten. Und das ist doppelt schade. Erstens, weil man so keine Gedächtnisstütze aufbauen kann. Und zweitens, weil ein neuer (umständlich benannter) Abschnitt der Erdgeschichte immer mit einer handfesten Krise der Lebewesen zu tun hat. Irgendwelche einschneidenden Ereignisse – wie Eiszeiten oder Trockenperioden – stoßen vorherrschende Tier- und Pflanzenarten von der Bühne des Lebens. Sie sterben aus. Und natürlich fehlen fortan die entsprechenden Versteinerungen. Stattdessen tauchen andere Fossilien auf und belegen, dass das Drama des Lebens in neuer Besetzung, mit neuen Hauptdarstellern fortgeführt wurde. Erst solche auffälligen Schnitte in der Fossilüberlieferung brachten die Wissenschaftler des 19. Jahrhunderts überhaupt auf den Gedanken, die Erdgeschichte in einzelne Abschnitte zu unterteilen.

Allerdings kannten sie weder die Ursachen für das plötzliche Artensterben, noch wussten sie, wie viele Jahrmillionen es zurücklag. Da war es am unverfänglichsten, einfach die Fundgegend oder deren Bewohner als Namensgeber zu nehmen.*

Das Devon jedenfalls beginnt vor 410 Millionen Jahren und endet vor 360 Millionen Jahren. Und in diesen 50 Millionen Jahren verändert sich die gesamte Erde sichtbar. Selbst irgendwelche Außerirdischen auf einem fernen Planeten hätten den Umschwung bemerkt: Die Erde wird grün.

* Zwischen dem Kambrium und Devon liegen die erdgeschichtlichen Abschnitte «Ordovizium» (490 Millionen – 440 Millionen) und «Silur» (440 Millionen – 410 Millionen), die nach den keltischen Stämmen der Ordovizier und Silurer von der britischen Insel benannt sind. Beide Perioden (so der wissenschaftliche Begriff) sind durch eine Eiszeit getrennt.

Die grüne Revolution

Irgendwelchen algenartigen Pflanzen gelingt der Auszug aus dem Wasser: Sie erobern das Land. Ihre Abkömmlinge begrünen zögerlich erst Küsten und Uferstreifen, um schließlich in fast jedem Winkel der Erde Wurzeln zu schlagen. Einen schwachen Abglanz erleben wir jedes Jahr in unseren Breiten, wenn nach dem Winter die ersten Grasspitzen aus dem Boden schauen, die Blätter aus den Knospen brechen oder die Saat auf den nackten Feldern zu sprießen beginnt. Das Grün – so scheint es – nimmt die Erde wieder in die Hand.

Aber damals war es kein Frühlingsereignis, sondern eine Weltrevolution mit ungeahnten Folgen. Der Auszug der Pflanzen aus dem Wasser ist sicher der dramatischste Wendepunkt in der Geschichte des Lebens. Drehbuchautoren würden so etwas als «plot point», als überraschende Wendung ihrer Geschichte, bezeichnen. Aber kein Autor hätte sich einen derartig folgenreichen Plot-Point ausdenken können. Niemals zum Beispiel wäre den Tieren der Landgang geglückt, hätten ihnen nicht Moose, Farne und andere Pflanzen den grünen Teppich ausgerollt. Es gäbe weder Insekten noch Frösche, keine Reptilien oder Vögel. Von zweibeinigen Säugern, die sich vom Devon faszinieren lassen, ganz zu schweigen.

Aber wir greifen voraus. Denn noch gilt es zu klären, was, um Himmels willen, manche Pflanzen dazu gebracht haben mag, an Land zu ziehen. Alles spricht dagegen: Die Schwerkraft drückt zu Boden; die Luft trocknet aus. Wasser ist Mangelware. Und selbst der Himmel schickt zellschädigende ultraviolette Strahlung.

Wie leicht dagegen ist das Leben im Wasser. Zunächst einmal ganz wörtlich: Gewicht spielt keine Rolle; das Wasser trägt. Algenpflanzen können so groß wie Bäume werden. Lediglich die lichtlosen Tiefen bleiben den Pflanzen verschlossen. Ansonsten finden sie überall und überreichlich, was sie zum Leben brauchen: Wasser und Kohlendioxid (CO_2). Das sind die beiden Rohstoffe, aus denen sie – mit Lichtenergie – ihre pflanzliche Bausubstanz herstellen.[3] Dass es im Meer ausreichend Wasser gibt, muss nicht begründet werden. Aber Kohlendioxid? Es begegnet uns ja meist nur als Gas. Wir atmen es aus; es kommt aus den Auspuffen der Autos und den Schornsteinen; und es verbirgt sich hinter dem berüchtigten «Treibhausgas»: Wenn zu viel davon in unsere Atmosphäre gelangt, dann heizt sie sich auf.

Das meiste Kohlendioxid findet sich allerdings in den Ozeanen – rund 50-mal mehr als in der Atmosphäre. Im Wasser löst es sich nämlich ähnlich wie Salz- oder Zuckerkristalle und gibt dabei seinen gasförmigen Zustand auf. Erst wenn man das Wasser erwärmt oder schüttelt – als Mineralwasser in einer Flasche zum Beispiel –, perlt das Kohlendioxid sichtbar als Gas wieder aus.

Kurzum: Meerespflanzen schwimmen in Wasser mit gelöstem Kohlendioxid. Sie holen sich davon, so viel sie brauchen – durch ihre zarte, wasserdurchlässige Außenhaut. Was wollen sie mehr? Warum sollten sie dieses Schlaraffenland aufgeben und den Schritt ans feste Land riskieren?

Niemand war Zeuge, als die erste Landnahme der Pflanzen gelang, aber es gibt Beweisstücke. Und bei deren Sicherstellung geht es manchmal hochdramatisch zu:

Wir halten uns dicht an der Felswand, tragen Sturzhelme, Gummistiefel und gelbe Friesenjacken. Schon nach kurzer Zeit ist das Gelb von unzähligen braunen Schlammspritzern übersät. Und auch das Gesicht kriegt einige ab. Alle zwei Minuten donnert ein dreiachsiges Ungetüm vorbei. Seine Räder, kettenbewehrt und übermannshoch, arbeiten sich durch den fußtiefen Matsch. Auf der Ladefläche Schutt und Steine. Die Luft ist staubgesättigt. Wir folgen einem flirrend roten Laserstrahl, der das Halbdunkel über

3 Pflanzen stellen aus Wasser und Kohlendioxid Traubenzucker her. Dabei wird Sauerstoff frei. Da dieser Vorgang mittels Lichtenergie (Sonne) abläuft, spricht man von Photosynthese (Photo = Licht, Synthese = Zusammenbau).

unseren Köpfen durchschneidet, und haben bereits unser Ziel vor Augen: das Licht am Ende des Tunnels – des Ägidienberg-Tunnels. Tageslicht ist es nicht. Es kommt von kräftigen Baustellenlampen und den Halogenscheinwerfern der Fahrzeuge. Der Fels an der Stirnwand des Tunnels wird von Baggern abgebaut. Ihre stählernen Zähne und Schaufeln fressen sich in das Gestein. Ich weiß nicht, was mich mehr beeindruckt: die Geräuschkulisse, wenn sich das Aufheulen der Motoren mit dem Bersten der Steinwand mischt und von den nervigen Piepstönen der rückwärts rangierenden Schwerlaster überlagert wird – oder die chaotisch erscheinende, tatsächlich aber sekundengenaue Zusammenarbeit der Stahlungetüme bei Abbruch, Verladen und Abtransport des Gesteins.

Um dieses Gestein dreht sich alles. Für den Auftraggeber des Tunnelbaus, die Deutsche Bahn, soll es möglichst schnell den Weg für die neue ICE-Strecke Köln–Frankfurt frei machen. Und der Ägidienberg bei Bonn liegt genau auf diesem Weg. Für das Paläontologen-Team, das den Bau begleitet, soll es Einblicke in die Welt des Devons gewähren. Speziell in die Pflanzenwelt des Devons. Denn damals, vor rund 400 Millionen Jahren, war das Gebiet des Ägidienberg-Tunnels Küstengebiet – mit zahlreichen vorgelagerten Inseln. Hier verlief der südliche Rand des neu zusammengeschweißten Großkontinents Laurussia (siehe unsere Karte auf Seite 59).

Der Geologe Thomas Schindler muss rasch arbeiten, und er braucht Glück. Er hat seinen Arbeitsplatz auf der Abraumhalde vor dem Tunnelausgang bezogen, wo die großen Laster alle drei Minuten ihre Ladung abkippen. Mit geübtem Blick – «mit Instinkt», wie er sagt – greift sich der Wissenschaftler verdächtige Gesteinsbrocken und zerteilt sie mit dem Hammer. Aber es bleibt eine Lotterie – die meisten Steine sind Nieten. Sein nächster Hammerschlag ist jedoch wie bestellt für uns: Auf der Spaltfläche zeichnet sich dunkel ein Gewirr von platt gedrückten, verzweigten Stängeln ab. Kaum größer als eine Hand. Nicht sonderlich beeindruckend, aber ein Glückstreffer für Thomas Schindler. Höchst befriedigt erklärt er uns, dass es sich um Psilophyten, um farnartige Pflanzen aus dem Küstenbereich, handele. Sie besitzen noch nicht einmal Blätter, erst kleine Ausstülpungen. Aber sie tragen Sporen, die leicht und wetterfest genug sind, um den Wind zur Verbreitung zu nutzen. Wir haben die Pioniere vor uns, die Laurussia begrünten. Zum ersten Mal, so erklärt uns Thomas Schindler – und die Genugtuung in seiner Stimme ist unüberhörbar –, sei die Deutsche Bahn verpflichtet worden, die Bergung solcher urzeitlichen Dokumente zuzulassen und sogar zu bezahlen.

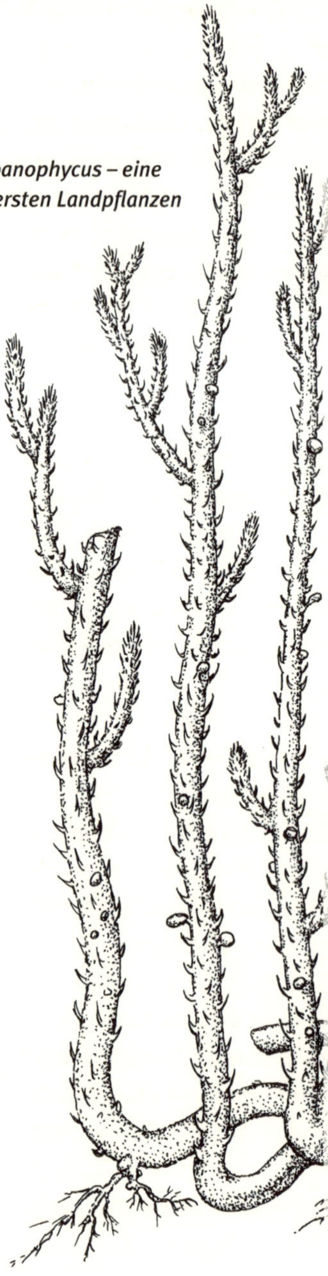

Drepanophycus – eine der ersten Landpflanzen

Der Ägidienberg-Tunnel ist nur eine der vielen Stellen, wo Belege für den Landgang der Pflanzen ans Licht kommen. Wahrscheinlich haben die Pflanzen sich erst Flussmündungen ausgesucht, wo sie den Übergang vom Salzwasser zum Süßwasser ganz allmählich bewältigen konnten. Dann sind sie weitergezogen in Bäche und Seen, bevor sie endgültig an Land Wurzeln schlugen.

Aber wo liegt das Motiv? Der Antrieb für die Auswanderung? Muss man den Pflanzen so etwas wie Wagemut, Unternehmungsgeist oder gar einen

Eroberungswillen unterstellen? Oder gibt es eine andere Erklärung für ihren Auszug aus dem Wasser?

Stellen wir uns ein flaches, sonniges Flussdelta im Devon vor. Die Wasserpflanzen, die sich hier im Brackwasser angesiedelt haben, müssen immer wieder damit rechnen, auf dem Trockenen zu sitzen. Wenn die Regenfälle ausbleiben; wenn die Flussarme sich verlagern; wenn der Meeresspiegel sinkt. Dann stehen die Pflanzen vor der Wahl, sich entweder an das Landleben anzupassen – oder zu sterben. Daran hat sich bis heute grundsätzlich nichts geändert. Aber das Devon ist die Zeit der «unruhigen Erde»: Die Kontinente schieben sich aufeinander zu. Mehr denn je sind die Küsten in Bewegung. Lagunen verlanden. Inseln heben sich aus dem Wasser und versinken wieder. Mit anderen Worten: Auch ins vermeintliche Schlaraffenland der Küstengewässer kehrt Unruhe ein. Sie werden zu Versuchslabors und Teststätten, wie man Trockenperioden am besten übersteht – und das über Jahrmillionen hinweg. Da können Anpassungen an das Leben auf dem Land und in der Luft eigentlich gar nicht ausbleiben:

Wer zufällig einen festeren Stängel besitzt, fällt nicht in sich zusammen, sondern kann einigermaßen aufrecht bleiben, bis das Wasser zurückkehrt. Wer zufällig mit einem ersten, noch unvollkommenen, Schutzüberzug ausgestattet ist, kann das Austrocknen hinauszögern. Nur ein wenig. Aber vielleicht ist das Wenige gerade ausreichend bis zur nächsten rettenden Überflutung. Und wer sich zudem etwas Wasser aus dem Boden saugen kann, hat noch größere Überlebenschancen.

So also erklärt sich der «Drang» der Pflanzen, an Land zu gehen. Sie versuchten sich gegen die lebensbedrohenden Durststrecken beim Rückzug des Wassers zu wappnen. Mehr und mehr mit Erfolg. Bis sie schließlich ganz auf das Wasserleben verzichten konnten. Etwas überspitzt könnte man sagen: Die Pflanzen haben das Land erobert, weil sie ihr Leben im Wasser fortsetzen wollten.

Not macht erfinderisch. Das gilt für uns wie für die Evolution. Aber wir machen uns selten klar, wie genial die Erfindungen waren, mit denen die Pflanzen ihre Probleme bei der Landnahme lösten. Im Folgenden ein paar grüne Tricks zum Staunen:

Problem 1: Austrocknung

Pflanzen breiten ihre Blätter aus, um reichlich Sonnenlicht einzufangen. Aber je größer ihre Oberfläche ist, desto schneller verdunstet das gespeicherte (lebensnotwendige) Wasser (ein ausgebreitetes Handtuch trocknet bekanntlich schneller, als wenn es zusammengeknüllt in der Ecke liegt). Also überziehen Pflanzen ihre Blätter mit einer luft- und wasserdichten Wachsschicht.

Aber jetzt ist der Gasaustausch mit der Außenwelt blockiert. Das lebenswichtige Kohlendioxid gelangt nicht mehr ins Blattinnere, und der Sauerstoff, der bei der Photosynthese als Abgas anfällt, kann nicht mehr entweichen. Der Organismus würde ersticken.

Als Ausweg aus dieser Zwickmühle ist die Wachsschicht von Millionen winziger Öffnungen durchbrochen. Bei manchen Blättern sind es mehr als 1000 auf jedem Quadratmillimeter.

Eine brauchbare Lösung gewiss, aber keine geniale Lösung; denn sie berücksichtigt das Wetter nicht. Bei trockener Luft müssten die Öffnungen klein sein oder ganz geschlossen, um den Wasserverlust möglichst gering zu halten. Und bei feuchtem Wetter, wenn die Gefahr des Austrocknens gering ist, sollten sie größer sein, um zügig den Ein- und Austritt der Gase zu gewährleisten. – Das klingt nach einer extrem komplizierten, kaum zu erfüllenden Forderung, aber genau diesen Regelmechanismus haben die Pflanzen entwickelt. Sie haben die Blattöffnungen als so genannte Spaltöffnungen konstruiert, die sich wie Mini-Münder automatisch schließen und öffnen. Je nach Wetterlage. Bewundernswert. Vor allem, weil Pflanzen weder Nerven noch Muskeln haben, die sie dafür einsetzen könnten. Sie regulieren die Größe ihrer Spaltöffnungen hydraulisch, also allein über den

Wasserdruck. Wenn sie an einem feuchten Tag ihre Millionen Münder öffnen, um Luft zu holen, dann pumpen sie die Zellschläuche auf, die wie Lippen jeden Spalt begrenzen, und vergrößern damit die Öffnung. Das setzt natürlich voraus, dass genügend Wasser zur Verfügung steht.
Und damit sind wir bei

Problem 2: Wasserversorgung
Wenn eine Pflanze nicht mehr von Wasser umspült ist, bleibt ihr nur die Möglichkeit, das Wasser aus dem feuchten Erdreich zu ziehen und irgendwie nach oben und in die Blätter zu leiten. Eine Sonnenblume holt sich jeden Tag einen guten Liter Wasser aus dem Erdreich. Bei einem Baum sind es über 100 Liter, die von den Wurzeln aufgesaugt werden. Aber dann? Dann muss das Wasser im ganzen Pflanzenorganismus verteilt werden. Selbst die äußersten Blattspitzen brauchen Wasser zum Leben – so wie unsere Fingerspitzen mit Blut versorgt sein wollen. Bei uns geschieht das bekanntlich durch Adern – und die Landpflanzen greifen zum selben Lösungsprinzip. Über haarfeine Rohrleitungen schicken sie das Wasser in jeden Winkel ihres Körpers. Aber richtig ausgeklügelt ist diese Technik erst, wenn sie ein weiteres ernsthaftes Landproblem gleich miterledigt:

Problem 3: Schwerkraft
Wer an Land geht und nicht zu Boden gehen will, muss sich gegen die Schwerkraft rüsten; er braucht – wie wir unser Knochenskelett – eine Art Stützgerüst, das ihm Stabilität verleiht. Eine aufwendige Angelegenheit, die reiß- und knickfestes Material erfordert. Wenn es fehlt, das zeigt jeder Strandspaziergang, machen Pflanzen keine gute Figur: Seegras und Tang, die im Wasser mächtige Vorhänge und Dickichte bilden, sacken auf dem Trockenen wie weich gekochte, glitschige Nudeln in sich zusammen. Ganz anders als Strandhafer und Strandflieder, die aufrecht dem Wind und der Schwerkraft trotzen.

Der Trick der Landpflanzen besteht nun darin, die Leitungsröhren gleichzeitig zur Stabilisierung zu verwenden. Sie packen in ihren Stängeln und Stielen Hunderte haarfeiner Rohre zu einem Bündel zusammen. Das verleiht Festigkeit und Elastizität – vor allem, wenn die Rohrwandungen durch Holzfasern verstärkt sind. Ein Bündel aus Strohhalmen ist nicht mehr zu knicken. Wasserversorgung und Stabilität auf einen Streich!

Die Begrünung der Kontinente war an die Ausstattung der Pflanzen mit neuer Technologie gebunden. So viel steht fest. Aber hätten diese Erfindungen nicht schon früher in der Erdgeschichte erfolgen können? Im Kambrium oder noch früher? Denn auch damals gab es immer wieder die Herausforderung, kurzfristige Verlandungen zu überleben. Warum ereignete sich der Durchbruch erst jetzt im Devon?

Man kann es natürlich auf den Zufall schieben: Es dauert eben seine Zeit, bis zufällig alle kleinen Schritte und Erfindungen für den großen Schritt an Land zusammenpassen. Aber höchstwahrscheinlich war etwas anderes ausschlaggebend: Die Besiedlung des Landes musste scheitern, solange nicht ein besonders schwer wiegendes Problem gemeistert war:

Problem 4: Strahlung

Die Sonne sendet bekanntlich nicht nur Licht und Wärme spendende Strahlung aus, sondern auch jene unsichtbare, gefährliche UV-Strahlung*, die uns Hautverbrennungen, Sonnenstiche und Schneeblindheit beschert. Im Wasser wird dieses UV-Bombardement aus dem Weltraum abgeschwächt, aber an Land trifft es ungemildert jedes Lebewesen, das sich hier anzusiedeln versucht. Die Kontinente waren gewissermaßen von Beginn ihrer Entstehung an strahlungsverseucht.

* UltraViolett, weil die Strahlung noch energiereicher ist als violettes Licht – das energiereichste Licht, das unser Auge wahrnimmt.

Dass die Pflanzen auch dagegen ein Mittel gefunden haben, grenzt ans Wunderbare und hat viele heiße Diskussionen unter Wissenschaftlern ausgelöst. Es sieht nämlich so aus, als hätten die Algenpflanzen im Wasser seit Hunderten von Jahrmillionen daran gearbeitet, die Eroberung des Festlandes vorzubereiten. Sie haben tatsächlich einen globalen Schutzschirm gegen die tödliche Strahlung entwickelt und haben ihn so lange verstärkt, bis sie ungefährdet das Land betreten konnten. Das klingt nun wirklich abenteuerlich, ganz so, als hätten die Pflanzen insgeheim schon immer den Plan gehabt, über das Wasser hinauszuwachsen.

Tatsache ist, dass die Algen in den Ozeanen von Anbeginn an Kohlendioxid verwertet und Sauerstoff an die Atmosphäre abgegeben haben – so wie sie es auch heute noch tun. Tiere, die den Sauerstoff hätten einatmen können, gab es noch nicht (und später waren es relativ wenige), und so wurde die Luft zwangsläufig mit immer mehr Sauerstoff angereichert – mit dem Abgas der Pflanzen.

Ein seltsamer chemischer Nebeneffekt war, dass sich dieser Sauerstoff hoch oben in der Atmosphäre, in etwa 25 Kilometer Höhe, in besonders kompakter Form als Ozongas* anzusammeln begann: Der berühmte «Ozonschild» entstand. Gemessen an der gesamten Atmosphäre, fällt das Ozon kaum ins Gewicht (ein paar hunderttausendstel Promille), aber seine Wirkung ist trotzdem enorm. Wie ein aufgespannter Sonnenschirm hält es die gefährliche UV-Strahlung zurück.

Der Aufbau des Schirms hat zwangsläufig Zeit gekostet. Erst mit Beginn des Devons (oder auch schon etwas früher) war seine Strahlenschutzwirkung ausreichend; erst dann konnten die Pflanzen die Früchte ihrer jahrmilliardenlangen Arbeit ernten und «unverstrahlt» die Erde in Besitz nehmen.

* Drei Sauerstoffatome lagern sich zu einem Ozonmolekül zusammen.

Trotzdem wäre es widersinnig, zu behaupten, die Pflanzen hätten auf dieses Ziel hingearbeitet – hätten in irgendeiner Art von Weitsicht gehandelt. Wie sollten sie auch? Sie hatten nie eine Wahl, irgendetwas anders zu machen. Nur rückblickend können wir (erleichtert) feststellen, dass der Sauerstoff der Algenpflanzen das Tor in eine neue – trockene – Welt aufgestoßen hat. Ein glücklicher Zufall für alle späteren Landbewohner.

Wenn wir als Fahrgast in 20 Sekunden durch den dunklen Ägidienberg rasen, weist nichts darauf hin, dass hier eine der spannendsten Geschichten der Evolution ablief: der Auszug der Pflanzen aus dem Wasser. Schade eigentlich. Wir sind dann in der Rolle eines Wurms, der sich schnellstmöglich durch die Seiten eines Buches frisst, ohne etwas von der Geschichte zu erfahren, die darin aufgeschrieben ist.

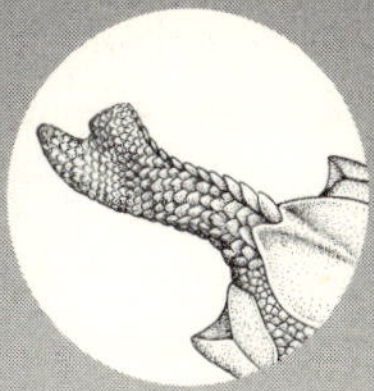

GESCHICHTEN VOM HUNSRÜCKMEER

ALS DIE FISCHE LAUFEN LERNTEN

Würde die Bahnlinie nur 100 Kilometer südlicher durch das Rheinische Schiefergebirge verlaufen, durch die Berge des Hunsrücks etwa oder der Eifel, dann hätten die Tunnelgesteine eine ganz andere, aber ebenfalls revolutionäre Geschichte aus dem Devon zu erzählen. Eine Geschichte, die unter Wasser spielt. Denn die Gebiete von Hunsrück und Eifel lagen bereits im Meer vor der Küste Laurussias.

Die Geologen erkennen das an den Schieferschichten des Hunsrücks oder den Riffgesteinen der Eifel, aber wir können es uns leichter machen und dieses Hunsrückmeer aus der Höhe unseres Ballons betrachten. Ein tropisch warmes und flaches Meer. Mit einer Vielzahl von Inseln aller Größenordnungen – bis hin zu Mini-Kontinenten, die nach Süden hin unsere Sicht begrenzen. Durch das Wasser hindurch zeichnen sich die mächtigen Korallenriffe ab, die sich – hauptsächlich im Gebiet der Eifel – in dem lichtdurchfluteten Meer gebildet haben.

Und jetzt ist der Augenblick gekommen, wo ich endlich mein Versprechen aus dem Kambrium einlösen kann. Da hatten wir ja festgestellt, dass die Tage wesentlich kürzer waren als heute – sie dauerten nur 20 statt 24 Stunden. Und wir hatten auch den Mond als Verantwortlichen erkannt, weil er – über die Wirkung von Ebbe und Flut – die Erdrotation verlangsamt. Nur die Zeitnehmer haben wir nicht genannt – die Tiere mit der Stoppuhr. Hier unter uns sind sie zu sehen: Korallen aus dem Devon. Und so funktioniert ihre Zeitmessung: Riffbildende Korallen sitzen auf einem Kalkfuß, den sie ständig durch neue Kalkabscheidungen erhöhen. (So wächst durch den Stoffwechsel von Milliarden von Einzeltieren ein Korallenriff heran.) Allerdings erfolgen die Kalkabscheidungen nicht gleichmäßig. Nachts sind sie schwächer, tagsüber stärker; denn bei Tageslicht helfen kleine grüne Algen mit, die in den Korallen als Untermieter wohnen. So kommt es zur Ausbildung von hauchdünnen Tagesringen aus Kalk. Sie sind nicht dicker als 0,05 Millimeter und nur unterm Mikroskop zu sehen. Außerdem gibt es jahreszeitliche Einflüsse, die erkennen lassen, wann ein Jahr vorüber ist – also eine Art von Jahresringen.

Als die Paläontologen die Tagesringe auszählten, die auf ein Jahr entfallen, kamen sie auf die Zahl von 400. Ein Jahr im Devon hatte demnach keine 365 Tage wie heute, sondern 400. Entsprechend kürzer mussten die Tage gewesen sein. Die Daten für das Devon lassen sich hochrechnen auf die Zeit des Kambriums; dann kommt man ungefähr auf einen 20-Stunden-Tag. Dies gewissermaßen als Nachtrag beim Anblick der Korallenriffe, die das tropische Hunsrückmeer vor Laurussias (und Deutschlands) Küste schmücken.

Es ist ein Meer, das jeden Augenblick – nach erdgeschichtlichen Zeitmaßstäben – sein Gesicht verändert. Neue Inseln tauchen auf, wechseln ihre Position und Ausdehnung und versinken wieder. Der Meeresboden selbst ist in Bewegung. Der Hauptgrund für diese Unruhe ist uns schon vertraut: der Vormarsch Gondwanas! Bei aller Begeisterung für die Lebewesen über und unter Wasser sollten wir nicht vergessen, dass der Riesenkontinent unaufhaltsam von Süden her herandrängt und den 2000 Kilometer breiten offenen Ozean, der die beiden Landmassen noch trennt, langsam, aber unerbittlich zuschiebt.

Dieser gewaltige Ozean also geht vor der Küste Laurussias in ein flaches, zum großen Teil verschlammtes Meer über – eben das Hunsrückmeer. Der feinkörnige Schlamm stellt sich rückblickend als Glücksfall heraus; nicht nur, weil er viele Millionen Jahre später, zu hartem Schiefer gepresst, als Material zum Dachdecken abgebaut werden kann, sondern auch, weil er wie ein urzeitliches Fotoalbum die Bewohner des Hunsrückmeeres auf Steinplatten bannt. Das feinkörnige Schlammmaterial führt zu ebenso feinkörnigen, das heißt gestochen scharfen Abbildungen im Schiefer. Und wenn die Fossilien durchleuchtet werden, zeigen sich auf dem Röntgenbild sogar feinste Weichteile wie Hautreste oder innere Organe.

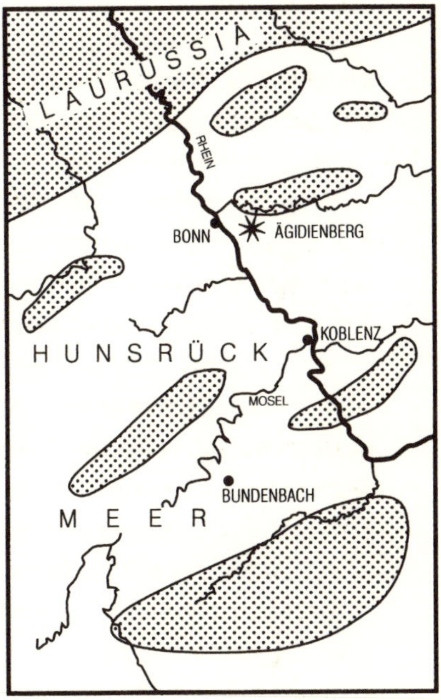

Blättern wir also ein wenig in diesem Album. Besuchen wir das Schlosspark-Museum in Bad Kreuznach, das viele kostbare Fossilien aus dem Hunsrück-Dorf Bundenbach aufbewahrt. Es handelt sich um eines jener liebenswerten kleinen Museen, wo man schon beim Eintritt nicht nur Tasche und Mantel, sondern irgendwie auch die Gegenwart ablegt. Ich suche mir aus der langen Reihe säuberlich aufgestellter Filzpantoffeln die mit der richtigen Größe. Dann schlittere ich über den historischen Parkettfußboden unter schweren Kronleuchtern hindurch zu den Ausstellungsvitrinen – und lasse mich hineinziehen in die Welt des Hunsrückmeeres.

Das Erste, was mir ins Auge fällt, sind nicht etwa aberwitzige, urzeitliche Wasserwesen, sondern gute alte Bekannte: Seesterne, die aussehen, als krabbelten sie gerade über den Boden des Mittelmeeres. Einer streckt sogar zehn Arme von sich und sieht damit aus wie die Sonne auf einer Kinderzeichnung. Allerdings hat er einen Arm so elegant über den Nachbararm geschlagen, dass man meinen könnte, er würde ihn im nächsten Augenblick wieder zurücknehmen. Ein anderer Seestern zeigt im Zentrum deutliche Verwesungserscheinungen. Offensichtlich war er schon einige Zeit tot, bevor er in den Schlamm gebettet wurde. Auch unter den Borstenwürmern, die sich von ihren heutigen Kollegen kaum unterscheiden, gibt es einen, der ziemlich mitgenommen aussieht: Das fingergroße Tier ist aufgefressen bis auf die harten, unverdaulichen Beine. Die liegen alle noch in richtiger Position, aber dort, wo der Körper war, wimmelt es von Kotbällchen und Kotschnüren. Mehr als dieses Zeichen ihres Appetits haben die Aas fressenden Würmer (oder was für Kleintiere es eben waren) nicht hinterlassen.

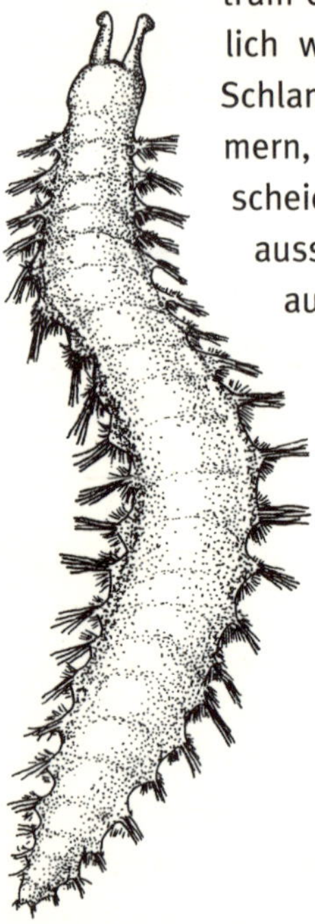

Bundenbacher Borstenwurm – Bundenbachochaeta

Daneben gibt es Seelilien zu bestaunen, wie sie heute nur noch in der Tiefsee vorkommen. Aber im Hunsrückmeer müssen sie massenhaft Boden und Riffe besiedelt und regelrechte Wälder gebildet haben. Jede Vitrine überrascht mit einer neuen Art. Eine eleganter und filigraner als die andere. Sie sehen tatsächlich aus wie Blumen – mit Wurzeln, um sich im Boden zu verankern, mit einem langen Stiel, um Höhe zu gewinnen, und mit einer gefächerten Krone. Aber es handelt sich um fest sitzende, gefräßige Tiere. Aus dem Kelch wachsen bewegliche Fangarme. Sie tragen einen Saum von Wimpernhärchen, mit denen sie winzigste Beutetierchen oder Nahrungsteilchen aus dem Wasser fischen. Wer sich selbst ein Bild davon machen will – jedes Härchen ist haarfein im Schiefer abgebildet.

Im Dickicht der Seelilien zieht ein seltsamer Räuber seine Bahn: Er schleppt ein mächtiges Kalkgehäuse mit sich – lang gezogen ist es und spitz zulaufend wie eine Schultüte. Vorne aus der Öffnung schaut der Kopf mit zwei großen Augen heraus. Die Biologen zählen ihn zu den «Kopffüßern», und hier ist die Namensgebung erstaunlich treffend; denn direkt am Kopf unseres Räubers ist ein Bündel von Tentakeln festgewachsen, mit dem er sich seine Beute greift und zum kräftigen Schnabelmaul führt. Kein Problem für ihn, Trilobiten zu knacken, die es nach wie vor in Hülle und Fülle gibt. Aber es ist sicher kein Zufall, dass sich die Trilobiten just in dieser Zeit besonders kräftige Panzer zugelegt haben. Das belegen die zu Stein gewordenen Exemplare in unseren Museumsvitrinen, wo sie friedlich neben den Schultüten-Gehäusen ihrer Erzfeinde ruhen. Allerdings sind die Kopffüßer hier nur zwergenhaft – kaum größer als ein Finger. Schwer zu glauben, dass manche tatsächlich ein Riesengehäuse von sage und schreibe 9 Metern Länge trugen: die größten Schalengehäuse, die jemals gebaut wurden. Es kann nicht gerade leicht gewesen sein, mit einem derartigen Ungetüm zu manövrieren, und so tauchten schon bald Gehäuse auf, die spiralförmig zu einer Schnecke aufgerollt waren.

Die Kopffüßer-Konstruktion hat sich offensichtlich bewährt: Alle Tintenfische und Kraken von heute sind immer noch Kopffüßer – auch wenn sie weniger häuslich geworden sind und ihre Schalenbungalows ganz aufgegeben haben. Manche Tintenfische, wie die Sepien zum Beispiel, schleppen immerhin noch ein Überbleibsel dieser Zeit im Inneren ihres Körpers mit: einen kalkigen Schulp, den wir meist nur als Schnabelwetzstein für Kanarienvögel zu Gesicht bekommen.

Schade eigentlich, dass die Kopffüßer mit ihren imposanten Gehäusen ausgestorben sind. Ganz ausgestorben? Nein! Es gibt tatsächlich einen letzten Nachfahren, der bis heute durchgehalten hat. Er lebt in der Tiefe des Meeres – dort, wo der Indische und der Pazifische Ozean ineinander übergehen. Sein Name ist: Nautilus.

Nautilus …

Mein erster Nautilus ist mir bei einem Tauchgang in der Nähe der Philippinen begegnet. Es war ein atemberaubendes Erlebnis – ganz wörtlich, denn unwillkürlich habe ich versucht, die Luft anzuhalten, um ihn nicht zu vertreiben. Vom ersten Augenblick an sticht seine altehrwürdige Herkunft ins Auge: Alles an ihm wirkt irgendwie vorsintflutlich und urzeitlich. Sein weiß-rötlich gestreif-

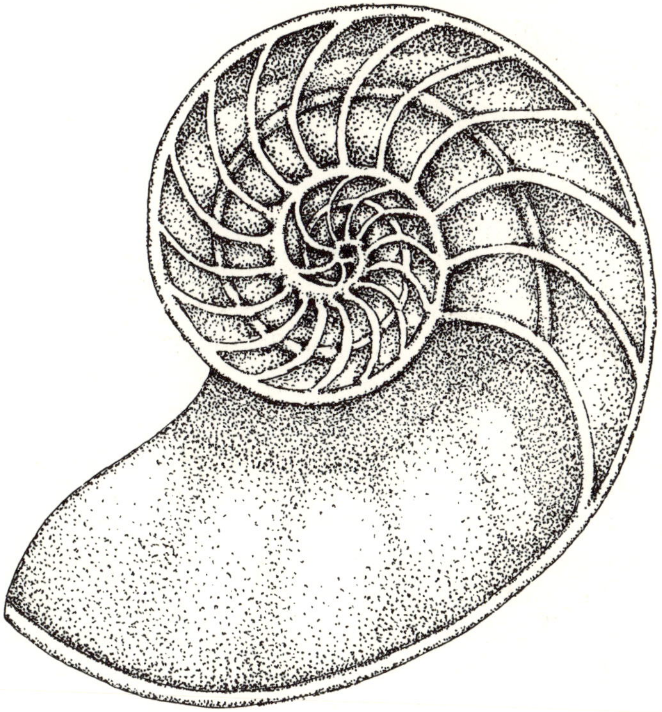

... und seine Flutkammern

tes Gehäuse, das – zu einer Spiralwindung aufgerollt – senkrecht im Wasser schwebt; sein Gestrüpp aus Tentakeln, über das sich fast kess eine Art Schirmmütze schiebt; und vor allem seine fremdartigen Augen: eine weiße Scheibe mit einem winzigen schwarzen Loch im Zentrum. Ich weiß nicht, warum sie mich so faszinieren – vielleicht, weil sie so traurig wirken: Wie bei den

Augen eines Clowns zieht sich ein auffälliger melancholischer Strich nach unten.

Oder aber es liegt daran, dass ich um ihre einmalige Sonderstellung im Tierreich weiß. Das Nautilus-Auge hat nämlich keine Linse wie unser Auge (und das aller Wirbeltiere), sondern lediglich ein kleines Loch. Trotzdem sieht es – fast möchte man sagen: auf magische Weise – ein scharfes Bild. Jetzt zum Beispiel das Bild eines staunenden Tauchers.

Auge in Auge mit meinem Nautilus, kommt mir plötzlich die «Magie der Lochkamera» in den Sinn. Unter diesem Titel kündigte mein Vater einst seine Zaubervorstellung an, die uns Kinder in ungläubiges Staunen versetzte. Erster Akt: Er zieht das Verdunklungsrollo vor dem Fenster herunter (das seit den Bombenangriffen der letzten Kriegstage nicht entfernt worden war), und das Zimmer versinkt in Dunkelheit. Zweiter Akt: Er durchsticht das Rollo mit einem Nagel. Das Licht von draußen fällt durch das Loch auf ein Stück Papier, und jeder von uns erwartet dort einen hellen Lichtfleck. Was sonst? Dritter Akt: Stattdessen erscheint ein winziges, auf dem Kopf stehendes Bildchen. Es zeigt – fotografisch genau – die Bäume und Häuser vor dem Fenster. Magie der Lochkamera. Nautilus nutzt das Prinzip seit über 400 Millionen Jahren.

Vorsichtig stupse ich ihn (obwohl ich weiß, dass man das nicht tun sollte) mit dem Finger an. Er kommt in Schräglage, aber sofort richtet er sich wieder auf und pendelt sich wieder in seine senkrechte Position ein. Das läuft ganz von selbst ab, ohne dass er eine Muskelfaser bemühen müsste. Denn Nautilus wendet denselben technischen Kunstgriff an, den man auch bei den großen Ozeanschiffen einsetzt: Er hat den unteren Teil seines Gehäuses mit Ballastwasser gefüllt und richtet sich deshalb wie ein Stehaufmännchen automatisch immer wieder auf. Bewundernswert.

Genauso einfach und genial ist die Technik, mit der Nautilus durchs Wasser schwimmt. Er macht es ohne Flossen, ohne Schwanz und ohne Körperkrümmung. Stattdessen setzt er wie die Astronauten beim Ausstieg aus der Raumstation auf das Rückstoßprinzip. Aus einer schwenkbaren Steuerdüse unter dem Kopf presst er einen kräftigen Wasserstrahl: Der Rückstoß schiebt ihn davon – Fortbewegung im Rückwärtsgang nach hinten. Natürlich kann Nautilus auch vorwärts schwimmen, aber längst nicht so schnell und mühelos, weil er dazu seine Steuerdüse um 180 Grad nach hinten krümmen muss.

Es sieht fast so aus, als wäre Nautilus ein Technik-Genie, das wesentliche Tricks der Schifffahrt und Raumfahrt vorweggenommen hat. Dazu passt, dass er seine Tiefen- und Höhensteuerung genauso vornimmt wie ein Unterseeboot. Er hat sein Gehäuse in Kammern unterteilt, die er mit Wasser flutet, wenn er absinken will. Und wenn er wieder aufsteigen will, dann presst er Gas in die Kammern und verdrängt das Wasser. Etwas Besseres hat die Tauchboot-Technik bis heute nicht entwickelt. Es ist schwer, von Nautilus nicht begeistert zu sein.

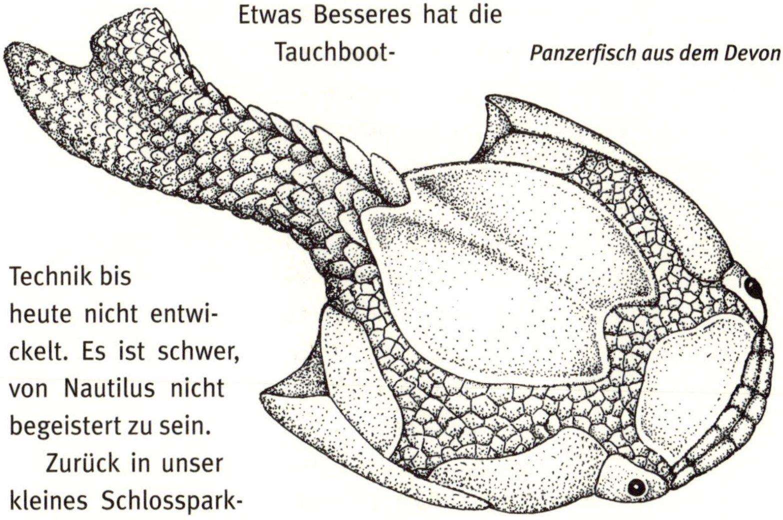

Panzerfisch aus dem Devon

Zurück in unser kleines Schlosspark-Museum in Bad Kreuznach mit seinen Fängen aus dem Hunsrückmeer. Das Devon gilt zwar als «Zeitalter der Fische», aber bislang waren wir bei kriechenden Seesternen, festgewachsenen Seelilien und jetstrahlgetriebenen Kopffüßern hängen geblieben. Die versteinerten Fische sind in der Tat nicht sehr auffallend, und ich muss zweimal hinschauen, bevor ich sie überhaupt als solche erkenne.

Da sind keine schlanken Stromlinienformen zu sehen und keine schillernden Schuppen. Nicht einmal richtige Zähne.

Eine Art kommt in allen Größen vor und hat die plumpe Form eines Tischtennisschlägers. Ein Panzerfisch – erklärt die Hinweistafel und zeigt auch gleich, wie er wohl ausgesehen hat: bis auf den Schwanz mit schweren Panzerplatten bestückt; ein zahnloses Lutschmaul, mit dem er gerade mal Algen aufsaugen oder Kleinstgetier einschlürfen konnte – zu mehr hat es sicher nicht gereicht.

Aller Anfang ist schwer! – Auch für die Evolution. Die frühen Fische aus dem Hunsrückmeer belegen, dass ein gewöhnlicher Fisch alles andere als gewöhnlich ist. Der Stammvater muss ein Tier mit Rückgrat gewesen sein – ein Abkömmling von Pikaia vielleicht, aus der Zeit der Kambrischen Explosion. Dann waren unzählige Versuche, Entwürfe und Fehlentwürfe nötig, bis die Fische schließlich eine Wirbelsäule und weitere Skelettversteifungen (bei kleinen Fischen: die Gräten) im Körper trugen. Bis ihre Haut ein elastisches Schuppenkleid bekam. Bis sie zu richtigen Beißern mit Zähnen im Kiefer wurden.

Doch dies alles haben sie in den Gewässern und Ozeanen des Devons schließlich geschafft. Und als die Grundausstattung einmal in Serie ging, wurde auch gleich eine Palette von Extras und Sondermodellen entwickelt – darunter einige, die sich schon bald als überaus folgenreich erweisen sollten:

Das leichte und schnelle Modell «Hai»

Gewicht sparendes Skelett aus leichtem Knorpelmaterial; große Flossen; hervorragende hydrodynamische Eigenschaften. Achtung! Besondere Bissigkeit durch scharfe, wartungsfreie Zahnreihen, die sich bei Ausfall selbst erneuern.

Die Haie sind seit ihrem ersten Erscheinen im Devon ein phantastisches Erfolgsmodell der Evolution. Sie haben alle Naturkatastrophen überlebt – und sogar die Konkurrenz der Furcht erregenden Paddelechsen und Fischsaurier, die später einmal die Meere beherrschen sollten. Wir werden es noch erleben. Trotzdem sind versteinerte Haie eine große Seltenheit – einfach deshalb, weil ihr weiches Knorpelskelett besonders rasch zerfällt. Nur die Zähne – die ausgebissenen und die von toten Tieren – finden sich aus allen Epochen der Erdgeschichte.

Zu einem weiteren Renner unter den Devon-Fischen wurde:

Das Standardmodell «Knochenfisch»

Solides Innengerüst aus widerstandsfähigem Knochenmaterial; ausgezeichnete Manövrierfähigkeit durch ein unabhängig ansteuerbares vorderes und hinteres Flossenpaar, insbesondere Wendemöglichkeit auf der Stelle sowie hervorragendes Bremsverhalten.

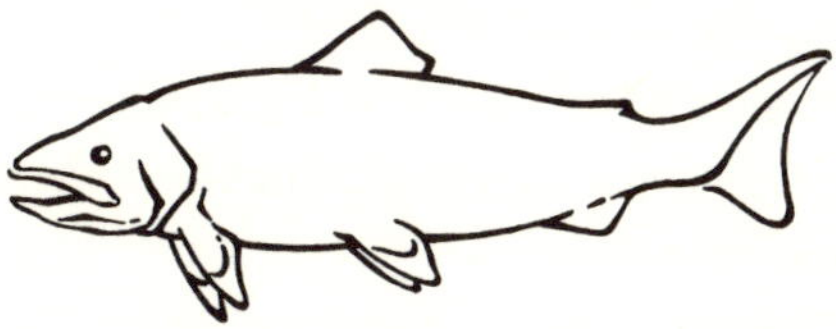

Achtung!

Alle Modelle sind mit einer besonderen technischen Raffinesse ausgestattet: Eine veränderliche, gasgefüllte Schwimmblase erlaubt die präzise Steuerung des Auftriebs. Dadurch werden außergewöhnliche Schwimm- und Schwebeleistungen in unterschiedlichen Wassertiefen erreicht.

Praktisch alle heutigen Fische, mit Ausnahme der Haie, gehören zu den Knochenfischen – auch dann, wenn ihre Gräten nicht knochenhart, sondern weich und biegsam sind.

Es gibt aber eine besondere Variante, die eine Extra-Ankündigung verdient:

DAS SONDERMODELL «KNOCHENFISCH – F»
Alle Leistungen wie beim Standardmodell: zwei Flossenpaare zum Manövrieren und eine Schwimmblase zur Regelung des Auftriebs. Als Neuerung jedoch: eine besonders fleischige und muskulöse Ausformung der Flossen.

Diese so genannten Fleischflosser tragen aus unerfindlichen Gründen fleischige Flossen, die auf kurzen Stummeln sitzen. Sie lassen sich in alle Richtungen bewegen, weil sie mit eigenen Muskelsträngen durchsetzt sind. Und sie sind besonders robust, weil ihnen eingelagerte Knochenelemente zusätzlich Stabilität verleihen.

Wozu diese quastenähnlichen Flossen gut waren, darüber kann man nur spekulieren. Einige Wissenschaftler glauben, dass die fleischigen Flossen speziell für Seen oder Tümpel mit dichtem Pflanzenbewuchs entwickelt wurden. Mit ihren kräftigen Spezialflossen, so die Wissenschaftler, hätten sich die Fische dann bequem durch das Pflanzengestrüpp hindurcharbeiten können.

Ob es wirklich so war, kann niemand wissen – aber wozu sollten wir auch? Was bringt es, sich so genau mit den Lebensgewohnheiten dieser etwas ab-artigen Fleischflosser zu befassen?

Die Gangart der Fische

Die Antwort ist einfach: Diese Fische sind unsere eigenen Urahnen. Ihre fleischigen Flossen sind die Urformen unserer Arme und Beine. Denn die Fleischflosser sind jene kühnen Pioniere, die im

Devon ihre Stummelflossen nutzten, um den ersten Schritt an Land zu wagen. Sie haben das Reich der Wirbeltiere auf dem Festland begründet und ihnen das typische Vierbeinerleben mitgegeben.

Egal, ob wir uns über die krummen Beine eines Dackels lustig machen oder die Fänge und Schwingen eines Adlers bewundern – sie gehen auf die vier kräftigen Brust- und Bauchflossen jener Fische zurück. Hätten sie nicht vier gehabt, sondern sechs... man könnte ins Träumen kommen. Dann würden die Pferde wie Heupferde auf sechs Beinen laufen. Raubtiere sähen aus wie das Wappentier der italienischen Supercortemaggiore-Tankstellen. Vögel stünden elegant wie Libellen in der Luft, um plötzlich mit ihren zwei Flügelpaaren davonzuschießen. Und wir mit unseren vier Armen könnten endlich Hemd und Hose gleichzeitig anziehen oder während des Zähneputzens auch noch die Zahnpastatube zudrehen. Sich mehr zu erträumen sei jedem erlaubt, aber unser Schicksal war schon vor 350 Millionen Jahren besiegelt: Wir haben zwei Arme und Beine, weil man mit vier Flossen besonders gut schwimmen kann.

Verständlich also, wenn wir uns für diesen schwimmenden Urahn aller Vierbeiner interessieren. Und nicht von ungefähr steht er als «Quastenflosser» ganz weit oben auf der Hitliste bekannter Urtiere. Als «Aussteiger aus dem Wasser» hat er es zu Weltruhm gebracht.

Es gibt von diesem Fisch natürlich keinen versteinerten Schnappschuss, wie er gerade seine Flosse hebt, um jenen kleinen Schritt an Land zu machen, der zu einem großen Schritt für die Wirbeltiere werden sollte. (So hätte es zumindest Neil Armstrong, der erste Mann auf dem Mond, ausgedrückt.) Es gibt auch keine versteinerten Spuren seiner dicken Quastenflossen im Sand. Was also hat ihm den Ruf eingebracht, für den Sprung an Land verantwortlich zu sein?

Im Grunde genommen kennt man von diesem Sprung nur den Absprung aus dem Wasser und den Aufsprung an Land – den Vorgang selbst muss man sich zusammenreimen. Der Quastenflosser ist als Fisch noch ein echtes Wassertier, aber er ist bereits mit allem ausgerüstet, was man für einen Abstecher an Land dringend braucht. Seine muskulösen Flossen sind durch Knochen versteift, und er kann seine Schwimmblase auch als einfache Lunge einsetzen, um Luft zu atmen. Der Absprung aus dem Wasser ist vorbereitet.

Den Aufsprung an Land markiert dann aber ein anderes Tier: ein sehr urtümlich aussehendes Geschöpf – halb Fisch, halb Lurch. Dieser Fischschädel-Lurch* aus dem Devon ist das älteste vierfüßige Landlebewesen, das jemals gefunden wurde, und seine Ähnlichkeit mit einem Quastenflosser ist verblüffend. Er hat dieselbe Schädelform, besitzt noch einen fischähnlichen Körper und eine Schwanzflosse. Und auch sein Knochengerüst wirkt wie ein Quastenflosser-Skelett, das für ein Leben außerhalb des Wassers lediglich ein bisschen verstärkt und aufgerüstet wurde. Sogar die Lebensweise des Urlurchs dürfte noch sehr nah an der eines Fisches gewesen sein. Seine beiden Körperseiten weisen nämlich eine Linie von Sinneszellen auf, die nur im Wasser sinnvoll und typisch für Fische sind: das so genannte Seitenlinienorgan, mit dem sich kleinste Wellen und Wasserströmungen wahrnehmen lassen. Unser Urlurch hat wohl noch die meiste Zeit im Wasser verbracht – auch wenn er das erste vierbeinige Landtier war. Vielleicht pendelte er ebenso zwischen Land und Wasser hin und her wie die heutigen Schlammspringer aus dem Indischen Ozean: Diese krötengroßen Fische kommen bei Ebbe auf den Strand, um dort den nassen Algenrasen abzuweiden. Sie stützen sich auf ihre Vorderflossen und hoppeln wie Liliput-Robben vorwärts. Zwischendurch wälzen sie sich mal kurz in einer Pfütze, um sich nass zu machen, und manche sind schon so kühn und

* Sein zungenbrecherischer wissenschaftlicher Name lautet Ichthyostega.

landerfahren, dass sie die Mangrovenbäume am Ufer erklettern. Mit der nächsten Flut lassen sie sich dann wieder zurücktragen in ihr eigentliches Element. Weg sind sie – bis zu ihrem nächsten Auftritt.

Als ich die überzeugende Vorstellung der Schlammspringer zum ersten Mal verfolgte – aus der ersten Reihe, bäuchlings im Schlamm liegend –, war ich überzeugt, die Fische würden den Landgang ein zweites Mal versuchen. Und ich hatte das zwingende Gefühl, dass es damals bei der Uraufführung der Fischschädel-Lurche nicht viel anders zugegangen war.

Zurück ins Devon. Irgendwo in Laurussia, an irgendeinem Teich oder Tümpel muss sich unzählige Male das gleiche Drama abgespielt haben: Das Wasser trocknet aus (oder es verliert durch Fäulnisvorgänge an Sauerstoff). Für die Fische ist das natürlich eine Katastrophe. Sie haben keine Chance zum Überleben – es sei denn, sie schaffen es irgendwie, ihren Tümpel zu verlassen und umzuziehen. Jetzt ist fein heraus, wer kräftige Stummelflossen hat und sich damit ein Stück weit über Land in den Nachbarteich retten kann. Jede Verbesserung des Flossengangs zahlt sich aus. Denn wer besser watschelt, hat mehr Nachkommen – mit derselben verbesserten Watscheltechnik. Und wer dazu mit seiner Schwimmblase atmen kann, hat noch bessere Chancen. So führt eine Verbesserungsrunde nach der anderen schließlich zum landgängigen und Luft atmenden Urlurch. Es ist das bewährte Verfahren von Zufall und Auslese, mit dem die Natur seit eh und je ihre Erfindungen macht.

Was schon für die Pflanzen galt, trifft jetzt auch für die Fische zu: Sie werden nicht aus Kühnheit oder Wagemut zu Landgängern, sondern aus schlichter Notwendigkeit: um die Not bei Wassermangel abzuwenden. Sie erobern das Land, weil sie ihr Leben im Wasser fortsetzen wollen! – Diese Festellung mit der etwas verqueren Logik trifft auf Pflanzen und Fische gleichermaßen zu.

Dabei ist es zweitrangig, ob der Quastenflosser den Ruf als Aussteiger und Urvater aller Vierbeiner zu Recht genießt oder ob diese Ehre einem anderen gebührt. Vor ein paar Jahren nämlich haben einige Paläontologen versucht, den Quastenflosser von seinem Stammvater-Thron zu stürzen. Sie plädierten dafür, den direkten Vorfahren des Urlurchs unter den Lungenfischen zu suchen. Aber der Unterschied ist nicht allzu bedeutend; denn sowohl Lungenfische wie Quastenflosser sind Angehörige der Fleischflosser, und beide sind mit denselben kräftigen Stummelflossen ausgerüstet. Der Ruf des Aussteigers bleibt also so oder so in der Familie.

Ohnehin wird der Quastenflosser so schnell nicht aus unseren Köpfen zu verdrängen sein. Er hat – wie es so schön heißt – die «bessere Presse». Als Fernsehstar wurde er ähnlich populär wie Tyrannosaurus Rex oder andere Dinos. Dabei war es nicht einmal nötig, ihn durch Computeranimation zum Leben zu erwecken; seine Auftritte vor der Kamera waren live – als lebender Fisch im Indischen Ozean.

Es mutet an wie ein Wunder und ist genauso schwer zu begreifen: Der Quastenflosser lebt noch heute – nach rund 400 Millionen Jahren. Und er sieht nicht anders aus als auf den steinernen Abbildern aus der Zeit des Devons. Ein lebendes Fossil. Es ist schlichtweg unvorstellbar, welche Zeiträume und Entwicklungen dieser Fisch überlebt hat, ohne sich selbst zu verändern – gerade so, als hätte er beschlossen, sich für immer auf seinen Lorbeeren auszuruhen. Der Aufstieg der Saurier ist spurlos an ihm vorübergegangen. Weder die fischenden Flugsaurier noch die gefräßigen Fischsaurier konnten ihm etwas anhaben. Während andere sich Federn und Flügel zulegten, beharrte er auf seinen uralten Quastenflossen. Und als die Zeit der Saurier schließlich abgelaufen war und warmblütige Raubwale in die Ozeane zogen, auch da ließ sich unser Quastenflosser auf nichts Neues ein. Er blieb, wie er war – bis heute. – Verständlich, dass der Wissenschaftler, der zum ersten Mal einen Quastenflosser aus Fleisch und Blut vor sich hatte, es kaum fassen konnte. Und dass seine Wiederauferstehung zur Weltsensation geriet.

Am 22. Dezember 1938 wird Marjorie Courtenay-Latimer an Bord eines Fischkutters gerufen, um sich den Fang des Tages anzusehen. Marjorie ist Kuratorin eines kleinen Naturkundemuseums in Südafrika. In dem Städtchen East London, das an der Küste des Indischen Ozeans liegt. Sie hat mit den Fischern eine Verabredung getroffen, ihr besonders interessante Meerestiere als Museumsstücke zu überlassen.

Aber jetzt steht sie vor einem äußerst merkwürdigen Fisch, wie sie ihn noch nie gesehen hat: 1,50 Meter lang, 50 Kilo schwer. Bläulich schimmernde, verknöcherte Schuppen. Ein gewaltiger Kiefer. Am auffälligsten sind die Flossen. Sie sitzen auf kurzen Stielen und stehen wie Quasten vom Körper ab.

Marjorie ist auf der Stelle fasziniert von diesem Fisch. Sie fragt die Fischer – niemand kennt ihn. Sie schaut in Bestimmungsbüchern nach – er kommt nicht vor. Sie hätte aufgeben können, aber da ist dieses unbestimmte Gefühl, auf eine ganz besondere Kreatur gestoßen zu sein. Marjorie fertigt eine Zeichnung an und schickt sie an den Fischexperten James L. B. Smith. Und der traut seinen Augen nicht. «Ich war so erstaunt, als wenn ich auf der Straße einem Dinosaurier begegnet wäre», erinnert er sich. Smith reist nach East London, um den Fisch im Original zu sehen. Es kann keinen Zweifel geben: Er hat einen toten Quastenflosser vor sich – einen jener Urzeitfische, die angeblich vor 65 Millionen Jahren, zusammen mit den Dinosauriern, ausgestorben waren. Smith kennt sie nur als flach gepresste Versteinerungen, und jetzt liegt einer frisch gefangen vor ihm ...

Nun gut, so ganz frisch war er auch nicht mehr, denn Marjorie hatte ihn sechs Wochen lang bis zum Besichtigungstermin in mit Formalin getränktes Zeitungspapier gewickelt. Doch jedem ist klar: Irgendwo vor der Küste Ostafrikas müssen die Urahnen der Landwirbeltiere noch quicklebendig im Wasser schwimmen. Aber wie soll man sie finden?

Smith kennt nur noch diesen einen Gedanken. Überall an der Ostküste lässt er Steckbriefe des Quastenflossers verteilen; er

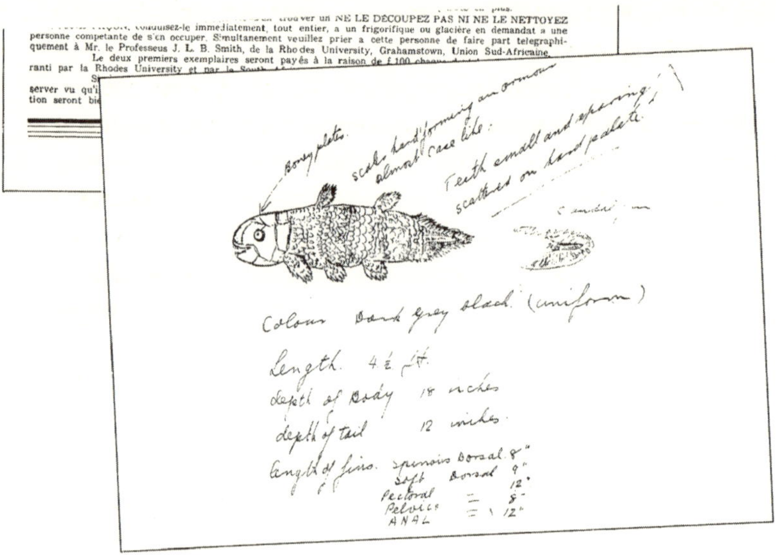

Marjorie Courtenay-Latimers Skizze des Quastenflossers

setzt eine hohe Belohnung aus: 100 Pfund für jedes weitere Exemplar. Er selbst unternimmt nicht weniger als zwölf Expeditionen, um den Aufenthaltsort dieser «lebenden Fossilien» zu entdecken. Dabei setzt er sogar Dynamit ein, um wenigstens einen toten Quastenflosser zu bekommen. Alles ohne Erfolg. Der Fisch, der jetzt zu Ehren von Marjorie Courtenay-Latimer den Namen «Latimeria» trägt, entzieht sich jedem menschlichen Zugriff.

Schließlich, nach 14 (!) Jahren, erfährt Smith von einem Exemplar, das 3000 Kilometer nördlich bei den Komoren-Inseln gefangen und für ihn sogar konserviert wurde. Die südafrikanische Regierung sieht darin ein Ereignis von nationaler Bedeutung und stellt ein Flugzeug bereit. Als Smith auf den Komoren landet, ist er am Ziel seiner Träume: Die Fischer präsentieren ihm den wahrhaft lange gesuchten zweiten Quastenflosser. Fassungslos vor Glück, sinkt er auf die Knie und bricht in Tränen aus. Als er dann noch erfährt, solche Fische seien hier nichts Ungewöhnliches und gingen immer mal wieder an die Angel, ist er überzeugt, endgültig die Heimat der Quastenflosser gefunden zu haben.

Und er sollte Recht behalten. Auch wenn der Beweis noch 35 Jahre auf sich warten ließ – bis Hans Fricke mit seinem Tauchboot den Quastenflossern einen Besuch abstattete.

Das Max-Planck-Institut in Seewiesen ist beneidenswert schön gelegen. Die Schneeberge der Alpen leuchten am Horizont. Ein malerischer See mit Schilf und Binsen grenzt direkt an das Gelände – es ist der See, in dem Konrad Lorenz einst mit seinen Gänsekindern schwimmen ging. Und auch die Gebäude machen eher den Eindruck einer gemütlichen Wohnsiedlung. Professor Hans Fricke führt mich zu einer etwas abgelegenen Garage. Wortlos öffnet er das Tor – und freut sich über die gelungene Überraschung. Kein schickes Auto steht hier, sondern ein kleines knallgelbes Unterwasserfahrzeug. Die Frontpartie ist ganz aus Glas und rund gewölbt wie das Auge eine Rieseninsekts. Der gelenkige Greifarm könnte als Mundwerkzeug durchgehen. Und auf dem stählernen Außenskelett sitzen zahlreiche Zusatzorgane wie Scheinwerfer, Kameras und Druckbehälter. Außerdem prangt hier in schwarzen Lettern der Name JAGO.

«Der Witz dabei ist», erklärt mir Hans Fricke, «dass das Ding auf einem Hänger steht und dass ich es über jeden Feldweg ziehen kann.» Ich hatte bis dahin zwar angenommen, der «Witz» eines Tauchboots zeige sich eher unter Wasser, aber ich lasse mich überzeugen, dass ohne Transport zum Verschiffungshafen oder Einsatzgebiet «gar nichts läuft».

Mit diesem geländegängigen Boot also, genau genommen mit seinem Vorgänger namens GEO, ging Hans Fricke im Dezember 1986 zum ersten Mal auf Quastenflosser-Suche vor der Komoren-Insel Anjouan. Aber die Vorgeschichte beginnt deutlich früher: Schon als Schüler hatte der tauchbegeisterte Hans das Quastenflosser-Buch verschlungen, das James Smith nach seinem Erfolg verfasst hatte. «Die Vergangenheit steigt aus dem Meer» war in 37 Sprachen übersetzt worden. Ein Klassiker der zoologischen

Literatur. Smith schildert darin seine Vision, wie «Latimeria» irgendwo vor den Komoren auf seinen Stummelflossen über den Meeresboden watschle – so wie er einst im Devon die ersten Schritte an Land unternommen habe.

«Das Vieh, das suchst du mal» – nimmt sich Hans schon damals vor. Und später, als renommierter Zoologe, fährt er auf die Komoren und sammelt weitere Daten. Aus dem Blut des Quastenflossers lässt sich ableiten, dass er an 18 Grad warmes Wasser angepasst ist – das würde bedeuten, dass man in etwa 200 Meter Tiefe vor den Steilhängen der Vulkaninseln suchen müsste. Die Vorstellung vom «Flossenläufer auf dem Meeresgrund» wäre damit zwar hinfällig, aber an die hat Hans Fricke noch nie geglaubt: «Alle Bodenläufer unter den Fischen haben abgeknickte Flossen, um Abstand zwischen Bauch und Boden zu bekommen. Anglerfische etwa oder Seeteufel. Latimeria passt da nicht ins Bild: Bei ihm stehen die Flossen seitlich ab. Der würde sich ja den Bauch aufschrammen.»

Weihnachten 1986 ist es so weit. Die GEO kreuzt in der richtigen Tiefe. Hans Fricke und sein Kollege Jürgen Schauer starren angestrengt durch die Glaskuppel und fiebern ihrer ersten Live-Begegnung mit Latimeria entgegen. Vergeblich. «Das ging viele Tage so. An die 30 Tauchfahrten haben wir unternommen. Nichts. Wir haben keines der Viecher gesehen.» In Hans Frickes Stimme klingt heute noch die Enttäuschung nach – und auch etwas Ärger über sich selbst: «Hätte ich damals nur auf Jürgen Schauer gehört; der wollte immer in die Höhlen schauen ...»

Aber Fricke hatte neben der Quastenflosser-Suche noch andere Forschungsaufträge zu erfüllen – und musste «unendlich viele langweilige statistische Daten» sammeln. Er wollte seine Auftraggeber nicht enttäuschen. Und dann war ohnehin alles vorbei. Ein gewaltiger Wirbelsturm sorgte für eine wochenlange Zwangspause. Frust. Enttäuschung. Ratlosigkeit. Immerhin war jetzt Zeit, um nochmals die einheimischen Fischer zu befragen. Die waren zwar nie getaucht, aber mysteriöserweise behaupteten sie steif und fest, die Fische lebten in Höhlen und würden nur nachts zum Jagen herauskommen.

Bei der nächsten Wetterberuhigung startet die GEO zum Nachttauchgang – und jetzt, im Scheinwerferlicht des Tauchboots, steht er plötzlich da, als wäre er einer Zeitkapsel entstiegen und nach 400 Millionen Jahren ins Leben zurückgekehrt. Ohne Hast oder Panik. Majestätisch und in ruhiger Gelassenheit, wie es scheint, empfängt er die Abordnung aus der Oberwelt: Vertreter der Vierbeiner, deren Reich seine Urväter einst begründeten.

Zugegeben, wenn man den Quastenflosser unbedingt vermenschlichen will, könnte man sein Benehmen auch als phlegmatisch, faul und träge interpretieren. Aber das klingt dann doch zu abwertend. Denn wahrscheinlich ist es eben diese Langsamkeit, dieses Leben auf Sparflamme, das ihn zum bewundernswerten Überlebenskünstler macht. Es erlaubt ihm – so Frickes These –, in sauerstoffarmen Wasserschichten zu leben, wo andere Raubfische Atemnot bekämen. In 200 Meter Tiefe ist das tatsächlich der Fall; hier bildet sich durch Verwesungsprozesse von Plankton eine sauerstoffverdünnte Zone aus: das Rückzugsgebiet der Quastenflosser, die hier ein Leben in Zeitlupe führen. Jeder Flossenschlag wie eine huldvolle Geste.

Diesen Bewegungen der Flossen gilt natürlich das besondere Augenmerk von Hans Fricke. Schließlich sind sie die Urmuster unserer Arme und Beine. Und wirklich: Latimeria bewegt seine Vorder- und Hinterflossen im Rhythmus eines Vierfüßers an Land. Die Schläge erfolgen kreuzweise: vorne links gleichzeitig mit hinten rechts und vorne rechts gleichzeitig mit hinten links. Das entspricht dem Standardgang fast aller Vierbeiner, dem Kreuzgang. Selbst wir schwingen beim Gehen bekanntlich Arme und Beine nach diesem Muster. Erinnerungen an den Quastenflosser.

Die Erstbegegnung mit einem lebenden Quastenflosser ging als Sensation um die Welt. Aber dabei blieb es nicht. Natürlich wollte Hans Fricke mehr wissen über seine «Freunde aus dem Devon»: ihre Lebensgewohnheiten, Ernährungsweisen, Jagdmethoden und so weiter.

Dazu brauchte er vor allem ein Tauchboot, mit dem er seine Schützlinge in größere Tiefen verfolgen konnte. So dachte er zumindest. Mit der JAGO kehrte er zwei Jahre später zurück – und erlebte eine dicke Überraschung. Als er – endlich dem Rat seines Kollegen folgend – das Tauchboot in eine der Vulkanhöhlen manövrierte, stand da ein Empfangskomitee aus einem halben Dutzend Fischen, als hätte es nur auf ihn gewartet. – Die Tiere, so stellte sich heraus, verbringen den ganzen Tag in diesen Höhlen.

«Im Nachhinein ist man immer schlauer», sagt Hans Fricke, wirft nochmals einen fast zärtlichen Blick auf seine JAGO und schließt das Garagentor. Lassen wir ihn mit seinem «yellow submarine» allein und reisen zurück in die Vergangenheit.

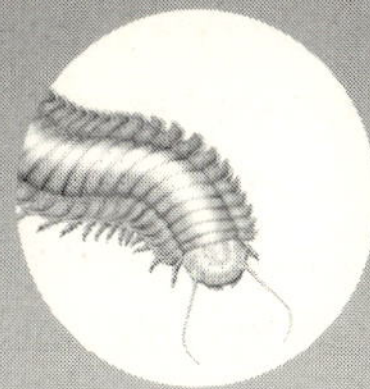

GIGANTEN IM KARBON

VON RIESENINSEKTEN UND EINEM GEBIRGE RUND UM DIE WELT

Während die Pflanzen das Festland in Besitz nahmen und die Tiere ihnen nachfolgten – nicht nur die Vierbeiner, die wir aus wirbeltierischer Eitelkeit etwas herausgestrichen haben, sondern auch gliederfüßiges Krabbelgetier wie Milben oder Insekten –, hatte sich der Boden unter den Füßen der Lebewesen unmerklich weiterbewegt. Die Kontinente hatten ihren Kollisionskurs fortgesetzt. Langsam zwar – kaum schneller, als die Fingernägel wachsen. Aber irgendwann war die Ozeanrinne zwischen den beiden einzigen noch verbliebenen Großkontinenten zugeschoben. Und auch das flache Küstenmeer im Gebiet des Hunsrücks war verschwunden.

Jetzt geraten die Kontinentalblöcke von Gondwana und Laurussia direkt aneinander: Sie verwickeln sich in den «größten Auffahrunfall der Erdgeschichte». Längs der gesamten Küste schieben sich ihre Landmassen ineinander. Der ungeheure Druck des Aufpralls schweißt die Gesteinsschichten zusammen; faltet sie wie Autoblech in einer Schrottpresse. Wie schon beim vorausgegangenen Kontinental-Crash zwischen Baltica und Nordamerika werden die Ränder der Landmassen zu einer mächtigen Gebirgskette aufgeworfen. Aber dieses Mal ist sie weltumspannend: die «Schweißnaht», die Gondwana und Laurussia zu einem einzigen Superkontinent verbindet.

Allerdings geht diese Gebirgsbildung nicht ruck, zuck vonstatten, sondern ist ein Jahrmillionen währender Prozess. Während sich die Berge heben und formen, werden sie gleichzeitig von Wind und Wasser wieder abgetragen. Mal überwiegt das eine, mal das andere – ganz ähnlich wie beim Gras auf der Wiese, das von Kaninchen abgeknabbert wird und gleichzeitig nachwächst. So zieht sich die Gebirgsbildung über 50 Jahrmillionen oder noch länger hin.

Wo früher Laurussias – oder, wenn man so will: Deutschlands – Südküste verlief, wächst jetzt ein breiter Gürtel aus Hochgebirgsgipfeln empor. Deutschland vergrößert sich erheblich. Aber was heißt da erheblich? Der Landgewinn nach Süden hin ist geradezu global; denn jenseits der neuen Berge beginnt ja Afrika, das mit Südamerika, Australien und der Antarktis zusammen die riesige Gondwana-Landmasse bildet. Wir könnten trockenen Fußes zum Südpol wandern. Denn seit dem zweiten Crash ist Deutschland eingeschlossen in dem neu entstandenen Superkontinent «Pangäa» (pan gaia bedeutet auf Griechisch «ganze Erde»).

Als sich nach der Vereinigung von Gondwana und Laurussia später noch die anderen, bis dahin selbständigen Kontinente wie «Sibirien» oder «Asien» anschließen, ist Pangäa komplett. Das Gesicht der Erde hat nur noch eine einzige riesige Landmasse und eine einzige sie umrundende Küste. Es gibt keine trennenden Ozeane mehr. Es gibt nur noch ein einziges weltumspannendes Meer, das alle Küsten Pangäas umspült.

Die große Gebirgsnaht, die Laurussia und Gondwana zusammenhielt, zog sich, wie gesagt, auch quer durch Deutschland, und erstaunlicherweise findet man heute noch Reste, gewissermaßen Fäden und Fetzen dieser vorzeitlichen Naht. Die alten Gneis- und Granitgesteine des Erzgebirges oder des Schwarzwalds gehören dazu. Ebenso das Fundament des Harzes oder

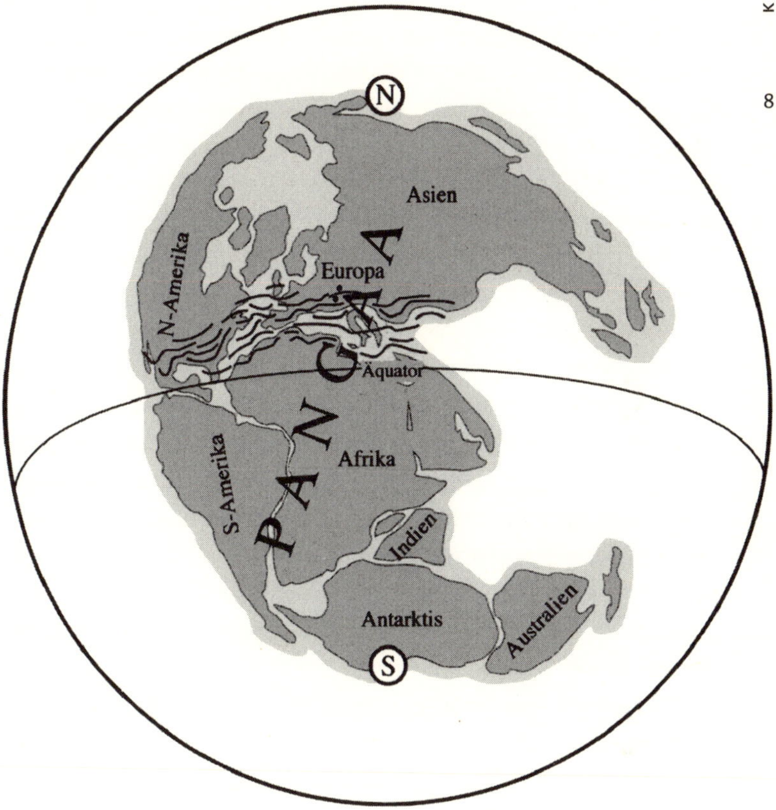

Das Variskische Gebirge, das Laurussia und Gondwana zum Superkontinent Pangäa zusammenschweißt. Damals hätte man trockenen Fußes von Deutschland nach Australien wandern können.

Teile des Rheinischen Schiefergebirges. Tatsächlich markieren die Mittelgebirge Deutschlands – das sind die Berge zwischen der Norddeutschen Tiefebene und den Alpen – den Verlauf des einstigen riesigen Gebirgsgürtels.

Das ist absichtlich etwas vorsichtig ausgedrückt, denn dieser Gebirgsgürtel aus Pangäas Zeiten war längst wieder abgetragen und vollständig eingeebnet, als die heutigen Mittelgebirge entstanden. Aber es ist kein Zufall, dass sie an derselben Stelle entstanden: an der alten Naht der beiden Großkontinente. (Die näheren Umstände, wie und warum diese Naht später wieder brüchig wurde, werden zur Sprache kommen, wenn es so weit ist. – Bis dahin vergehen allerdings noch gut 200 Millionen Jahre.)

Die Mittelgebirge jedenfalls haben bei ihrer Hebung Reste vom Fundament des einstigen weltumspannenden Gebirgsgürtels mit hochgezerrt. Das stellten schon Geologen des 19. Jahrhunderts fest, und sie sind auch für die – ziemlich verkünstelte – Namensgebung verantwortlich: Sie tauften die urzeitlichen Berge aus dem Karbon «Variskisches Gebirge». Der Name soll daran erinnern, dass der Germanenstamm der Varisker einst im Erzgebirge zu Hause war. (Engländer und Franzosen erinnern sich lieber an die Römer und dass sie den Harz als Hercynia silva bezeichneten. Für unsere Nachbarn ist es das «Hercynische Gebirge».)

Über Namen lässt sich trefflich streiten, fahren wir lieber hin und schauen uns dieses Gebirge von oben an. Wozu haben wir unseren Heißluftballon?

Verkohlte Bäume

Die Bergmassive unter uns sehen kaum anders aus als die Alpen. Auf den höchsten Gipfeln blinken Schneefelder in der Sonne. Flüsse haben sich tief in das Gestein geschnitten. Und in den Tälern sprießt zartes Grün. Meistens allerdings verhüllen Dunst und

Wolken die Sicht, denn das Variskische Gebirge liegt knapp über dem Äquator, in den Tropen.

Der Kurs unseres Ballons führt nach Norden. Wir haben die Ketten der Vier- bis Fünftausender fast überquert, und ich kann in der Ferne schon die weite Ebene erkennen, die sich an die Berge anschließt: unser Zielgebiet, wo wir niedergehen wollen. Es liegt in etwa dort, wo sich heute das Ruhrgebiet befindet. Statt Autobahnen und Schnellstraßen zerschneiden Flussarme und breite Wasserströme das Land. Dazwischen stehen mächtige, in der Mittagshitze dampfende Sumpfwälder. Unzählige Flüsse und Bäche stürzen sich aus den Variskischen Bergen in die Ebene. Wie Wasserspeier gießen sie die gesammelten Regengüsse in die Sumpflandschaft und speisen deren tropische Wälder. Es handelt sich – das dürfte nach der Nennung unseres Zielgebiets keine Überraschung sein – um die berühmten «Steinkohlewälder» des Karbons.

Das Karbon (von lat. carbo = Kohle) beginnt vor 360 Millionen Jahren und wird durch eine Eiszeit vor 290 Millionen Jahren beendet. In diesen 70 Millionen Jahren wird der Grundstock für den Kohlegürtel Europas gelegt. Er zieht sich längs des Nordrandes der Variskischen Berge von Polen bis nach Belgien und England. Und wo die Kohleschichten dicht genug an der Oberfläche liegen, sind die klassischen Bergbaugebiete an der Ruhr oder auch in den Midlands um Birmingham entstanden. In Hamburg dagegen müsste man 4000 Meter tief graben, um auf Kohle zu stoßen.

Wir haben inzwischen unsere Reiseflughöhe verlassen und schweben lautlos über den Baumwipfeln – auf der Suche nach einem einigermaßen trockenen Landeplatz. Aus den Augenwinkeln sehe ich eine Bewegung und kann gerade noch einen mächtigen Rücken erkennen, der im trüben Moorwasser versinkt. Jetzt sind da nur noch Blasen und Wellen. Das könnte spannend werden dort unten.

Es ist warm und windstill; aber die Schweißperlen auf der Stirn unseres Piloten haben noch andere Gründe. Die kleine Lichtung,

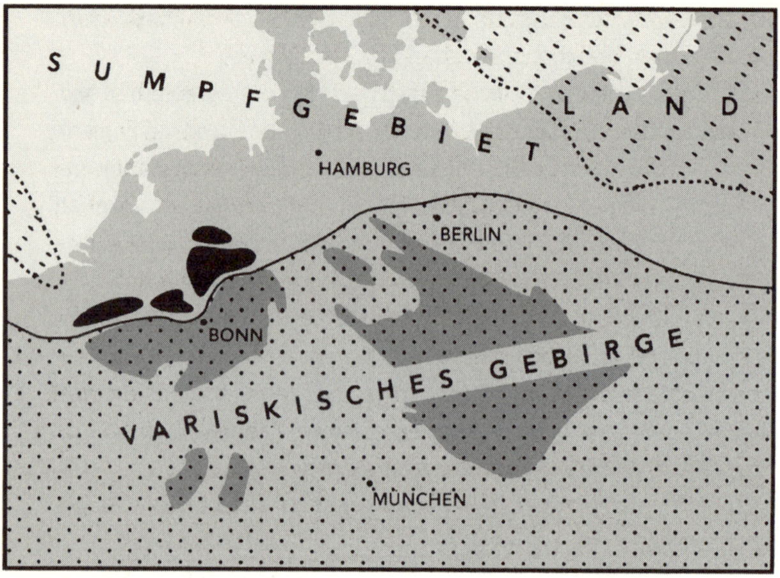

Die Steinkohle entsteht aus den Sumpfwäldern zu Füßen des Variskischen Gebirges (schwarze Flächen). Noch heute gibt es Reste dieses Gebirges (dunkelgraue Flächen), z. B. das Rheinische Schiefergebirge bei Bonn, die Vogesen und der Schwarzwald im Süden, der Harz in der Mitte und das Erzgebirge im Osten Deutschlands.

auf der er den Ballon absetzt, ist gespickt mit entwurzelten Baumstümpfen und abgebrochenen Stämmen. Wie riesige Nägel ragen sie drohend aus dem Boden. Hansgeorg Lutz fürchtet um die heile Haut seines Ballons und lässt ihn sicherheitshalber aufgebläht in der Luft stehen. Nur den Korb vertäut er an den nächsten Baumruinen. Unsere Exkursion ins Karbon kann beginnen.

Der erste Eindruck ist keineswegs der einer fremden Welt wie auf einem anderen Planeten. Ähnlich wie in den Wäldern des Amazonas ist es feucht und dunkel. Nur wenig Licht dringt bis zum Boden; das meiste wird abgefangen vom dichten Blätterdach. Auch die Bäume, selbst wenn manche etwas bizarr aussehen, wirken vertraut; jedes Kind würde sie noch als Bäume mit Stamm, Ästen und Blättern erkennen. Und trotzdem scheint irgendetwas nicht zu stimmen mit diesem Wald – auch wenn ich im Augenblick noch nicht greifen kann, was es ist.

Wenn ich an die ärmlichen ersten Landpflanzen aus dem Ägidienberg-Tunnel denke – ein paar Stängelchen, die sich noch nicht einmal richtige Blätter leisten konnten –, dann haben die Pflanzen wahre Fortschrittswunder vollbracht. Sie übertreffen sich gegenseitig an Mächtigkeit und Höhe. Wo sich eine lichtere Stelle öffnet, schießen Bündel aus Farnpflanzen nach oben. Ihre neuen Blätter entrollen sich wie Krakenarme. Eine der Farnarten gewinnt erst mal Höhe durch ihren Stamm; dann erst streckt sie ihre Wedel aus. Diese Baumfarne genießen meinen besonderen Respekt, denn sie haben bis heute im Ruhrgebiet überlebt – zumindest in den Tropenhäusern der Botanischen Gärten.

Das Gleiche kann man – mit Einschränkungen – auch von den Schachtelhalmen behaupten. Unter einer Autobahnbrücke bei Bochum versteckt sich eine riesige und ungewöhnliche Sumpfwiese; hier wächst weder Gras noch Sauerampfer, hier wächst nur eine Art von Pflanzen: der Riesenschachtelhalm. Hoch und dicht wie ein Getreidefeld. Seine Stängel sind in Stockwerke untergliedert, aus denen die Triebe so regelmäßig wie Speichen herauswachsen. Eine übersichtliche Konstruktion von geradezu technischer Eleganz. Darüber schwirren leuchtend blaue Libellen; stehen plötzlich wie Hubschrauber in der Luft, um im nächsten Augenblick davonzuschießen. Die Autobahnbrücke hat das Land «nutzlos» gemacht – und bewahrt so ein Stück urzeitlicher Natur: einen Wald aus Schachtelhalmen.

Aber 300 Millionen Jahre früher, jetzt im Karbon, stehen sie wirklich als Bäume vor mir. Mit 20 Meter Höhe überragen sie noch die Baumfarne. Ihre Stämme erreichen einen Durchmesser von 1,5 Metern. Einen Augenblick lang komme ich mir geschrumpft vor wie Hänschen im Blaubeerwald. Und dann stockt mir der Atem. Zwischen den Schachtelhalm-Bäumen schießt ein Ungeheuer heran. Geradewegs auf mich zu. Vierflüglig. Mit der Spannweite eines Falken. Und einem riesigen Augenpaar, starr und groß wie die Hälften eines Tischtennisballs. Die Riesenlibelle – denn darum handelt es sich bei diesem Tier – ist so überdimensional groß, als wollte sie mit den Schachtelhalmen wetteifern.

Instinktiv hebe ich abwehrend die Arme. Das geflügelte Raubtier steht einen Moment in der Luft, als wäre es unsicher, dann krallt es sich an der Rinde eines Schuppenbaumes fest. Auch mein Puls hört auf zu flattern und beruhigt sich. Wer hat schon das Glück, mit eigenen Augen zu sehen, was sonst nur als Zeichnung in Lehr- und Schulbüchern rekonstruiert ist: eine Meganeura, eine Riesenlibelle aus dem Karbon. Die beiden Flügelpaare sitzen hintereinander; sie sind durchsichtig und von einem Adernetz durchzogen, das ihnen Stabilität verleiht – wie man es von Libellen eben kennt. Aber anders als bei modernen Prachtlibellen sind die Flügel nicht nach hinten zu legen. Starr wie bei Modellflugzeugen ragen sie zur Seite.

Hin und wieder zuckt das Rieseninsekt mit seinen Schwingen, die dabei glitzernd aufleuchten. Und plötzlich wird mir klar, dass die so eindrucksvollen und lebensnahen Darstellungen von Riesen-Urlibellen, die ich kenne, alle falsch sind. Da sind die Flügelpaare immer überlappend gezeichnet; meistens ist es das vordere Paar, das die hinteren Schwingen etwas überdeckt. Eine Kleinigkeit? Ein unbedeutendes Detail? Keineswegs, denn wenn die Flügelpaare sich überlappen, können sie nicht unabhängig voneinander schlagen, sondern müssen sich zwangsweise «im Takt» wie ein einziger Flügel bewegen. Das Ergebnis wäre: dass die Urlibellen im Karbon ziemlich unbeholfen und längst nicht so wendig geflogen wären wie moderne Libellen. Ganz zu schweigen vom «Flug auf der Stelle», bei dem die Flügelpaare genau gegenläufig schlagen.

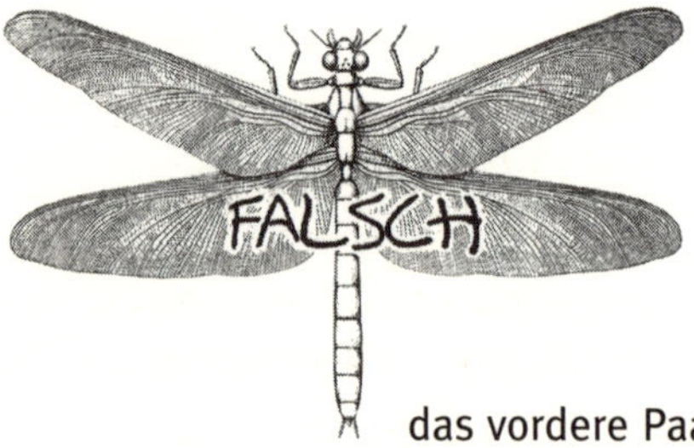

Meine Riesenlibelle auf der Baumrinde hält sich nicht an Zeichnungen und Rekonstruktionen. Sie besitzt eindeutig die Flügelanordnung heutiger Libellen. Keine Überlappung. Keine gegenseitige Behinderung der Schwingen. Jedes Flügelpaar könnte unabhängig schlagen. Und wie zur Bestätigung startet Meganeura von ihrem Schuppenbaum, verweilt gerade so lange auf der Stelle, wie ich brauche, um «na bitte» zu denken. Dann ist sie verschwunden.

Alles in diesem Wald scheint der Größe verpflichtet. Die Schuppen- und Siegelbäume (deren Rindenmuster tatsächlich an Schuppen oder Siegelabdrücke erinnern) schieben ihre Stämme bis in 40 Meter Höhe und breiten dort das mächtige Gewölbe ihres Blätterdachs aus. Himmelstürmende Pflanzengiganten. Sie haben ihre Grundidee des Wassertransports und der Versteifung auf die Spitze getrieben. Nur die Statik scheinen sie noch nicht richtig im Griff zu haben. Der feste Holzkern in den Stämmen ist ziemlich dünn. Offensichtlich zu dünn für diese Höhe, denn überraschend viele Bäume sind geknickt. Ihre gerissenen Holzfasern starren wie die Eisenstreben einer Bauruine in die Luft. Die stürzenden Riesen haben andere mit zu Boden gezerrt und im schlammigen Untergrund ertränkt. Es riecht nach Moder und Morast.

Der Wald ist ein dampfendes Chaos, ein Großbetrieb, in dem pausenlos Pflanzengewebe produziert, vernichtet oder im sumpfigen Untergrund konserviert wird. Was wäre, wenn diese chemische Maschinerie der Pflanzen nicht lautlos arbeiten würde? Wenn ihre Produktion von kohlenstoffhaltigen organischen Materialien mit Geräuschen verbunden wäre? Mit Summen vielleicht? Oder Pfeifen? – Und plötzlich weiß ich, was mir fehlt in diesem Wald. Er ist zu still. Es gibt keine Vögel, die singen oder zwitschern oder scheppernd vor Feinden warnen. Die Vögel sind noch nicht «erfunden». Der Karbon-Wald ist bedrohlich still – und vogelfrei.

Die Eroberung der Luft ist im Karbon zwar längst geschehen, aber diese Pioniertat haben die Insekten vollbracht, und mit den

Riesenlibellen demonstrieren sie eindrucksvoll ihre Luftherrschaft. Natürlich haben auch sie mal klein angefangen, bevor der große Aufschwung in die Lüfte erfolgte. Aber wie der sich abgespielt hat und vor allem: warum?, das bleibt bis heute das Geheimnis der Insekten. Fest steht jedenfalls auch hier, dass es nicht der Wunsch zu fliegen war, der ihnen im Laufe vieler Generationen schließlich Flügel wachsen ließ. Die ersten primitiven Flügelansätze müssen schon lange, bevor sie zum Fliegen taugten, irgendeinen Vorteil gebracht haben.

Einen kleinen Anstoß zur Spekulation geben die krabbelnden Insekten, die sich zwischen den feuchten Moospolstern zu meinen Füßen aufhalten. Sie sind so winzig, dass ich hinknien muss, um sie genauer zu besehen. Eine Art Silberfischchen; gerade mal einen Zentimeter lang, mit zwei Antennen und sechs Beinchen – nichts Aufregendes. Auch die kaum

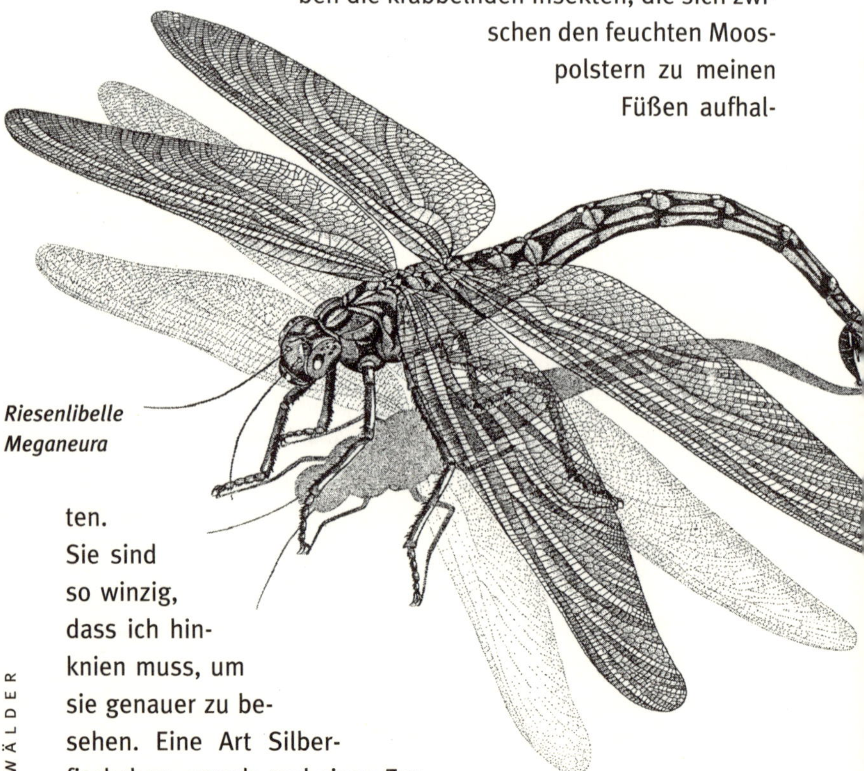

Riesenlibelle Meganeura

sichtbaren Hautlappen, die rechts und links aus dem Rumpf ragen, scheinen nichts Besonderes; man weiß nicht einmal, wozu sie gut sind. Aber sie eignen sich bestens für ein Gedankenspiel. Nehmen wir an, die Lappen seien eine Art Solarheizung. Wenn sie ausgestreckt sind, fangen sie das Sonnenlicht auf und erwärmen den Körper. Je größer die Fläche, umso besser. Jetzt stellt sich – so unsere nächste Annahme – ein unerwarteter Nebeneffekt ein: Wenn unser Silberfisch-Insekt bei Gefahr mit seinen kleinen Sonnensegeln schwirrt, dann wird es um ein Stückchen versetzt. Nur um ein paar Zentimeter – wie eine halb tote Fliege auf dem Fußboden. Aber der Lurch, der gerade zuschnappen will, schnappt ins Leere. Je weiter die Versetzung, umso größer die Chance zu entkommen: Die unkontrollierten Schwirrflüge nehmen an Entfernung und Höhe zu. Und wer dabei seinen Flug steuern und auf einen rettenden Zweig oder gar auf einen nahrhaften Baumzapfen lenken kann, ist noch besser dran. So könnte der Aufschwung in die Luft vonstatten gegangen sein. Könnte ... Aber ich würde keine Mark darauf wetten, dass es so war. Die Phantasie der Natur ist viel größer als unsere Fähigkeit zu spekulieren. Auch wenn sich diese Phantasie nur aus phantastisch vielen glücklichen Zufällen speist.

Doch wer weiß – vielleicht wird morgen ein Insektenfossil entdeckt, das alles aufklärt; das uns zeigt, wer als Erster den Schritt in den Luftraum unternommen hat. Sozusagen der Quastenflosser unter den Insekten. Ich fürchte nur, die Begeisterung in der Öffentlichkeit dürfte weit geringer ausfallen – selbst für den unwahrscheinlichen Fall, dass dieser Ur-Flieger als lebendes Fossil unter den Zehntausenden noch unbekannten Arten im Amazonasbecken entdeckt würde. Insekten sind für die meisten eben Ungeziefer. Unser eigener Stamm mit Knochengerüst und vier Beinen steht uns näher; für ihn können wir uns mehr erwärmen. – Womit wir wieder bei den Wirbeltieren wären.

Das erste Landei wird gelegt

Was haben die Nachfahren der Fleischflosser inzwischen erreicht? Hat der Dachschädel-Lurch Karriere gemacht? Kommt seine Sippschaft mit dem wuchernden Steinkohlewald zurecht? Die Antwort kann ich fast mit Händen greifen. Überall auf den umgestürzten Baumstämmen sitzen molchähnliche Amphibien* und lauern auf Insekten. Wenn ich in ihre Nähe komme, trollen sie sich davon und verschwinden im krautigen Moos. Andere flüchten erst im letzten Augenblick vor meinen Schritten; schnell und behände tauchen sie in das nächstgelegene Sumpfloch.

Flink sind sie geworden, die Amphibien, und sie haben eine unüberschaubare Fülle verschiedener Arten entwickelt. Kleine, die auf Bäume klettern; kräftige, die sich in den Sumpfboden graben; und riesige, die in den moorigen Teichen jagen. Aber alle haben ihre Liebe zum Wasser bewahrt – eine Zwangsliebe, denn zum Laichen müssen sie zurück ins Nasse: Ihre Eier sind nur von einem dünnen, durchlässigen Häutchen umhüllt und würden an Land sofort vertrocknen; der Nachwuchs im Ei bezieht Sauerstoff und Mineralien aus dem Wasser und gibt auch Abfallstoffe «nach draußen». Selbst nach dem Schlüpfen bleiben die Jungen – wie Kaulquappen – erst mal auf das Wasser angewiesen, bevor sie für den Auszug an Land gerüstet sind. Das Doppelleben der Amphibien scheint reichlich umständlich und aufwendig zu sein – und gefährlich dazu ...

Dicht unter der Oberfläche des Moorwassers tauchen die Umrisse eines torpedoförmigen Körpers auf: gut 4 Meter Länge. (War das der braune Rücken, der mir schon beim Anflug aufgefallen war?) Lautlos treibt der Riesenlurch in Ufernähe. Dann geht alles blitzschnell: Das Wasser schäumt auf, der schlanke Körper schießt nach vorn – und ein armlanges salamanderähnliches Tier

* «Amphi» bedeutet «auf beiden Seiten» und bringt zum Ausdruck, dass Amphibien sowohl auf dem Land wie im Wasser leben können.

windet sich zwischen den Kiefern. Von seinem zappelnden Leib baumeln noch glibbrige Fäden. Offenbar war das Weibchen gerade dabei gewesen, seine Laichschnüre zwischen den Wasserpflanzen abzulegen. Es hat die amphibische Abhängigkeit vom Wasser mit dem Leben bezahlt.

Höchste Zeit für die Wirbeltiere, schießt es mir durch den Kopf, sich endgültig loszusagen vom nassen Element; das Amphibiendasein zu überwinden und sich ganz auf trockene Füße zu stellen. Aber schon im nächsten Augenblick wird mir klar, wie absurd und eng dieser Gedanke ist – als wären die Amphibien minderwertig, altmodisch oder nur Übergangsmodelle. Haben sie nicht bis heute erfolgreich überlebt? Und haben Kröten oder Frösche nicht großartige Erfindungen gemacht und damit fast alle Lebensräume erobert? Sogar solche mit wenig Wasser.

Es gibt Frösche, die ihre Eier an Land ablegen und sie aus eigener Kraft befeuchten: Sie bepinkeln sie mit ihrem – sehr verdünnten – Urin. Wenn die Kaulquappen geschlüpft sind, werden sie in besonderen Hauttaschen huckepack zum nächsten Wasserloch geschleppt. Eine Krötenart in Afrika verlegt die Entwicklung der Eier gleich in das (flüssige) Körperinnere und bringt lebende Krötchen zur Welt.

Für Baumfrösche in den Tropenwäldern sind Tümpel und Teiche entbehrlich geworden. Sie haben besondere Schwimmbäder entdeckt: wassergefüllte Blatttrichter von Bromelien-Pflanzen – die allerdings hoch oben auf Bäumen wachsen. Mit eigens entwickelten rutschfesten Sohlen unternehmen die Frösche eine Steilwand-Klettertour und tragen ihre Jungen in die hoch gelegenen Pools. Nicht genug damit: Die Mutter bewacht die Kinderstube Tag und Nacht und sorgt zudem für hochwertige, leicht verdauliche Babynahrung: Sie legt eine Reihe unbefruchteter Eier in die Bromelien-Schüssel.

Da sage einer, Amphibien seien nicht lebenstüchtig. Sogar aus ihrer empfindlichen, atmungsaktiven Haut schlagen sie Kapital. Kröten oder Feuersalamander sondern einen giftigen Schleim ab, der erstens Krankheitserreger und zweitens Vögel oder Raubtiere fern hält. Die unbestrittenen Meister der Hautgifte sind jedoch die Pfeilgiftfrösche. Einer mit dem bezeichnenden Beinamen «terribilis» – der Schreckliche – ist so giftig, dass die Choco-Indianer ihre Blasrohrpfeile nur kurz über den Rücken der Frösche streichen – dann haben sie ihre Waffen tödlich geschärft.

Die Reihe amphibischer Errungenschaften ließe sich fast endlos fortsetzen – bis hin zur vegetarischen Lebensweise der Kaulquappen, die sich erst als Frösche von Fleisch ernähren. Nicht zu vergessen die Feuersalamander, die mit einer Lebenserwartung von über 50 Jahren so alt wie Elefanten werden können.

Amphibien – so viel ist klar – führen kein Aschenputtel-Dasein auf der Erde. Und im Karbon waren sie sogar die «herrschende Klasse». Trotzdem wurde gerade im Karbon ein neuartiges Verfahren entwickelt, das jede Art von Gewässer für den Nachwuchs entbehrlich machte. Es war eine geniale Erfindung, ein sensationeller Wurf, der zwar in der nassfeuchten Umgebung der Karbonwälder kaum ins Gewicht fiel, der aber später, als das Klima trockener wurde, das gesamte Leben in neue Bahnen lenken sollte. Die Rede ist von jenen kleinen, pergamentfarbenen Kügelchen, die ich vorsichtig aus dem lockeren Boden klaube. Der Wurzelteller eines umgestürzten Siegelbaums muss sie freigelegt haben: fünf erbsengroße Eier. Sie fühlen sich weich und schwer an in meiner Hand. Weich, weil sie eine zähe, lederartige Haut als Hülle haben; und schwer, weil sie größtenteils Wasser enthalten – und einen winzigen, zusammengekrümmten Embryo.

Und genau hierin liegt das Geheimnis und Wunder dieser neu entwickelten Eier: Der Nachwuchs schwimmt in seinem eigenen Miniaturgewässer. Jeder Teich oder See ist überflüssig geworden. Die nötige Flüssigkeit wird von Anfang an von der Mutter bereitgestellt – dem Kind sozusagen mit in die Wiege gelegt. Die Mutter, das war in diesem Fall wohl ein kleines, mit einem Schuppenkleid überzogenes Tier – eine Art Eidechse. Sie gehört zu der neuen Klasse von Tieren, die im Karbon den Umgang mit dem Wasser revolutioniert haben: den Reptilien. Ihre gepanzerte Haut hat dieselbe Aufgabe wie die Haut, mit der die Eier umhüllt sind: Sie soll vor Wasserverlust und Austrocknen schützen. Das Problem ist technisch keineswegs so einfach, wie es zunächst scheint; denn die Eihülle muss wasserdicht sein, aber gleichzeitig durchlässig für Sauerstoff von draußen. Sonst würde der heranwachsende Embryo ersticken. Wem dieses Problem irgendwie bekannt vorkommt, der liegt richtig. Die Pflanzen standen einst vor derselben Aufgabe: Die Haut der Blätter sollte Gase durchlassen, aber Wasser zurückhalten. Die Lösung damals bestand in unzähligen Spaltöffnungen, die sich bei Bedarf öffnen und schließen können. Die Reptilien entwickelten eine andere Technik: Die Eihülle ist so raffiniert von feinen Porenkanälen durchzogen, dass sie tatsächlich «atmungsaktiv» und trotzdem wasserdicht ist. Sie garantiert den Durchlass der Atmungsgase in beide Richtungen. Hinzu kommt ihre erstaunliche Reißfestigkeit und Zähigkeit, an der viele Mundwerkzeuge scheitern.

Die Erfindung des Reptilieneis war eine technische Meisterleistung – auch was die Innenausstattung betrifft. Da gibt es drei durch feine Membranen getrennte Räume: einen Aufenthaltsraum für den Ei-Bewohner; eine geräumige Speisekammer mit dem Dotter; und einen Müllraum für Abfallstoffe. Die ganze Anlage ist so großzügig, was Raum und Nahrungsvorräte betrifft, dass der Nachwuchs in aller Ruhe heranwachsen kann. Wenn Reptilien schlüpfen, sind sie schon genügend entwickelt, um auf eigenen Beinen zu stehen. Sie kommen nicht als unfertige Larven oder Kaulquappen zur Welt, sondern als «richtige» – wenn auch winzige – Reptilien.

Zu gern hätte ich noch erlebt, wie meine Mini-Echsen tatsächlich aussehen, aber selbst die Wärme meiner Hand kann sie nicht zum Schlüpfen bewegen. Was soll's, tröste ich mich, während ich meinen Fund behutsam ablege: Die Eier sind die eigentliche Rarität. Paläontologen haben zwar fossile Reptilien aus dem Karbon geborgen, aber noch nie die Eier, die sie legten.

Von Rieseninsekten und Riesentausendfüßern

Als der Schreck mich durchfährt und der Puls nach oben rast, ist es schon passiert. Da war nur ein kurzes, heftiges Flattern gewesen, direkt an meinem Ohr. Und jetzt krallt sich etwas in meinen Haaren fest. Die Rückkehr der Riesenlibelle! – ist mein erster Gedanke. Aber bevor ich überhaupt reagieren kann, hebt das Tier wieder ab und flattert ziemlich unbeholfen auf ein tief hängendes Farnblatt. Da sitzt es – und wir schauen uns an. Zweifellos ein Rieseninsekt. Flügelspannweite: einen knappen halben Meter! Zwei große, gewölbte Facettenaugen. Auf den ersten Blick sieht es wirklich aus wie eine Libelle, aber dann entdecke ich drei (!) Flügelpaare. Und vom Hinterende gehen zwei unendlich lange Schwanzfäden aus – na ja, zumindest sind sie länger als das gesamte Tier. Vor mir sitzt ein Urnetzflügler – und das ist ein Glücksfall; denn Urnetzflügler sind für mich die schönsten Tiere des Karbons. Seit ich für Filmaufnahmen ein lebensgroßes Modell* in der Hand hatte, bin ich von der Eleganz dieser Insekten mit ihrer schwingenden, gegabelten Schwanzschleppe begeistert. So begeistert, dass ich mir sogar ihren Namen gemerkt habe: Homoioptera. Das klingt fast so schön, wie sie aussehen. Und jetzt sitzt mein Homoioptera-Traum vor mir, wippt neugierig mit seinen langen Antennen und scheint nicht im Geringsten beunruhigt. Sein drittes Flügelpaar lässt ihn irgendwie gutmütig seriös erscheinen, weil es wie eine Ratsherren-Halskrause direkt hinter dem Kopf ansetzt. Bewegen können sich diese Schwingen nicht, sie sind starr und dienen wohl nur als Stabilisierungsflächen – als Seitenspoiler beim Flug. Die beiden Hauptflügelpaare sind dagegen vergleichsweise riesig; und diesmal gibt es nichts zu mäkeln: Vorder- und Hinterflügel überlappen sich deutlich. Sie sind nur wie ein einziges großes Flügelpaar zu betätigen. Kein Wunder, dass Ur-

* Dieses äußerst lebensechte Modell von Werner Kraus ist in der paläontologischen Sammlung der TU Clausthal zu besichtigen.

netzflügler keine Luftakrobaten sind. Aber wozu auch? Sie müssen keine Beute in der Luft erlegen wie Libellen. Urnetzflügler sind friedliche Vegetarier, die sich von Sporen und Pflanzensäften ernähren. Und dafür besitzen sie ein einmaliges Werkzeug, wie kein modernes Insekt es aufweisen kann: einen langen, kräftigen Saugschnabel.

Meine Homoioptera zeigt ihn in aller Deutlichkeit. Oben ist er so breit wie der Augenabstand, dann läuft er in einem langen, sehr spitzen Ende aus. Ich kann mir gut vorstellen, wie man damit Pflanzenstängel anstechen oder unter den Schuppen eines Zapfens nach Sporen suchen kann. Aber eine derartig pflanzliche Ernährungsweise passte lange Zeit nicht ins Bild der Paläontologen. Von schnabelförmigen, saugenden Mundwerkzeugen wollten sie nichts wissen, und was immer in den Fossilien danach aussah, wurde umgedeutet – als das Stück eines Beins zum Beispiel oder als zufällig dorthin geratener Pflanzenrest. Erst als man Fossi-

Urnetzflügler Homoioptera

lien fand, deren Darm noch voll von Pflanzensporen war, ließen sich auch die letzten Zweifler überzeugen. Aber Zweifeln gehört nun mal zum Geschäft der Wissenschaftler. Und sie haben es auch nicht so einfach wie wir, die wir einfach mal ins Karbon fahren, um uns dort mit eigenen Augen umzusehen ...

Homoioptera wird unruhig, knickt die Beine etwas ein, streckt den Saugschnabel nach vorn – und hebt ab. Langsam flatternd schraubt sich das Rieseninsekt in die Höhe. Seine gläsernen, mit blauen Punkten verzierten Schwingen blitzen auf, wenn sie das Sonnenlicht einfangen. Dann geht Homoioptera, mit den Schwanzfäden steuernd, in den Gleitflug über und segelt lautlos zwischen den Schachtelhalm-Bäumen davon.

Nie wieder in der Erdgeschichte haben Insekten diese atemberaubende Größe und Spannweite erreicht. Das ist durchaus verständlich, denn ihre Atemorgane sind völlig anders gebaut als etwa Vogel-Lungen und verlieren bei großen Körpern an Wirkung. Insekten (und auch alle anderen Gliederfüßer) atmen nicht durch Mund oder Nase und haben auch keine Lunge, wo das Blut mit Sauerstoff aufgeladen wird, bevor es zu den einzelnen Organen fließt. Insekten atmen durch kleine Öffnungen längs des Körpers und leiten die Luft von dort über ein fein verzweigtes Kanalsystem, die Tracheen, direkt zu den Muskeln und Organen. Diese Tracheen-Atmung, bei der das Blut als Transportmittel für Sauerstoff und Kohlendioxid kaum eine Rolle spielt, ist für kleine Tiere völlig ausreichend. Aber bei der Körpergröße eines Hundes oder einer Katze zum Beispiel wäre es schwer, jedes Organ im Körperinneren ausreichend mit Sauerstoff zu versorgen. Das ist einer der Hauptgründe, warum es keine Käfer oder Spinnen von Dackelgröße gibt. Und warum Insekten nicht so groß wie Bussarde oder Falken werden. Heute zumindest. Aber im Karbon?

Weshalb die Insekten im Karbon zu Monsterlibellen und Flugriesen heranwuchsen, ist bis heute ein Rätsel. Und jeder ist eingeladen, darüber zu spekulieren. Eine der Erklärungen geht davon aus, dass die Luft im Karbon anders zusammengesetzt war als heute. Die wuchernde, ins Kraut schießende Pflanzenwelt habe für einen Überschuss an Sauerstoff gesorgt, der auch den Insekten und Gliederfüßern das Atmen erleichtert habe. Diese Annahme ist zwar unbewiesen und buchstäblich aus der Luft gegriffen, aber sie würde zu anderen Beobachtungen passen: Waldbrände scheinen im Karbon besonders häufig und heftig gewesen zu sein – das legen zahlreiche Ablagerungen nahe, die man als Holzkohle deutet. Die sauerstoffreiche Luft könnte nach Blitzschlägen riesige Feuersbrünste entfacht haben. – Und auch die Tatsache, dass es neben den Fluginsekten noch andere, weit größere Riesen unter den Gliederfüßern gab, könnte für die Sauerstoffhypothese sprechen.

Ich muss gestehen, dass ich zu gerne einem dieser sagenhaften Karbon-Riesen begegnet wäre. Nicht nur, weil Superlative eine besondere Anziehungskraft haben – wer wünscht sich nicht, in Afrika auf Elefanten zu treffen? –, sondern auch, weil ich die äußerste «Fußspitze» eines solchen Riesen schon einmal in Händen hielt. Das war an der Technischen Universität Freiberg in Sachsen, im Büro von Professor Jörg Schneider – wobei «Büro» der unpassendste Ausdruck für diesen Raum ist, den man sich denken kann. Der Schreibtisch wurde überlagert von mehreren Schichten aus Büchern und Manuskripten; die Sitzgelegenheiten waren nur Gelegenheiten, weitere Papierstapel abzusetzen; der Fußboden diente als Testgelände für neue Abgussverfahren von Fossilien; auf dem Tisch entfaltete sich eine wilde Landschaft aus Versteinerungen, jede mit einem Zettel versehen, auf dem Fundort, Datum, Zuordnung usw. vermerkt waren. Der Rest des Zimmers, so schien es mir, bestand nur aus Schubladen, aus Türmen und Schränken von Schubladen. Und an den spärlichen Stellen, wo die Front der Schubladen eine Lücke ließ, waren Graphiken, wissenschaftliche Poster oder geologische Karten angepinnt. Kurzum: Jörg Schneiders Büro war weniger ein Raum als vielmehr eine ganze Welt – eine Welt, in der die Gegenwart mit den Jahrmillionen der Vergangenheit eine hinreißende Symbiose eingegangen war. Und Jörg

Schneider schien sich zu Hause zu fühlen in dieser Welt. Mehr noch: Er hatte sie mit bewundernswerter Souveränität im Griff. Die devonische Koralle, die er mir zeigen wollte, zog er mit der größten Selbstverständlichkeit unter drei anderen Fossilien hervor, die auf

der rechten hinteren Tischecke lagen. Wo auch sonst? Die Karteikarten mit wichtigen Adressen grub er blind unter den Schichten seines Schreibtischs aus – «typisch Paläontologe» kam mir in den Sinn. Und als ich Jörg Schneider auf die «Fußspitze» aus dem Karbon ansprach, öffnete er zielsicher eine der unzähligen Schubladen und hielt mir den Abdruck einer 10 Zentimeter langen, gebogenen «Kralle» entgegen: Das sei der neue Fund aus dem Thüringer Wald; das vorderste Beinglied von Arthropleura mammata.

«Ich zeig Ihnen den Kerl mal» – mit dieser Ankündigung brachte mich Jörg Schneider einen Stock tiefer in die große Schausammlung der Universität. Auf dem Holzfußboden zwischen den alten Vitrinen aus dem 19. Jahrhundert hatten Studenten einen großen

Bogen Papier ausgebreitet und diskutierten leidenschaftlich. Ihre Kommentare galten einer Kollegin, die mit gekonnten Strichen einen riesigen Tausendfüßer zu Papier gebracht hatte – über 2 Meter lang, gepanzert und selbst als Zeichnung irgendwie Furcht erregend. Der Entwurf war der erste Schritt zu einem lebensgroßen und wissenschaftlich exakten Modell, das Jörg Schneiders Studenten anfertigen wollten. – Schon damals wurde mir klar, dass ich an einer Begegnung mit diesem Tatzelwurm nicht vorbeikommen würde. Jede Reise ins Karbon braucht diesen Höhepunkt – sonst wäre sie enttäuschend oder gar unglaubwürdig.

Ich verlasse also den dichten Karbon-Wald und mache mich daran, das Schwemmland einer Flussniederung abzusuchen. Riesentausendfüßer – so habe ich Jörg Schneider noch im Ohr – meiden die dichte Waldvegetation und bevorzugen offeneres Gelände.

Aber wo sie sich versteckt halten, hat er nicht verraten. Ein angeschwemmter Siegelbaum dient mir als Aussichts-

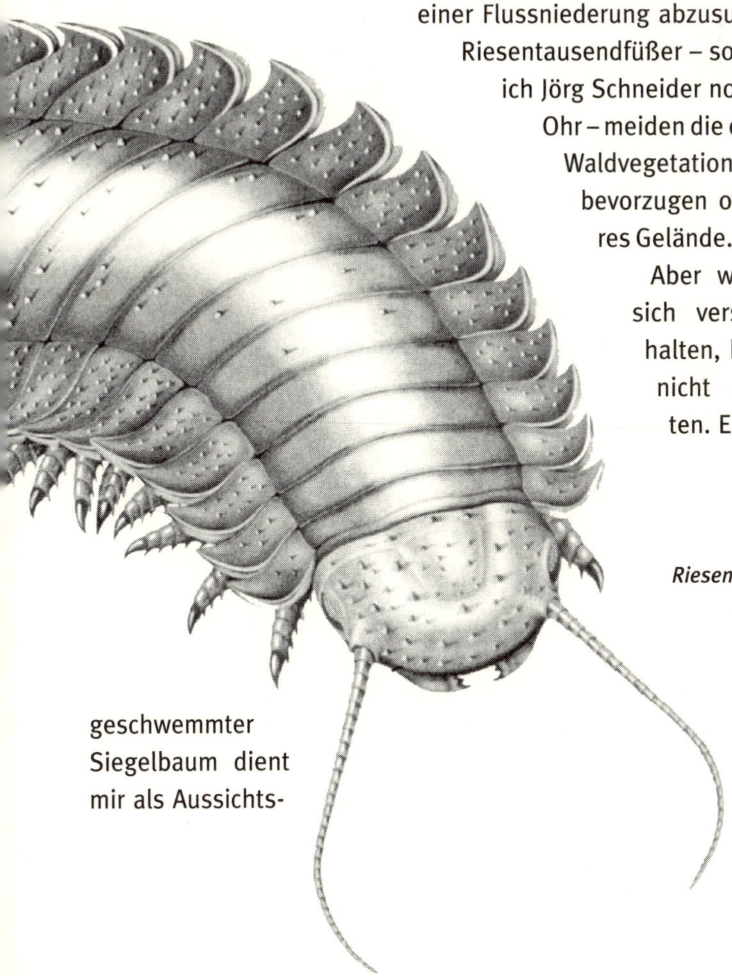

Riesentausendfüßer
Arthropleura

plattform: So weit ich sehen kann, umgestürzte Schachtelhalme, vom Hochwasser angelandete Stämme, ineinander verkeilte Wurzelstöcke. Dazwischen sprießen junge Farngewächse. In dieser Wildnis einen Tausendfüßer zu entdecken, auch wenn er die Größe eines Surfbretts hat, scheint aussichtslos. Und wie überhaupt soll ich mich verhalten, wenn ich wirklich diesem angeblich gefährlichsten Raubtier des Karbons begegne? ... Und was, wenn er tödliche Giftzangen hat, wie viele tropische Hundertfüßer; und die sind nur 15 Zentimeter lang?

Jeder dieser Gedanken erstirbt, als sich vor mir tastend zwei Antennen in die Höhe schieben. Das Tier muss sich tief unter den Stamm gedrückt haben und erst durch die Erschütterung ... Längst habe ich einen Satz nach hinten gemacht – jede Nervenfaser darauf eingestellt, davonzuspurten. Der gepanzerte Riese jedoch scheint entspannt, hebt gemächlich den flachen Kopf und erklimmt mühelos den Baumstamm. Jetzt sehe ich, dass nicht nur Rücken und Bauch durch Panzerplatten geschützt sind; auch über die Beinreihen zu beiden Seiten wölbt sich eine Art Schutzblech aus Chitin. Wie ein gepanzertes Kettenfahrzeug – jedoch lautlos und geschmeidig – bewegt sich das Ungetüm über den Stamm. Das Laufwerk der Beine arbeitet ruhig und rhythmisch – nein, es sind keine 1000, aber gut 30 Beine auf jeder Seite. Mit bewundernswerter Präzision sind sie aufeinander abgestimmt: Ihre Schritte verschmelzen zu einer wellenförmigen Bewegung, die gleichmäßig nach hinten läuft. Die Facettenaugen im Kopf sind nach vorn und zur Seite gerichtet. Aber offenbar nimmt der Tausendfüßer keinerlei Notiz von mir.

Ob er wirklich Giftzangen hat? Oder nur ein friedfertiger Pflanzenfresser ist? Jetzt ist die Gelegenheit da, die Streitfrage der Paläontologen zu entscheiden, die zu ihrem Kummer noch nie ein Arthropleura-Fossil mit erhaltenen Mundwerkzeugen ausgegraben haben. Ohne groß nachzudenken, beuge ich mich vor, um genauer beobachten zu können. Das hätte ich besser nicht getan. Blitzartig wirft sich der Tausendfüßer herum und stürzt mit vorangestreckten Fühlern auf mich zu. 1000 Füße gegen 2! Oder auch nur 60 gegen 2, egal. Die Maschinerie der Beinreihen läuft auf vollen Touren. Überrollt Schwemmholz und Stämme. Prescht durch Farne, Morast und Wasserlachen. Geländegängig wie ein Raupenfahrzeug bleibt mir Arthropleura auf den Fersen. Durchhalten. Durchhalten bis zum Wald! – hämmere ich mir ein und fange an zu keuchen. Meine Schritte werden langsamer... aber ich bin nicht der Einzige mit Atemproblemen. Meinem Verfolger, so verrät mir ein Blick über die Schulter, ergeht es noch schlimmer. Er ist mit seiner Luft am Ende; die Beine werden ihm schwer (alle 60) – und er gibt auf. Seine Tracheen sind gut für kurze Spurts. Für längere Strecken taugen sie schlecht. Zum Glück. Gelobt sei die Lunge.

Das dunkle Grün des Steinkohlewalds liegt unter uns. Unstet huscht der Ballonschatten über das Blätterdach der Urwaldriesen. Wir überlassen sie ihrem Schicksal und ihrer Geschichte – die erst heute, nach 300 Millionen Jahren, so langsam zu Ende geht. Es ist die Geschichte der Kohle.

Nicht jeder Wald wird im Laufe der Zeit zu Kohle. Es waren die moorigen Sumpfböden des Karbons, welche die abgestorbenen Bäume konservierten und verhinderten, dass sie verfaulten und vermoderten. Die Ansammlung pflanzlicher Moorleichen wurde im Laufe von Jahrmillionen, als sich kilometerdicke Gesteinsschichten darüber lagerten, umgewandelt und zusammengepresst: zu Steinkohle.

Die Kohle bezieht ihre Heizkraft aus dem Holz der Karbon-Wälder. Und die Kohlekraftwerke ziehen ihre elektrische Energie aus der Sonnenenergie von damals. In anderen Worten: Wenn wir das Licht anknipsen, dann entzünden wir einen Funken der Äquatorsonne, die vor 300 Millionen Jahren in das Holz der Schuppenbäume und die Blätter der Schachtelhalme eingelagert wurde.

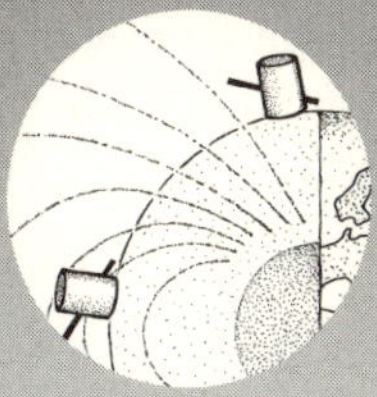

GOTTES PROBEENTWÜRFE

WOHER KOMMEN DIE FOSSILIEN?

Zum Glück jedoch wurde nicht jeder Farn und jeder Lurch in schlichtes Heizmaterial verwandelt. Einigen «Ausreißern» unter den Waldbewohnern gelang es, der Verkohlung zu entkommen; ihre Körper (oder zumindest Teile davon) wahrten ihre Form und blieben als versteinerte Blätter, Schachtelhalmstücke oder Libellenflügel erhalten.

Es muss ja einiges zusammenkommen, bis sich ein totes Lebewesen in Stein verwandelt. Etwa die Riesenlibelle Meganeura. Sie ist dem Lurchmaul gerade noch entwischt, aber doch so übel zugerichtet, dass sie kurz danach verendet zu Boden geht. Es wird nicht lange dauern, dann stürzen sich Aasfresser auf den Fund, oder Pilze und Bakterien zersetzen ihn: Das biologische Material wird recycelt und zurückgeführt in den Kreislauf des Lebens. Das ist der Normalfall. Aber nehmen wir an, Meganeura hat es gerade noch bis zur nahen Küste geschafft und ist erst dort ins Wasser gestürzt. Nehmen wir weiter an, sie ist zu Boden gesunken, bevor ein Fischmaul oder ein Nautilus-Arm sie schnappen konnte. Und nehmen wir jetzt noch den unwahrscheinlichen Fall an, der Meeresboden sei gerade an dieser Stelle von einer feinkörnigen, undurchlüfteten Schlammschicht bedeckt – dann, wenn all diese Zufälle zusammentreffen, erhält Meganeura einen Ort der letzten

Ruhe, wo sie als Versteinerung überleben könnte. Dazu müssen Mineralien aus der schlammigen Umgebung in den Libellenkörper eindringen und das zerfallende biologische Gewebe vollständig und dauerhaft ersetzen. Dieser Vorgang geschieht unter dem Druck der Gesteinsbildung, wenn Schlamm und Schlammgrab von neuen Ablagerungsschichten zugedeckt und zusammengepresst werden. Im günstigsten Fall wird dabei Molekül für Molekül der Insektenkörper ausgewechselt. Jede Ader im Flügel und jede Facette im Auge. Die Form der Libelle bleibt erhalten; nur das Material wird verändert – es wird «mineralisiert». Der wesentliche Punkt dabei ist, dass das mineralisierte Material als Gestein eine etwas größere Härte bekommt. Es hebt sich ab – als versteinerte Riesenlibelle Meganeura.

Wer jetzt das Gefühl hat, die Umwandlung toter Geschöpfe in steinerne Abbilder sei doch nicht ganz so einfach, darf sich in guter Gesellschaft fühlen. Die chemischen und physikalischen Vorgänge sind so verwickelt, dass sich bis heute aufwendige Forschungsprogramme mit dem Prozess der Fossilbildung beschäftigen.

Das Endergebnis ist allerdings klar; jedes Schulkind weiß heute, dass Versteinerungen die Lebewesen vergangener Zeiten darstellen. Was auch sonst? Wir belächeln die Forscher früherer Jahrhunderte, die sich damit so schwer taten. Sie quälten sich mit der Frage, was das für seltsame Wesen sind, die zwar eine Ähnlichkeit mit heutigen Tieren haben, aber auch deutliche Abweichungen zeigen? Viele Gelehrte des 17. und 18. Jahrhunderts glaubten an eine «formende Kraft» der Steine, die zufällig solche Muster schaffe. Andere betrachteten die Versteinerungen als Gottes Probeentwürfe – als den Ausschuss, den der Schöpfer bei der Erschaffung der Welt verworfen hatte. Aber wieso waren dann Muscheln, Krebse oder Fische an Land zu finden? Dazu noch im Inneren massiver Steine? Weil sie mit ungeheurer Wucht an Land geschleudert und in das Gestein gepresst wurden! – so die gängigste Standarderklärung. Und da für eine solche Urgewalt nur die biblische Sintflut in Frage kam, galten die Fossilien zugleich als dokumentarische Beweisstücke, dass Gottes strafende Flut tatsächlich stattgefunden hat.

Allen voran war es der angesehene Gelehrte Johann Jacob Scheuchzer aus Zürich, der um 1725 den «unumstößlichen Beweis» für die Sintflut-Theorie auf den Tisch legte: eine schwere, etwa 120 x 50 Zentimeter große Kalkschiefer-Platte aus einem Steinbruch bei Öhningen in Baden. Auf ihr ist klar und deutlich ein helmförmiger Schädel zu sehen, aus dem zwei dunkle, «traurige» Augenhöhlen starren. Direkt unter dem Schädel sitzen die Schulterknochen, und von dort zieht sich eine lange Wirbelsäule nach unten. Für Scheuchzer stand fest, dass er das Skelett eines Menschen gefunden hatte, der bei der Sintflut ertrunken war. Voller Stolz schreibt er, dass es sich um keine Einbildung handele, «nein, hier sieht man eine gründliche Übereinstimmung mit allen Teilen eines menschlichen Beingerüsts ... Das Öhninger Gebein ist eines von den sichersten, ja unfehlbarsten Überbleibseln der Sündflut.» Scheuchzer war so begeistert von seinem «Alten Sünder», dass er einen Holzschnitt anfertigen ließ und Kopien als Flugblatt verteilte. Wer dieses Poster heute anschaut, dürfte sich schwer tun, darauf ein menschliches Skelett zu erkennen. Weder Halswirbel noch Schultergürtel sind auch nur annähernd menschenähnlich. Aber was man sehen will, das sieht man auch; und wenn der gelehrte Professor Dr. Johannes J. Scheuchzer ...

Es sollte noch fast ein Jahrhundert vergehen, bis die Herkunft des «Beingerüsts» geklärt wurde: Es gehört einem Lurch der Gattung Andrias – einem Riesensalamander, der vor 25 Millionen Jahren lebte. Das einst berühmteste Fossil der Welt ist heute in den Landessammlungen für Naturkunde in Karlsruhe untergebracht. Als Erinnerungsstück an die Sintflut hat es ausgedient; es erinnert jedoch an einen Forscher, der sich von den Wogen fanatischen Glaubens davontragen ließ: Der Riesensalamander heißt offiziell und für immer «Andrias scheuchzeri».

Wenn wir heute fast mitleidig den Kopf schütteln über so viel

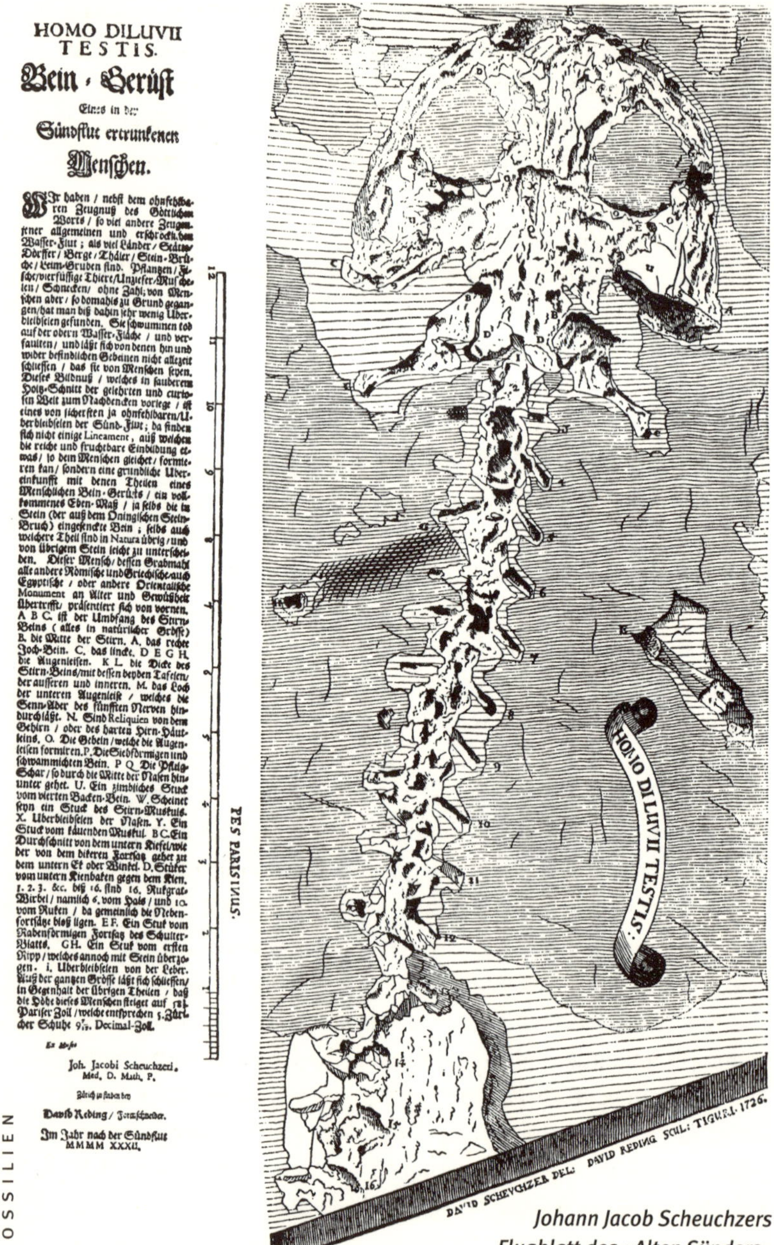

HOMO DILUVII TESTIS.

Bein-Gerüst Eines in der Sündflut ertrunkenen Menschen.

WIr haben / nebst dem ohnfehlbaren Zeugnuß des Göttlichen Worts / so viel andere Zeugen jener allgemeinen und erschröcklichen Wasser-Flut; als viel Länder / Stätte / Dörffer / Berge / Thäler / Stein-Brüche / Leim-Gruben sind. Pflanzen / Fische / vierfüssige Thiere / Ungziefer / Muscheln / Schnecken / ohne Zahl; von Menschen aber / so domahls zu Grund gegangen / hat man biß dahin sehr wenig Uberbleibselen gefunden. Sie schwummen tod auf der obern Wasser-Fläche / und verfaulten / und läßt sich von denen hin und wider befindlichen Gebeinen nicht allezeit schliessen / das sie von Menschen seyen. Dieses Bildnuß / welches in sauberem Holtz-Schnitt der gelehrten und curiosen Welt zum Nachdencken vorlege / ist eines von sichersten ja ohnfehlbaren / Uberbleibselen der Sünd-Flut; da finden sich nicht einige Lineament, auß welchen die reiche und fruchtbare Einbildung etwas / so dem Menschen gleichet / formieren kan / sondern eine grundliche Ubereinkunfft mit denen Theilen eines Menschlichen Bein-Gerüsts / ein vollkommenes Eben-Maß / ja selbs die im Stein (der auß dem Oningischen Stein-Bruch) eingesenckte Bein; selbs auch welchere Theil sind in Natura übrig / und von übrigem Stein leicht zu unterscheiden. Dieser Mensch / dessen Grabmahl alle andere Römische und Griechische / auch Egyptische / oder andere Orientalische Monument an Alter und Gewüßheit übertrifft / präsentiert sich von vornen. A B C. ist der Umbfang des Stirn-Beins (alles in natürlicher Grösse) B. die Mitte der Stirn. A. das rechte Joch-Bein. C. das lincke. D E G H. die Augenleisen. K L. die Dicke des Stirn-Beins / mit dessen beyden Tafelen / der ausseren und inneren. M. das Loch der unteren Augenleist / welches die Senn-Ader des fünfften Nerven hindurchläßt. N. Sind Reliquien von dem Gehirn / oder des harten Hirn-Häutleins. O. Die Gebein / welche die Augenleisen formiren. P. Die Siebförmigen und schwammichten Bein. P Q. Die Pflug-Schar / so durch die Mitte der Nasen hinunter gehet. U. Ein zimbliches Stuck vom vierten Backen-Bein. W. Scheinet seyn ein Stuck des Stirn-Muskuls. X. Uberbleibselen der Nasen. Y. Ein Stuck vom käuenden Muskul. B C. Ein Durchschnitt von dem untern Kiefel / wie der von dem dikeren Fortsaz gehet zu dem untern Ek oder Winkel. D. Stüker vom untern Kienbaken gegen dem Kien. 1. 2. 3. &c. biß 16. sind 16. Rukgrat-Wirbel / namlich 6. vom Hals / und 10. vom Ruken / da gemeinlich die Nebenfortsäze bloß ligen. E F. Ein Stuk vom Rabenförmigen Fortsaz des Schulter-Blatts. G H. Ein Stuk vom ersten Ripp / welches annoch mit Stein überzogen. i. Uberbleibselen von der Leber. Auß der ganzen Grösse läßt sich schliessen / in Gegenhalt der übrigen Theilen / daß die Höhe dieses Menschen steiget auf 58½ Pariser Zoll / welche entsprechen 5. Zürcher Schuhe $9\frac{7}{19}$. Decimal-Zoll.

Ex Museo

Joh. Jacobi Scheuchzeri.
Med. D. Math. P.

Zürich zu finden bey

David Reding / Formschneider.

Im Jahr nach der Sündflut
MMMM XXXII.

Johann Jacob Scheuchzers Flugblatt des «Alten Sünders» (um 1725) blinden Eifer, die Sintflut zu beweisen, dann muss man fairerweise daran denken, dass der Schöpfungsbericht damals als gesichertes Wissen galt: Die Erde mit allen Tieren und Menschen ist in sieben Tagen erschaffen worden. Da waren sich die Gelehrten einig. Wie soll es dann Zeitalter ohne Menschen gegeben haben? Oder Tiere, die anders aussehen als heute? Solche Gedanken mussten von vornherein absurd und abwegig erscheinen. Andererseits war nicht daran zu zweifeln, dass es Abbilder von Tieren und Pflanzen im Inneren von Steinen gab. Wie waren sie dort hineingekommen? – Das waren schon reichlich verwirrende Fragen. Und dass man versuchte, sie innerhalb des gültigen Weltbildes zu klären ... wen wundert's.

Was würden heute für Hypothesen und Theorien ins Kraut schießen, wenn man plötzlich Mumien von Meerjungfrauen auf dem Mond fände? Oder noch heikler (weil unsere Sonderstellung als vernunftbegabter Homo sapiens bedroht wäre), wenn wir in unserem Körper intelligente Mikrowesen aus einem anderen Universum entdeckten – Wesen, die offensichtlich unsere Gedanken und Reaktionen steuern? Die Menschheitsgeschichte müsste neu geschrieben werden. Überall Ratlosigkeit, Dispute und kühne Erklärungsversuche. Streitbare Doktoranden würden sich um führende Professorenköpfe scharen – und deren Ansicht teilen. Ähnlich groß muss die Herausforderung gewesen sein, als es galt, «die Wesen in den Steinen» zu erklären. Nur rückblickend erscheint alles so einfach. Es ist fast wie bei dem bekannten Suchbild: Hat man endlich den Dalmatiner im gefleckten Zimmer entdeckt, kann man sich kaum mehr vorstellen, ihn jemals nicht gesehen zu haben.

Umso mehr gilt meine Bewunderung und Hochachtung einzelnen Menschen, die sich unabhängig vom Zeitgeist ihr eigenes Weltbild geschaffen haben. Da war zum Beispiel ein gewisser Leonardo, geboren 1452 in dem kleinen Dorf Vinci, bei Florenz. Leonardo da Vinci lebte gut 200 Jahre früher als Scheuchzer, aber auch ihn beschäftigte die Frage, wie denn Meerestiere in hartes

Gestein kommen könnten. Genialerweise stellte er die Frage andersherum: Wie kommt das Gestein um die Tiere? Und jetzt sah er die Lösung: Es war Schlamm, der sich zu Stein verhärtet hatte.

Leonardo hatte seine eigene unabhängige Sicht. So entdeckte er Felsregionen in der Lombardei, auf denen versteinerte Korallen und ganze Ansammlungen von Austern saßen – so natürlich wie auf einem Riff unter Wasser. Das konnte unmöglich das Werk einer alles zerstörenden Sintflutwelle gewesen sein. Leonardo hielt nichts von dieser Theorie; er war sich sicher, dass die Hügel und Berge der Lombardei einst unter Wasser lagen. Aber er war vorsichtig genug, diese Überzeugung nur seinem Tagebuch anzuvertrauen – in unleserlicher Spiegelschrift.

Ähnlich eigenständige Gedanken entwickelte ein gewisser Georg Bauer, der 1494 in Glauchau in Sachsen geboren wurde. Für ihn lag das Erzgebirge vor der Haustür; von Kind an war er mit Gesteinen und Mineralien vertraut. Und weil er zudem Erfahrungen im Erzbergbau hatte, stellte ihn der Kurfürst von Sachsen als Berater ein. Fortan benutzte Georg Bauer nur noch die lateinische Übersetzung seines Namens: Georgius Agricola. Das klingt – man muss es zugeben – bedeutender. Und was Agricola erkannte, war in der Tat von grundlegender Bedeutung: Die Landschaft der Erde wandelt sich unaufhörlich. Vor unseren Augen wachsen Berge, und Flusstäler schneiden sich ein. Die Vorgänge laufen nur zu langsam ab, als dass wir sie wahrnehmen könnten. Und sie begannen, schreibt Agricola, «in einer Vergangenheit, in die keine Erinnerung zurückreicht». Mit dieser Sicht geht Agricola über das Offensichtliche hinaus; darin liegt seine Leistung. Er traut seinen Augen nicht; deshalb denkt er das Unsichtbare. Georgius Agricola aus Glauchau hat der Erde eine Geschichte gegeben. Und jedes Mal, wenn wir von Fossilien reden, ist das eine kleine Verbeugung vor ihm; denn er hat den Begriff geprägt, als er die «ausgegrabenen Dinge» *fossilia* nannte.

Das Geheimnis der alten Ziegelei

Die Fossilien des Karbons stammen nur selten aus dem Morast des Waldbodens, der später zu Kohle wurde, sondern meistens aus dem Schwemmland der Flüsse oder sogar aus dem Meer, das ab und zu das ganze Tropendickicht überschwemmte und sich bis an die Berge schob.

Da gibt es zum Beispiel eine alte Ziegeleigrube bei Hagen-Vorhalle in Westfalen. Sie wurde wahrhaftig zu einer Fundgrube für Fossilien aus dem Karbon. Um genau zu sein: aus dem Karbon vor 310 Millionen Jahren; aus dieser Zeit stammen die Tonschiefer-Schichten zur Ziegelherstellung. Und darin eingebettet: Nautilusse, Seelilien, Krebse – eindeutig Meerestiere. Die Ziegelei hatte damals unter Wasser gestanden. Allerdings – und das ist ein besonderer Glücksumstand –, das Festland war nicht weit entfernt. Vielleicht sogar in Sichtweite. Anders sind die vielen eingeschwemmten oder vom Sturm herangewehten Pflanzenteile gar nicht zu erklären. Da gibt es ganze Zweige von Schuppenbäumen, komplette Farnwedel oder Sporenkapseln. Über 60 verschiedene Pflanzenarten aus dem Sumpfwald.

Das Einmalige aber sind die Rieseninsekten. Auch sie haben den Wald verlassen und sind hinaus aufs offene Meer geflogen. Sicher nicht freiwillig. Vermutlich von einer Sturmbö gepackt. Oder von der Begegnung mit einem Lurchmaul gezeichnet – wie unsere Musterlibelle, bevor sie ins Wasser stürzte und den langen Weg der Fossilbildung beschritt.

Über 200 Reste von Rieseninsekten sind bislang in Hagen-Vorhalle aufgetaucht. Vor allem große, heile Stücke mit haarfeinen Einzelheiten. Zum Beispiel die größte vollständig erhaltene Riesenlibelle, die man je gefunden hat. Mit einer Flügelspannweite von 32 Zentimetern. Wie mit dem Griffel eingeritzt, sind die Flügeladern bis in die feinsten Verzweigungen zu sehen. Eine einmalige, wunderschöne Kostbarkeit, die aber auch besonders empfindlich ist: Jeder Wassertropfen kann die Gesteinsoberfläche zerstören. Im Museum für Naturkunde in Münster wird das Stück unter besonderen Schutzvorkehrungen aufbewahrt.

Den absoluten Größenrekord hält bislang allerdings eine Verwandte aus den USA – der Kohlegürtel zieht sich ja über den gesamten Laurussia-Kontinent, der auch Nordamerika mit einschließt. Die amerikanische Rekordlibelle hat eine Spannweite von 72 Zentimetern. Keiner der Flügel ist zwar vollständig erhalten, aber man hat die Größe aus Bruchstücken rekonstruiert – so wie man aus einem menschlichen Fußknochen in etwa auf die Gesamtgröße des Menschen schließen kann.

Zurück in die alte Ziegelei von Hagen-Vorhalle. Niemand weiß, wie viele Riesenlibellen und Urnetzflügler dort einst zu Klinkerstaub zermahlen wurden, aber seit den achtziger Jahren gilt die stillgelegte Grube als paläontologische Schatzkammer. Und wenn es eine Art von Schatzmeister gibt, dann ist es Carsten Brauckmann von der Technischen Universität Clausthal-Zellerfeld. Er hat den Überblick über alle Funde, er hat sie wissenschaftlich bearbeitet und darüber publiziert. Das erste Mal hörte ich von Carsten Brauckmann als dem «Papst der Ur-Insekten». Das war auf einem Treffen von Fossiliensammlern. «Der weiß alles», versicherte mir einer der Teilnehmer und fügte neidvoll bewundernd hinzu: «Und der findet auch alles – unheimlich schöne Stücke.»

Als ich den Professor für Paläontologie an der Technischen Universität in Clausthal aufsuchte, hatte ich die Befürchtung, er würde nur über Körpersegmente und Hinterleibsanhänge oder andere spezifische Organe der Palaeodictyoptera reden. Das Gegenteil war der Fall. Carsten Brauckmann ist kein Insektenbein-Zähler, er erzählt Geschichten. Er gibt den Fossilien aus Hagen-Vorhalle einen Hauch von Persönlichkeit. Da streckt ein Netzflügler besonders deutlich seinen Schnabel vor. Wie konnte er damit fressen? Oder saugen? Was für Pflanzen kamen in Frage?

Für Carsten Brauckmann verbirgt sich hinter jedem Detail ein größerer Zusammenhang. Er weist mich auf die Anordnung der Libellenflügel hin, die bislang unbeachtet geblieben sei – mit beiden Armen demonstriert er überzeugend die Konsequenzen für den Flug (kein Wunder, dass meine Begegnung im Karbon-Wald ihn bestätigt hat).

Carsten Brauckmanns Fossil-Geschichten ziehen sich über Stunden hin und schließen die Zeitgeschichte nicht aus. Da gibt es tatsächlich einen Urnetzflügler mit dem Namen Röchlingia hitleri. Ein Paläontologe aus dem Saarland hat das Fossil 1934 beschrieben und wollte seine Wertschätzung für den «Führer» zum Ausdruck bringen. Nach dem Krieg war der Name dann zwar anstößig, konnte aber gemäß den Internationalen Nomenklaturregeln nicht mehr geändert werden. Und wie der Zufall so spielt, fand besagter Paläontologe ein weiteres, sogar noch größeres Stück seiner Röchlingia hitleri. Hin- und hergerissen zwischen Entdeckerstolz und Peinlichkeit wählte er schließlich einen Mittelweg und packte das Fossil «mit dem Gesicht nach unten» in die Schublade – wo es seinen Finder denn auch unerkannt überlebte. Die ironische Pointe der Geschichte hat mit Carsten Brauckmann selbst zu tun: Jahrzehnte später stellte er fest, dass das zweite Exemplar doch zu einer anderen Art – mit anderem Namen – gehört.

Für den Höhepunkt meines «Papst-Besuchs» in Clausthal-Zellerfeld sorgt ein fünfmarkstückgroßer, in Seidenpapier verpackter Fund. Bedeutungsvoll schlägt Carsten Brauckmann das Papier zurück – gerade so, als enthüllte er kostbarste Kronjuwelen. Ich erwarte eine feierliche Ankündigung, aber er stellt nur schlicht und sachlich fest: das älteste Fluginsekt, das man kennt; ein Urnetzflügler aus dem Unteren Karbon; vor 320 Millionen Jahren.

Das Insekt vor mir ist nur ein paar Zentimeter groß, und auch nur die rechte Hälfte ist erhalten. Dennoch ergreift mich so etwas wie Ehrfurcht und Respekt: In meinen Händen liegt das früheste Dokument der Geschichte des Fliegens. Und darüber hinaus ist dieses Dokument mit Verzierungen geschmückt wie kein zweites. Über die Flügel, eingelassen in das Netzwerk der Adern, zieht sich ein zartes Punktemuster: kleine Farbtupfer, die sich zu Linien und

Bändern ordnen. 320 Millionen Jahre lang hat sich die Zeichnung der Flügel erhalten! Wahrlich das Tüpfelchen auf dem i.

Ich muss allerdings zugeben, dass von der Farbe der ehemaligen «Farbtupfer» nichts mehr zu sehen ist. Sie wurde beim Vorgang der Versteinerung vollständig ausgebleicht. Aber wer weiß, sinniert Carsten Brauckmann, vielleicht wird man auch das irgendwann einmal rekonstruieren können. Blau wäre doch hübsch ...

Absender in Magnetschrift

Als die Riesenwälder des Karbons den Rohstoff für unsere Kohle schufen, muss es warm und feucht gewesen sein. Wie sonst hätten die Baumfarne oder Schachtelhalme so prächtig gedeihen können? Wie selbstverständlich haben wir die Kohlewälder in die Tropen verlegt und von der Äquatorsonne gesprochen – als könnte es nirgendwo sonst auf der Erde feucht und warm sein. Wo, bitte, sind die zwingenden Beweise, dass Deutschland am Äquator lag? Wie überhaupt will man die Positionen der Kontinente vor Hunderten von Jahrmillionen ermitteln? Es scheint ein Ding der Unmöglichkeit. Dennoch haben die Geologen eine Art Logbuch der Kontinente entdeckt. Viele Gesteine, so fanden sie heraus, tragen eine Absenderangabe über ihren Geburtsort – genauer: Sie enthalten Informationen über den Breitengrad, auf dem sie entstanden sind. Die Kunst besteht darin, diese Informationen zu entziffern.

Der Piesberg bei Osnabrück ist nicht zu übersehen. Ein schmaler, mit mächtigen Windrädern bestückter Bergrücken am Rande der Stadt. Er gehört zu einer ausgedehnten Steinbruchanlage, die mit ihren senkrecht aufragenden Felswänden, mit künstlichen Halden und überfluteten Senken wie eine gigantische Theaterkulisse wirkt. Aus der Entfernung scheinen die schweren Laster kaum voranzukommen. Als wären sie Spielzeugautos, schieben sie sich über die aufgeschütteten Straßendämme, und nur das angestrengte Heulen der Motoren verrät das Gewicht ihrer Ladung.

Hier, auf dem Gelände der Piesberger Steinindustrie, haben wir uns verabredet, um das Logbuch der Gesteine aufzuschlagen und nach Deutschlands äquatorialer Vergangenheit zu fahnden. Es ist der richtige Ort. Zum einen, weil die Gesteinsschichten des Piesbergs aus dem Karbon stammen – das zeigen schon die schwarzen Kohlebänder, die immer wieder die Felswände durchziehen; zum anderen, weil die Betriebsleitung unser Vorhaben wohlwollend unterstützt. Sie stattet uns nicht nur mit Stiefeln und Helmen aus, sondern bringt uns die wichtigste Verhaltensregel im Steinbruch bei: Wenn's poltert, an die Wand! Hört man also das Gepolter herabstürzender Steine, soll man nicht das Weite suchen, sondern dicht an der Felswand Schutz suchen. Wenn's poltert, an die Wand – für die angereisten Geologen vom Landesamt Hannover ist die Regel längst zu einem Reflex geworden. Sie alle sind erfahrene Feldforscher, die in den Steinen lesen wie andere in einem Buch. Mit Augen und Händen prüfen sie die Wand – ähnlich wie Chirurgen, bevor sie das Skalpell ansetzen. Dann werfen sie den Generator an und treiben den Bohrkranz ins Gestein. Sechs besenstieldicke Bohrkerne. Mit einer Länge von knapp 10 Zentimetern. Die Gesteinsproben werden beschriftet, die Bohrlöcher vermessen. Fertig.

Die Beschaffung der steinernen Dokumente hat kaum eine Stunde gedauert. Sie zu lesen ist weit aufwendiger. Es geht darum, das extrem schwache Magnetfeld zu vermessen, das unser Karbongestein bei seiner Entstehung angenommen hat. Unter den unzähligen Sand- oder Tonteilchen, die sich damals ablagerten, waren auch winzige Eisenteilchen. Sie richteten sich im Magnetfeld der Erde aus wie kleine Kompassnadeln, und als sie einmal fest ins Gestein eingebacken waren, behielten sie diese Richtung unverändert bei – egal, wohin der Kontinent noch trieb. All unsere Bohrproben sind also magnetisiert; die ursprüngliche

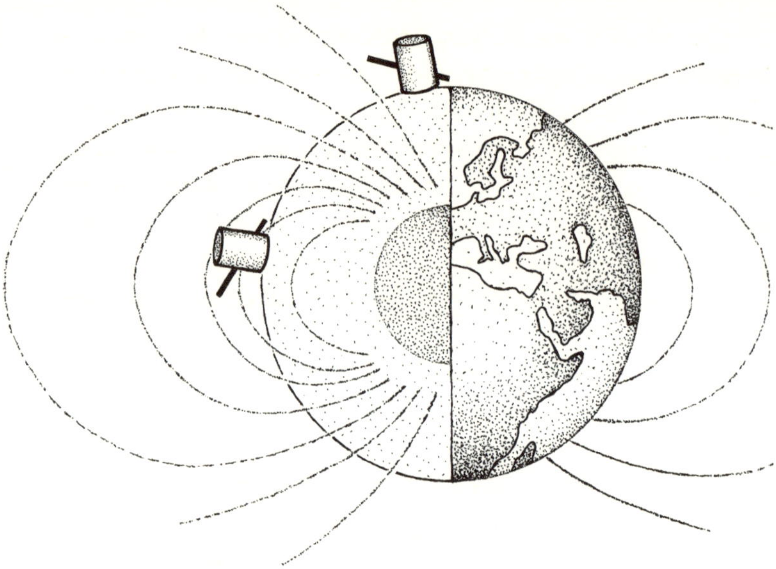

Die Magnetisierung der Gesteine verrät, wo sie entstanden sind.

Richtung des Erdmagnetfelds ist in ihnen «eingefroren». Das ist der Absender, den sie tragen.

An dieser Stelle lohnt es sich, den Verlauf des Erdmagnetfelds vor Augen zu haben – so wie ihn unsere kleine Skizze darstellt. Grob gesagt treten die Magnetfeldlinien aus dem Erdboden wie Haare aus der Kopfhaut – die Frisur ist allerdings etwas seltsam. Senkrechter Austritt an den Polen; dann immer schräger, je weiter man zum Äquator kommt. In unseren Breiten treten sie unter einem Winkel von etwa 65 Grad aus der Erde. Am Äquator selbst verlaufen die Feldlinien waagerecht zum Erdboden.

Kennt man also die Richtung des Erdmagnetfelds, dann weiß man, auf welchem Breitengrad man sich befindet. Und genauso verhält es sich mit dem «eingefrorenen» Feld der Gesteine; es verrät die geographische Breite, auf der sie entstanden sind.

Der Transport unserer Proben endet nicht in einem der üblichen Institutslabors. Er führt zunächst einmal durch Felder und

Wiesen auf einen matschigen Waldweg, der «nur für Forstfahrzeuge» bestimmt ist. Endstation ist ein ehemaliges, ganz aus Holz errichtetes Forsthaus mitten im Wald: die magnetische Messstation Grubenhagen. Die malerische Einsamkeit hat ihre Gründe; so sollen magnetische «Verschmutzungen» durch elektrische Leitungen oder Motoren vermieden werden. Auch das irdische Magnetfeld wurde abgeschirmt, denn es ist rund 1000-mal stärker als das zu messende Feld unserer Proben und würde dieses einfach «übertönen».

Unsere Gesteinsstücke vom Piesberg verschwinden nacheinander in einer bombastischen, tiefgekühlten und chromblitzenden Röhre. Vom Messvorgang selbst ist nichts zu sehen – nur auf den Monitoren erscheinen endlose Zahlenkolonnen, hinter denen sich die Daten des «eingefrorenen» Feldes verbergen.

Am Ende jedoch zeigt sich ein anschaulich fassbarer Wert: Als sich die Bodenschichten ablagerten und zu Gestein verdichteten, wurden sie vom Erdmagnetfeld unter einem Winkel von 2–3 Grad durchdrungen – also beinahe waagerecht. Das kann nur in Äquatornähe gewesen sein. Überall sonst auf dem Globus wäre das Erdmagnetfeld steiler gewesen. Fazit: Der Piesberg lag im Karbon in den Tropen. Das deckt sich mit früheren Messungen; die Wissenschaftler sind zufrieden.

Es war eine gewaltige Puzzlearbeit, unzählige Messergebnisse dieser Art zusammenzufügen, bis daraus die Reiserouten der Kontinente rekonstruiert werden konnten. Gesteine unterschiedlichen Alters aus allen möglichen Ländern mussten untersucht und verglichen werden. Aber man tappte ja nicht ganz im Dunkeln: Die fossilen Pflanzen gaben zusätzliche Hinweise, durch welche Klimazonen die Reise führte. Und die Gebirge verrieten, wer mit wem zusammenstieß. So wurde der Fahrplan erstellt, wie Nordamerika und Baltica zusammenfanden und Laurussia schufen; wie das riesige Gondwana von Süden her dazustieß und wie sich nach und nach die restlichen Kontinente anschlossen. Das magnetische Gedächtnis der Gesteine gab den Werdegang Pangäas preis. Man erfuhr, wie lange der erdumspannende Superkontinent bestand – und auch, wie er wieder zerfiel. Aber noch ist es nicht so weit. Zunächst hatten Pangäas Bewohner schwierige Zeiten und vernichtende Katastrophen durchzustehen – rätselhafte Ereignisse, die das gesamte Leben an den Rand des Abgrunds drängten ...

DIE ZEIT DES ROTLIEGENDEN

VULKANE, SALZ UND KATASTROPHEN

In den Steinkohlewäldern zu Füßen des Variskischen Gebirges herrschten ideale Wachstumsbedingungen. Wärme, Nässe, Humus – die Pflanzen hatten alles, was sie brauchten. Doch die paradiesischen Zeiten des Karbons gingen zu Ende, als besonders die Südhalbkugel der Erde von den Folgen einer gewaltigen Eiszeit heimgesucht wurde. Wie es dazu kam, welche Ursachen und Auslöser die Vereisung hatte, ist bis heute nicht geklärt, aber an den Folgen für das Klima gibt es keinen Zweifel: Es wurde trocken auf der Erde. Das Wasser wurde in den mächtigen Schnee- und Eismassen gebunden, die sich über dem Süden Pangäas auftürmten. Es fehlte in der Atmosphäre, und es fehlte im Meer. Die Regenfälle wurden seltener, und überall an den Küsten zog sich das Wasser zurück. Jetzt konnte noch weniger verdunsten, und die Regenfälle verringerten sich weiter. Für den globalen Kreislauf stand weniger Wasser zur Verfügung.

Wo früher die Tropenwälder wucherten, wo Kletterpflanzen und Farndickichte jeden freien Raum eroberten, kam jetzt die nackte, meist rötliche Erde zum Vorschein. Die Zeit des Rotliegenden (wie sie in Deutschland genannt wird) war eine Zeit der Trockenheit, in der sich das üppige Pflanzenleben mit der dazugehörigen Tierwelt auf die Feuchtgebiete von Seen und Flüssen zurückzog. Aber selbst den verbliebenen Bäumen wurde mitunter übel mitgespielt.

Der versteinerte Wald

Seit 1743 steht David Frenzel im Dienst der Kurfürstlichen Regierung von Sachsen. Er ist Edelstein-Inspektor und soll abbauwürdige Vorkommen aufspüren. Bislang allerdings ist ihm kein bedeutender Fund geglückt, und so verfällt er auf eine Art Edelsteinersatz: Er gräbt versteinerte Hölzer aus, die es im Umkreis von Chemnitz merkwürdigerweise häufig gibt. Durchgesägt und geschliffen sehen sie fast wie Achate aus. Das Geschäft entwickelt sich; der Edelstein-Inspektor ist zufrieden. Sein großer Durchbruch aber kommt zwei Jahre später, als er auf einen kompletten Baumstamm samt Wurzeln stößt. So etwas hat die Welt noch nicht gesehen. Von überall her kommen Neugierige, um den versteinerten Baum zu sehen. Mit mehreren Tonnen Gewicht ist er kaum zu transportieren. Frenzel lässt einen Spezialwagen bauen und organisiert eine publikumswirksame Überführung nach Dresden, wo der «Steinerne Baum» im Zwinger ausgestellt wird. Das Interesse ist riesig. Niemand hat eine überzeugende Erklärung dafür, wie ein Lebewesen plötzlich zu Stein werden kann – es muss wohl an besonderen Säften im Boden liegen, und so vergräbt man versuchsweise Katzen und Hunde an der Fundstelle, um auf ihre Versteinerung zu warten. Ein enttäuschendes Experiment. Aber es werden weitere Bäume gefunden. Alle im Umkreis von Chemnitz. Die Serie reißt nicht ab, und 200 Jahre später – 1964 – entdecken Bauarbeiter sogar mehrere verkieselte Stämme, die so ordentlich nebeneinander liegen, als hätte sie jemand aufgereiht. Kein Wunder, man war auf das alte Wohnhaus von David Frenzel und seinen Vorrat an Stämmen gestoßen, den er im Hof gelagert hatte.

Welche Geschichte verbirgt sich hinter den Chemnitzer Bäumen? Warum gibt es sie gerade hier? Warum sind sie versteinert? Eine Reihe von Hinweisen liefern die Stämme selbst. Merkwürdigerweise fehlt bei allen die Rinde. Auch Zweige und Blätter gibt es nicht. Nur die nackten Stämme. Und sie liegen nicht kreuz und quer, zufällig verteilt eben, sondern sie sind «eingeregelt», wie die Fachleute sagen. Sie weisen alle strahlenförmig auf ein Zentrum hin – auf ein Gebiet am Stadtrand von Chemnitz, das unter dem Namen Zeisigwald bekannt ist. Oberflächlich betrachtet ist im Zeisigwald nichts Besonderes zu bemerken. Unter der Erde allerdings liegt eine mächtige, aus Asche entstandene Tuffschicht, die einen 2 bis 3 Kilometer großen Einsturzkrater füllt.

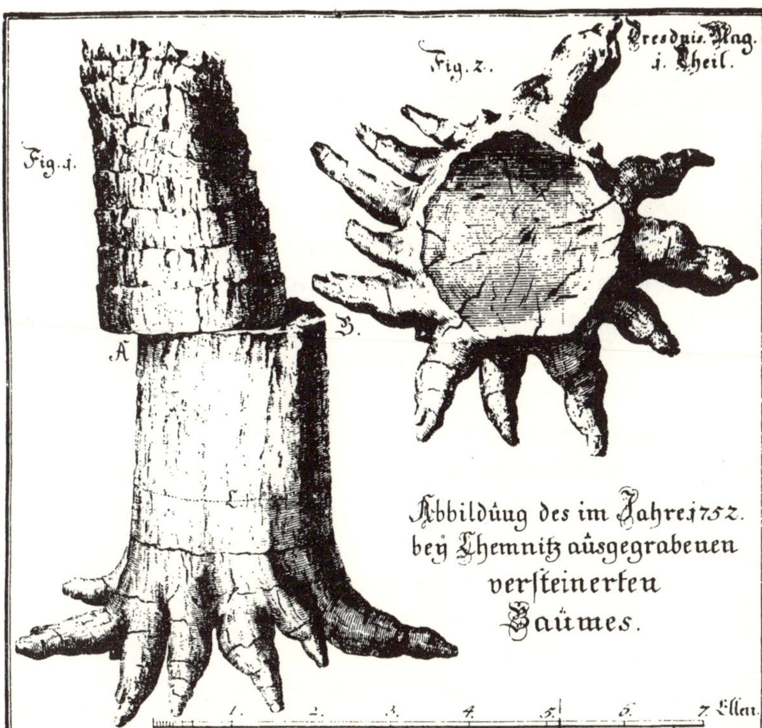

Alle Anzeichen sprechen dafür, dass hier vor 290 Millionen Jahren, in der Zeit des Rotliegenden, ein gewaltiger Vulkanausbruch stattgefunden hat. Die Ascheablagerungen der Umgebung liefern sogar ein genaues Bild vom Hergang der Katastrophe. Sie war so verheerend, dass wir von Glück sagen können, mit unserem Ballon nicht in der Nähe gewesen zu sein.

Schon Wochen vorher hängt ein dichter Nebel aus giftiger violetter Asche in der Luft. Andere aktive Vulkane der Region haben sie ausgeschleudert. Dann eine ohrenbetäubende Explosion. Der «Zeisig» meldet sich zu Wort. Zur Eröffnung schießt er eine kilometerhohe Aschefontäne in den trüben Himmel. Als Nächstes drängt glutflüssiges Magma aus der Tiefe des Erdinneren. Noch hat es die Oberfläche nicht erreicht, da kommt es mit Grundwasser in Berührung. Und jetzt gibt es kein Halten mehr: In einer gigantischen Explosion wird das Magma zerfetzt und zerstäubt und jagt in einer todbringenden Glutwolke über den Erdboden. Mit einer Geschwindigkeit von 400 Kilometern pro Stunde* trifft sie auf alles, was sich ihr in den Weg stellt. Jeder Baum im Umkreis von 10 Kilometern wird entwurzelt oder geknickt. Umgelegt in Richtung Feuersturm. Die Rinde wird ihm vom Stamm gerissen. Zweige und Blätter wirbeln durch die brennende Luft. Kurz darauf verdunkelt dichter Ascheregen die Sonne. Er füllt den eingebrochenen Riesenkrater und legt sich über das tote Land – auch über einen kleinen Tümpel, in den tonnenweise abgerissene Blätter, Holz- und Rindenreste niedergegangen waren: der Trümmerschutt der Katastrophe.

Die Ascheschicht verhüllt und bewahrt zugleich das Bild der Verwüstung. Sie bildet bei ihrer Verwitterung ausreichend Kieselsäure, um die Zellen des Holzes zu ersetzen und zu versteinern. Das Holz wird zu Quarz. Selbst der zugeschüttete Tümpel mit sei-

* Für die Geschwindigkeit dieser Glutwolke gibt es keine geologischen oder fossilen Belege, aber beim Ausbruch des Mount St. Helens 1980 in den USA wurde sie mit 360–400 km/h gemessen.

ner Trümmerfracht wurde bis zum letzten Fiederblättchen in allen Einzelheiten «verkieselt». Als er im 19. Jahrhundert von Paläontologen ausgegraben wurde, konnten sie sich allerdings keinen Reim auf das zerhäckselte pflanzliche Gemenge machen; sie deuteten es als idyllischen, zu Stein gewordenen Waldboden. Wer denkt schon an eine Druckwelle aus Gas und glühender Magma-Asche?

Vor dem Naturkundemuseum in Chemnitz hat man einige der gefällten Baumriesen wieder aufgerichtet. Wie Orgelpfeifen stehen sie vor der Gebäudefront – das berühmte Markenzeichen des Museums. Der «versteinerte Wald von Chemnitz» dokumentiert den tödlichen Augenblick, als die gesamte Region in einer Glutwolke versank. – Etwas nüchterner gesagt: Der «Zeisig»-Vulkan belegt die erhöhte vulkanische Aktivität der Erde zu Zeiten des Rotliegenden. Die alte variskische Gebirgsnaht zeigt Schwachstellen – nicht zum letzten Mal in ihrer Geschichte.

Wie kommt das Salz aus dem Meer?

Auch das weite Land vor den Bergen, in dem einst die Kohlewälder gediehen, gerät in Bewegung. Es senkt sich so weit ab, dass von Norden her das Meer eindringen kann. Nicht nur gelegentlich wie zu Zeiten der Sumpfwälder, sondern dauerhaft für mehrere Millionen Jahre. Um es gleich zu sagen: Bei der Eile, mit der wir durch die Erdgeschichte jagen, kann nicht jeder Meeresvorstoß gewürdigt oder auch nur erwähnt werden. Aber jetzt ist es etwas anderes. Nicht nur, weil das eindringende Meer die ganze Norddeutsche Tiefebene überflutet und seine Ausläufer sogar bis nach Süddeutschland vordringen, sondern weil wir bis heute von diesem «Zechsteinmeer» profitieren. Es hat – nicht weniger als die Kohlewälder zuvor – den Grundstein für die industrielle Entwicklung Europas gelegt. Erst Steinsalz und Kalisalze liefern die Rohstoffe für die Produktion von Soda, Salzsäure und Natronlauge,

Der blühende Salzhandel im Mittelalter und die rasante Industrialisierung im 19. Jahrhundert gehen auf die Salzablagerungen des Zechsteinmeers vor 250 Millionen Jahren zurück.

die wiederum für die Herstellung von synthetischen Farben, Lacken oder Kunststoffen unerlässlich sind. Der rasante Aufstieg der Großchemie gründet sich auf die Salzproduktion des Zechsteinmeeres. Und die verlief nicht weniger rasant. Stellenweise wurde in 20 Jahren ein Meter Salz abgelagert. Insgesamt entstanden Schichten von 1000 Metern Mächtigkeit. Sie bilden die Grundlage für die meisten Heilbäder in Deutschland, für den Kalibergbau oder für die Salzstöcke um Gorleben, die als Endlager für Atommüll herhalten sollen.

Die weißen Berge im Untergrund spiegeln die extremen Bedingungen der Zechstein-Zeit wider. Die trockene Luft und subtropische Hitze dampfen das Meer immer wieder zu einer hochkonzentrierten und lebensfeindlichen Salzlake ein. Bei weiterer Verdunstung scheiden sich gelöste Substanzen ab und schlagen sich als

Gips oder Steinsalz am Boden nieder. Erneuter Wasserzufluss von Norden und abermalige Eindampfung. Jedes Mal setzt das Meer seine Salzfracht ab.*

So weit die schlichten physikalischen Vorgänge. Aber sie verschweigen die trostlose Kulisse eines endlosen, in der Hitze flirrenden Salzmeeres. Gleißende Gipsrücken stoßen wie Sandbänke durch die Oberfläche. Zum Land hin zieht sich eine brüchige, gefährlich unterspülte Salzdecke. Und das Ufer selbst ist ein schmutziges Gemenge aus Sand, Salz und zerborstener Kruste. – Die Landschaftskulisse unter der sengenden Sonne, geformt aus ätzendem Wasser und Salz, hat etwas Gnadenloses und zugleich Grandioses an sich – als läge sie auf einem unbelebten, fernen Salzplaneten. Dass die Lebewesen der Zechstein-Zeit sich in andere, weniger versalzene Gebiete zurückziehen, versteht sich von selbst. Aber auch dort erwarten sie harte Zeiten. Und zwar weltweit in ganz Pangäa.

Das große Massensterben

Vor 250 Millionen Jahren muss etwas Fürchterliches passiert sein. Eine Katastrophe – oder ein Bündel von Katastrophen –, die die Erde fast unbewohnbar machte: Land und Wasser wurden auf rätselhafte Weise «verdorben». Nie wieder, auch nicht beim Untergang der Dinosaurier, war das mächtige Reich der Tiere und Pflanzen so nahe am Untergang. Das Leben wurde durch ein Sieb gepresst – so hat ein Paläontologe das katastrophale Ereignis beschrieben –, das über neunzig Prozent aller Arten nicht überlebt haben.

Verständlich, dass die Paläo-Katastrophenforscher nicht müde werden, nach den Ursachen zu suchen. Wer oder was ist

* Nicht anders funktionieren noch heute die Salinen an den Küsten vieler südlichen Länder.

schuld? Aber die Rekonstruktion des Katastrophengeschehens ist mühsam, die Beweislage schwierig. 250 Millionen Jahre haben viele Spuren verwischt. Und selbst diese Datierung liegt nicht präzise fest.

Das größte Massensterben aller Zeiten wird auf das Ende der so genannten Perm-Zeit datiert, die das Karbon ablöst. Wir haben bisher von der Zeit des Rotliegenden und des nachfolgenden Zechsteins gesprochen, weil damit zum Ausdruck kommt, dass Deutschland zuerst eine Trockenzeit mit Vulkanausbrüchen erlebte und dann eine Überflutung mit «Versalzung». Aber außerhalb Deutschlands werden die beiden Zeitabschnitte meist zusammengefasst und als Perm* bezeichnet. Das Perm geht also 250 Millionen Jahre vor unserer Zeit zu Ende. Und dieses Ende deckt sich natürlich nicht zufällig mit dem Beinahe-Ende des Lebens.

Schon früh haben die Paläontologen den krassen Einschnitt im Fossilbestand bemerkt und ihn als Zeitmarke gesetzt: als Übergang vom Perm in die nachfolgende Zeit der Trias. (Wenn man diese Eigennamen zum ersten Mal hört, können sie ganz schön verwirrend sein. Aber Zeit wird erst durch Unterteilung fassbar: Was wäre ein Jahr ohne Monate und ohne – ziemlich eigenwillige – Monatsnamen? Für den besseren Überblick und zum Nachschlagen haben wir die Zeitperioden der Erdgeschichte auf Seite 208 zusammengestellt.)

Vor rund 250 Millionen Jahren also, beim Übergang vom Perm in die Trias, trifft es die Erde. Die meisten Rollen auf der Bühne des Lebens werden gestrichen. Bei den Unterwasser-Darstellern sind es 96 Prozent aller Arten. Die Trilobiten zum Beispiel verschwinden für immer und ewig – und das, nachdem sie alle Wirren und Krisen seit der Kambrischen Explosion erfolgreich gemeistert haben. Die Korallenarten, die schon im Devon ihre mächtigen Riffe formten, treten fast geschlossen ab. Aus der Fülle von Seeigeln, Muscheln, Schnecken überleben die wenigsten. Pangäas Küsten-

* Nach einem ehemaligen russischen Regierungsbezirk im westlichen Ural.

gewässer werden brutal entvölkert. Als würde jemand versuchen, den Spielplan des Lebens gewaltsam zu beenden.

Das Artensterben an Land ist nicht ganz so schlimm, aber dennoch unübersehbar. Die mächtigen Bärlappbäume müssen dran glauben. Die Hälfte aller Amphibien gibt auf. Meganeura, die Rieseniibelle, stürzt für immer ab. Gefolgt von den Urnetzflüglern. Und auch die Angst einflößenden Hundertfüßer bleiben auf der Strecke.

Es wäre ein Leichtes, die Aufzählung der Opfer fortzusetzen, aber ich bezweifle, dass sich unsere Anteilnahme erhöhen würde. Die Perm-Trias-Katastrophe bleibt, obwohl wir einige der Opfer persönlich gekannt haben, merkwürdig fern und unverbindlich, und sie wird nie den Schauder bei uns auslösen wie etwa der Untergang der Dinosaurier. Das ist natürlich unfair den permischen Betroffenen gegenüber, die wesentlich mehr Federn bzw. Schuppen lassen mussten, und es verkennt auch, dass unsere frühen Säugetier-Vorfahren in die Katastrophe verwickelt waren. Unter den permischen Reptilien gab es nämlich eine Reihe von Arten, die man als «säugetierähnlich» bezeichnet – unter anderem, weil sie (wie wir auch!) hinter jedem Auge eine Schläfenöffnung im Schädel hatten. Die größten dieser säugetierähnlichen Reptilien waren 2,5 Meter lang, und sie bewegten sich nicht mehr mit dem Bauch am Boden wie Eidechsen, sondern liefen auf erhobenen Beinen mit viel Bodenfreiheit. Man hat sogar das Fossil eines winzigen Jungtieres neben seiner mardergroßen Mutter gefunden – brachten diese Säugetierähnlichen schon lebende Junge zur Welt? – Aber wie fortgeschritten sie auch waren, fast alle wurden vom «permischen Sensenmann» dahingerafft.

Was nur hat die Erde so lebensfeindlich werden lassen? Die Katastrophenforscher haben alle denkbaren Untergangsszenarien durchgespielt. Waren mörderische Vulkanausbrüche schuld? Die gab es, gewiss, und nicht nur im Raum Chemnitz. Aber Vulkanismus war nichts Neues auf der Erde. Und erklärt auch nicht, warum es die Tiere im Wasser so besonders hart getroffen hat.

Eine Vergletscherung der Erde? Auch das ist nicht von der Hand zu weisen. Der Süden Pangäas lag ja unter Eis. Aber warum war die Sterberate auf der Nordhalbkugel genauso hoch?

Der Rückzug des Meeres als Artenkiller? Dafür spricht einiges. Flache Küstengewässer waren erwiesenermaßen der tödlichste Lebensraum; hier gingen die meisten Arten zugrunde. Aber was hat dann den Lurchen und Rieseninsekten und anderen Landbewohnern einschließlich der Pflanzen so zugesetzt?

Ein Meteoriteneinschlag? Der Gedanke an ein Bombardement aus dem Weltraum drängt sich geradezu auf, seit man ein solches Ereignis auch für das Aussterben der Dinosaurier verantwortlich oder zumindest mitverantwortlich macht. Bislang hat sich kein Einschlag nachweisen lassen, doch die Spurenfahndung läuft auf vollen Touren.

Erst kürzlich berichteten Wissenschaftler aus den USA von überraschenden Funden. Bei Gesteinsuntersuchungen in mehreren Erdteilen entdeckten sie eingeschlossene Helium- und Argonatome, wie sie nur im Weltall vorkommen. Das Aufregende ist das Alter der Gesteine: 250 Millionen Jahre. Es könnte ein erster Hinweis auf einen Meteoriten sein, die auf der Erde niederging und das Massensterben auslöste. Man darf gespannt sein, wohin die heiße Heliumspur letztlich führt.

Was auch immer die Perm-Trias-Katastrophe verschuldet hat, der Einschnitt scheint den Paläontologen so auffallend und alarmierend, dass sie nicht nur das Perm zu Ende gehen lassen, sondern gleichzeitig das «Erdaltertum». So bezeichnen sie die gesamte Zeitspanne unseres bisherigen Reiseberichts – angefangen von der Kambrischen Explosion vor 540 Millionen Jahren bis zum Massensterben vor 250 Millionen Jahren. Das Erdaltertum umfasst die Geschichte vom rasanten Aufstieg der Erdbewohner bis zu ihrem ersten, beinahe tödlichen Absturz.

Aber das Leben hat sich bekanntlich wieder gefangen – und sogar zu gigantischen Formen aufgeschwungen. Vor uns liegt das Erdmittelalter – das Zeitalter der Saurier.

DIE SAURIER KOMMEN

ABENTEUER IM JURASSIC PARK VON DEUTSCHLAND

Es ist erstaunlich, wie schnell sich die entvölkerte Pangäa mit neuem Leben füllte – gerade so, als hätte der Rückschlag eine Trotzreaktion ausgelöst. Mit einem trotzigen «Jetzt erst recht» hat das selbstverständlich nichts zu tun, aber die frei gewordenen Rollen zu Wasser, zu Lande und in der Luft sind neu zu vergeben, und der Druck, vor der Konkurrenz zum Zuge zu kommen, beschleunigt Neuentwicklungen – nicht nur äußerlich im Körperbau, sondern auch was die Sinnesleistungen, die Ernährungsweise oder die Aufzucht der Jungen betrifft. In Pangäa herrscht Aufbruchstimmung.

Im Wettstreit um die neuen Hauptrollen im Erdmittelalter zeichnet sich ein klarer Sieg der Reptilien ab. Vor allem die Überlebenden der Säugetierähnlichen scheinen das Rennen zu machen. Da gibt es zum Beispiel einen «Hundezahner», ein Raubtier von Wolfsgröße, das aller Wahrscheinlichkeit nach schon ein Fell hatte und warmblütig war. Vom Fell gibt es zwar keinerlei Überreste, aber im Schädel, am Ende der Schnauze, sind winzige Löcher im Knochen. Das könnten die Durchbrüche für Schnurrhaar-Nerven sein, argumentieren die Paläontologen, denn Schnurrhaare sind ja Tastorgane und brauchen eine Nervenableitung. Wer aber Schnurrhaare hat, der hat wahrscheinlich auch andere Haare – Fellhaare. Und wer ein Fell besitzt – so geht die logische Schlusskette weiter –, der besitzt auch warmes Blut, sonst macht die Wärmeisolierung keinen Sinn. Die Hundezahner waren also schon erstaunlich weit fortgeschritten und hätten sicher eine große Zukunft vor sich gehabt, wären da nicht andere Reptilien aufgetaucht und hätten alles buchstäblich überrannt: Dinosaurier.

Die neu aufkommenden Dinosaurier triumphieren durch eine Fähigkeit, die wir gerne für uns reservieren: Sie beherrschen den zweibeinigen Gang. Aufgerichtet auf ihren langen Hinterbeinen, sind sie schnelle und wendige Sprinter, die neben den scharfen Zähnen auch ihre krallenbewehrten Hände für den Angriff einsetzen können. Neben dieser schlagkräftigen Konkurrenz haben es die säugetierähnlichen Reptilien schwer: Noch vor Ablauf der Trias (250–210 Millionen Jahre) verschwinden sie für immer. Aber bevor sie endgültig das Feld räumen, hat sich – glücklicherweise, aus unserer Sicht – eine ihrer Nebenlinien zu kleinen, nur rattengroßen Insektenfressern entwickelt: zu echten Säugetieren. Aus den Fossilfunden lässt sich zwar nicht ablesen, dass sie ihre Jungen säugten, aber sie tragen, wie alle Säugetiere, ein typisches Markenzeichen im Ohr: drei Knöchelchen zur Schallübertragung im Mittelohr.*

Im letzten Augenblick, so sieht es rückblickend aus, ist der Wurf gelungen, dem wir unsere Existenz verdanken – der Entwicklungsschritt, der letztlich wieder zu alles beherrschenden Zweibeinern führte. Aber damals waren die Säugetiere keineswegs der große Wurf: Unter der Übermacht der Dinosaurier brachten sie – zumindest tagsüber – kein Bein auf die Erde. Nur nachts konnten sie sich einigermaßen sicher fühlen und ihre unterirdischen Höhlen verlassen. In der Kühle der Nacht zahlte sich ihre

* Sie sind nach ihrer Form als «Hammer», «Amboss» und «Steigbügel» bezeichnet.

Warmblütigkeit aus, und sie profitierten von ihren lichtstarken Augen und feinen Nasen. 150 Millionen Jahre lang hatten die Säugetiere ein unauffälliges Schattendasein zu führen. So lange beherrschten die Schreckensechsen die Welt.

Und in gewisser Weise sind sie heute noch präsent. In Fernsehsendungen kämpfen sie, bis das Blut spritzt; sie verteidigen heroisch ihre Jungen, und sie sterben tragische Tode. Tyrannosaurus Rex, meist kennerhaft als T-Rex tituliert, ist jedem Vorschulkind ein Begriff. Er gehört zur Dinosammlung wie der dreifach gehörnte Triceratops oder der plumpe Brachiosaurus, der nicht ganz so beliebt ist, weil er häufig mit seinem endlos langen Hals und Schwanz die Schublade blockiert. Dinosaurier sind zum Allgemeinbesitz geworden. In den USA gibt es kaum ein Naturkundemuseum, wo nicht ein komplettes Saurierskelett die Besucher empfängt. US-Wissenschaftler in New Mexico haben sogar die Resonanzhohlräume von Dinosaurierschädeln vermessen, und unter *www.nmmnh-abq.mus.nm.us* lassen sie den Entenschnabelsaurier Parasaurolophus röhren, als wäre er in der Kreidezeit auf Brautschau.

Der Schwäbische Lindwurm

Die Versuchung ist groß, unseren Ballon über den Atlantik nach Amerika zu steuern, wo – natürlich – die größten, imposantesten, schaurigsten, gefährlichsten... stopp, bevor wir uns verrennen. Den Atlantik gibt es ja noch gar nicht: Noch gehört Amerika wie alle anderen Kontinente zu Pangäa. Die Dinosaurier konnten nach Lust und Laune zu Fuß nach Europa marschieren. Aber wo sind ihre Skelette? Warum ist Deutschland zum Stiefland der Dinos geworden? Oder kommt es nur darauf an, sie an der richtigen Stelle zu suchen?

Eine solche Stelle gab und gibt es in Baden-Württemberg bei dem Städtchen Trossingen. Der zehnjährige Hermann war beim

Spielen am Trosselbach über einen alten Knochen gestolpert, der aus der Erde ragte. Er grub ihn vollends aus und brachte ihn stolz zu seinem Lehrer, der ihn nach Stuttgart, in die Landeshauptstadt, schickte. Dort befanden die Experten, es handele sich um den Mittelfußknochen eines gewaltigen Dinosauriers. Schon ein Jahr später rückte ein wohl organisiertes Grabungsteam an – aber es hatte sich über 8 Meter tief vorzuarbeiten, bis endlich die Belohnung auftauchte: der Schwäbische Lindwurm! Ein Skelett von fast 6 Metern Länge. Der Dinosaurier aus der Trias-Zeit lief wohl meistens auf allen vieren, aber wenn er es eilig hatte oder wenn die saftigsten Blätter zu hoch hingen, konnte er sich zu voller Länge aufrichten. Seine Hinterbeine waren kräftig genug, um den massigen Leib hochzustemmen, und der muskulöse Schwanz war eine ausgezeichnete Stütze. Plateosaurus trossingensis wurde gleich mehrfach in Plastik gegossen und zählt heute zu den Stars des Stuttgarter Naturkundemuseums am Löwentor. Wer allerdings so gewaltige Dinogiganten wie Brontosaurus oder Tyrannosaurus Rex im Auge hat, muss zwangsläufig enttäuscht sein von diesem vergleichsweise schmächtigen, nur knapp 6 Meter messenden «Lindwurm».

Aber man darf nicht vergessen, dass auch Dinos bescheiden angefangen haben. Der verheerende Zusammenbruch lag erst 30 Millionen Jahre zurück, und bis zum Erscheinen der Top-Riesen sollten noch über 100 Millionen Jahre vergehen. Außerdem übertrifft Plateosaurus mit 2,2 Tonnen Lebendgewicht spielend ein Nashorn von heute. Der Trossinger Fund jedenfalls wurde weltberühmt, und das American Museum of Natural History in New York finanzierte eine weitere Grabung. Als Gegenleistung sollte die Hälfte aller zu erwartenden Knochenfunde nach New York verschifft werden; der Deal hat sich für beide Seiten gelohnt. Drei Sommer lang wurde nach amerikanischem Vorbild geklotzt: Man errichtete für die Arbeiter ein Zeltlager vor Ort, verlegte Eisenbahnschienen für Kipploren, organisierte einen LKW-Pendelverkehr zur Universität Tübingen. Die Ausbeute war enorm: über 40

Plateosaurus-Skelette – offenbar ein Massengrab. Trotzdem blieb für das Trossinger Heimatmuseum keines der Originalstücke – nur der alte Knochen von Hermann Weiß, der alles ins Rollen gebracht hatte. Die großen Museen treten mitunter selbstherrlich auf wie Dinosaurier.

Plateosaurus steht in dem Ruf, «der bestuntersuchte Dinosaurier auf deutschem Boden» zu sein. Trotzdem können sich die Wissenschaftler nicht darauf einigen, wie sich die Tragödie von Trossingen abgespielt hat. Wie kommt eine ganze Herde auf engstem Raum ums Leben? Natürlich kann sich jeder seine eigene Horrorszene ausmalen, aber es gibt einige merkwürdige Besonderheiten, die bei der Trossinger Grabung und auch an anderen Fundstellen aufgetaucht sind. Sie sollten bei einer glaubwürdigen Rekonstruktion des Unfallgeschehens auf jeden Fall berücksichtigt werden. Warum, zum Beispiel, fehlen ganz junge Tiere? Warum sind überwiegend hintere Skelettteile erhalten? Dazu häufig in aufrechter Position? Und was haben Schildkröten an der Unglücksstelle zu suchen? Unter den Rekonstruktionsversuchen der Wissenschaftler gibt es tatsächlich ein Szenario, das diese Puzzlesteine zu einem stimmigen Gesamtbild zusammenfügt, aber es ist so schaurig, dass wir nur widerstrebend unseren Ballon in die Trossinger Trias schicken.

Wie schweres Gas liegt die Hitze über dem Land. Die weite Ebene unter uns ist ausgedörrt, und der rötliche Untergrund wird nur selten von vertrockneten Gewächsen unterbrochen. Eine Staubwolke scheint reglos in der Luft zu hängen. Jetzt erst erkenne ich, dass der Staub von Hunderten von Tieren aufgewirbelt wird, die in ihrer Färbung fast mit dem Untergrund verschmelzen: Eine Plateosaurus-Herde schiebt sich träge voran. Ihr Ziel scheint eine Art Oase zu sein – ein Wasserloch, das von Ginkgobäumen und einigen Baumfarnen umstanden ist. Im Uferschlamm ruhen apathisch ein paar Schildkröten und warten auf die Abkühlung gegen Abend. Sie halten sich gern an solchen Wasserstellen auf.

Die ersten Plateosaurier sind herangekommen. Sie haben das Wasser vor Augen und beschleunigen noch einmal ihren Gang. Sie bemerken nicht, dass ihre Tritte die Schlammkruste durchbrechen, dass sie mit jedem Schritt tiefer sinken. Und selbst diejenigen, die das Wasser erreicht haben, scheinen die Lage noch nicht erkannt zu haben: Sie trinken erst ausgiebig – bevor sie plötzlich registrieren, dass der Schlamm ihre Beine unerbittlich festhält. Es gibt keinen Rückweg. Panische Befreiungsversuche – die nur tiefer ins Verderben führen.

Jetzt ist das Gros der Herde herangekommen. Ungestüm schieben und drängen die Riesenleiber in Richtung Wasserloch. Immer häufiger schnappt die Schlammfalle zu. Zerrt die schwergewichtigen Opfer ins Bodenlose. Der Unterkörper steckt fest, nur der lange Hals windet sich, und die Arme schlagen mit grotesken, unkoordinierten Bewegungen um sich. Ihre scharfen Daumenkrallen reißen klaffende Wunden. Aber kein Schmerzensschrei, kein Winseln oder Stöhnen dringt aus den geöffneten Mäulern. Der Todeskampf ist stumm – und hoffnungslos. Ein Bild des Jammers. Nur die jüngsten und kleinsten Tiere können noch rechtzeitig kehrtmachen; ihr geringes Gewicht bewahrt sie vor dem tödlichen Versinken im Schlamm.

Die einbrechende Dunkelheit erspart uns, das schaurige Sterben der Kolosse weiter mit ansehen zu müssen. Doch das Ende des Horrorstücks steht noch bevor, und der letzte Akt ist kaum zu ertragen.

Schon am nächsten Morgen wird die Szenerie von anderen beherrscht: Ein Rudel leichtfüßiger und beweglicher Raubsaurier ist eingefallen. Sie nutzen ihr geringeres Gewicht und machen sich gierig über die halb toten, festsitzenden Opfer her. Sie verbeißen sich in deren Hals, bis jede Gegenwehr erlischt; dann reißen sie ungeduldig Fleisch und Knochen aus dem zuckenden Körper. Sie jagen und streiten sich um die besten Brocken, obwohl es mehr als reichlich gibt. Nur die Teile, die im Schlamm stecken, bleiben unerreichbar und unangetastet.

Natürlich ist mir klar, dass die Raubsaurier keine grausamen Übeltäter sind, dass sie sich von rohem Fleisch ernähren müssen wie andere von Blättern, Eiern oder Insekten. Trotzdem stellt sich so etwas wie Schadenfreude bei mir ein, als einer von ihnen – ein besonders gefräßiger – sich einen Zahn ausbeißt. Und dann noch einen. Das hat er von seiner Gier! Aber bevor der Gedanke richtig Form annimmt, muss ich ihn wieder fallen lassen. Ein ausgebissener Zahn mag ja für uns etwas Schlimmes bedeuten, einen unwiederbringlichen Verlust. Aber für Dinosaurier ist das nicht einmal ein Missgeschick: Bei ihnen wachsen, ähnlich wie bei Haien, die Zähne zeitlebens nach. Beneidenswert – wenn man nicht gerade Zahnarzt ist.

Dennoch sollte der erwähnte Zahnausfall Folgen haben – nicht für den Raubsaurier, sondern für die Plateosaurus-Forscher. Als sie nämlich an verschiedenen Fundorten zwischen den Lindwurmknochen auf geriffelte Raubtierzähne stießen, hielten sie einen weiteren Puzzlestein in der Hand, der überzeugend in das schreckliche Bild vom Schlammtod passte.

Saurier in der Luft

Wir haben die triste Trias hinter uns gelassen und sind von Trossingen geradewegs östlich der Donau entlanggeflogen, um uns in der deutschen Jurassic-Park-Landschaft umzusehen. Schließlich gilt der Jura als die Hoch-Zeit der Saurier, und aus dem Gebiet zwischen dem heutigen Donau- und dem Altmühltal gibt es unzählige gestochen scharfe Momentaufnahmen vom Leben, oder genauer: vom Sterben der Jura-Tiere. Bewohner des Landes, des Wassers und des Luftraums – sie alle sind in die berühmten Kalkplatten von Solnhofen gebannt. Schon den Römern war dieses feinkörnige Kalkgestein ein Begriff; sie nutzten es für ihren Limes-Wall gegen die Germanen und legten ihre Bäder damit aus. Im 19. Jahrhundert wurden die glatt geschliffenen Platten der große Hit für

den Stein-
druck. Und selbst heute gelten Solnhofener Platten als hochwertiges Material für Steinfußböden. Aber nichts hat sie so berühmt gemacht wie die eingeschlossenen Fossilien, und nach wie vor sind sie gut für brandneue Sensationsbilder aus der Jura-Zeit – vor 150 Millionen Jahren.

Jetzt schauen wir erst einmal hinunter auf die malerische Jura-Lagune von Solnhofen. Flachwassergebiete leuchten als türkises Netzwerk durch die Oberfläche – an ihren Rändern Flickenteppiche aus bunten Korallen. Dazwischen heben sich grün bewachsene Inselgruppen und Landzungen aus dem Wasser. Eine geradezu liebliche Landschaft. Nichts deutet darauf hin, dass regelmäßig gewaltige Sturmfluten in dieses Idyll einbrechen und dass der Lagunenboden von einer lebensfeindlichen, extrem salzigen Schicht überzogen ist. In dieses Leichentuch gehüllt, ruhen die herabgesunkenen Toten – bis das nächste Unwetter sie unter Schlamm- und Schwebeteilchen begräbt.

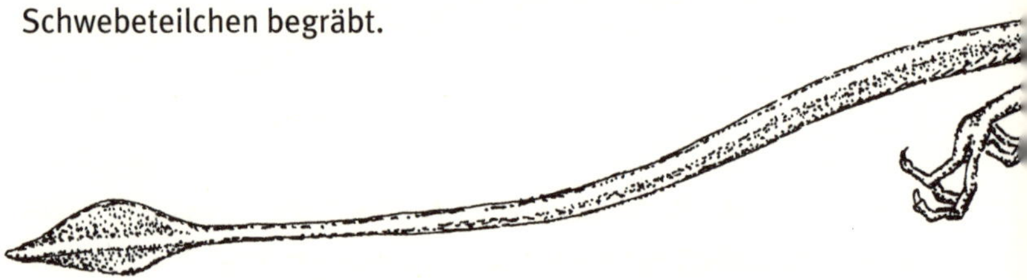

Im Augenblick jedoch gibt es Lebendigeres und Spannenderes: Unser Ballon wird von ungewöhnlichen Flugtieren begleitet. Mühelos und majestätisch segeln sie auf gleicher Höhe und mustern uns neugierig aus großen, runden Augen. Nur selten müssen sie einen korrigierenden Flügelschlag einschieben, bevor sie ihren eleganten Gleitflug fortsetzen. Einige scheinen jede Scheu zu verlieren und trauen sich zum Greifen nah an unseren Korb heran. Ich kann jeden der nadelspitzen, nach vorn stehenden Zähne erkennen; oder die Schwimmhäute zwischen ihren Zehen, die sie mit minimalen Steuerbewegungen als Höhen- und Seitenruder einsetzen. Schon der erste Blick macht klar, dass diese Flugkünstler keine Vögel sind: Ihr Körper ist mit weißlichen Haaren bedeckt, und ihre Schwingen spannen sich als pergamentartige Häute zwischen Flügelknochen und Körperflanken. Die Flugtechnik könnte

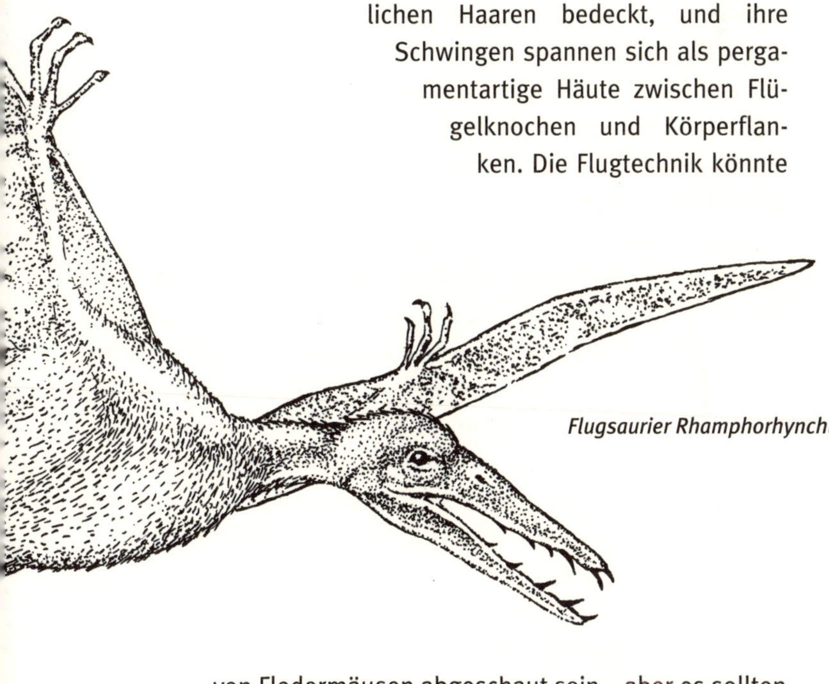

Flugsaurier Rhamphorhynchus

von Fledermäusen abgeschaut sein – aber es sollten noch 100 Jahrmillionen vergehen, bis diese fliegenden Säugetiere auftauchten und auf ähnliche Konstruktionsideen kamen. Mehr als Ähnlichkeit ist es tatsächlich nicht, denn Fledermäuse spannen ihre Flügel wie einen Regenschirm zwischen vier Fingern auf und nutzen den fünften als Kralle zum Festhalten. Unsere Jura-Flieger hingegen – natürlich handelt es sich um Flugsaurier – besitzen von vornherein nur vier Finger. Drei davon bleiben frei als Geh- und Kletterhilfen. Der vierte jedoch ist extrem verlängert und spannt die gesamte Flughaut auf. Was für eine elegant und leicht wirkende Konstruktion.

Ohnehin scheint die Leichtbauweise für Flugsaurier das oberste Gebot zu sein. Ihre Knochen sind hohl und dünn wie Eierschalen. Wo immer es geht, versuchen sie das Gewicht ihrer kräftigen Flugmuskulatur wieder wettzumachen. Selbst ihr Schädelknochen ist filigran durchlöchert wie ein Scherenschnitt. Und das ultraleichte Resultat ist kaum zu glauben. Nehmen wir etwa einen Rhamphorhynchus aus unserem Begleitgeschwader: Er hat die Flügelspannweite einer großen Silbermöwe: knapp 90 Zentimeter. Aber mit seinen 480 Gramm wiegt er nur halb so viel. Leichtbau auf die Spitze getrieben.

Es fällt mir schwer, in diesen zarten Luftakrobaten fliegende Reptilien zu sehen. Aber genau das sind sie – die ersten Wirbeltiere, die sich mit Muskelkraft über den Erdboden erheben. Wie ihnen dieser Schwindel erregende Aufschwung in die dritte Dimension gelingen konnte, ist bis heute nicht geklärt – es gibt einfach zu wenig fossile Zwischenstufen. Aber klar ist, dass Flugsaurier keine «in die Luft gegangenen» Dinosaurier sind – sie haben ihre eigene, unabhängige Entwicklungslinie eingeschlagen.

Über 100 Jahrmillionen lang sind sie die alleinigen Herren der Lüfte. Ihr Erfolg ist atemberaubend und unangefochten. Erst als die Dinosaurier ihrerseits mit einem neuartigen Konzept zum Fliegen aufwarten, bahnt sich ein Machtkampf um die Lufthoheit an. Das müssen wir uns später noch genauer ansehen.

Unsere fliegenden Begleiter haben offenbar genug von der Inspektion des aufgeblähten Eindringlings in ihren Luftraum. Sie halten sich jetzt dicht über der Wasseroberfläche – äußerst dicht sogar. Und manchmal scheinen sie mit ihren Schwingen die Wellenkämme zu berühren. Wir lassen uns ebenfalls tiefer sinken und geraten mitten in die wilde Fischjagd der Rhamphorhynchus: Aus einigen Metern Höhe holen sie Schwung; dann schießen sie mit vorgestrecktem Hals über die Wellen; die lange Schnabelschnauze ist halb geöffnet; der Unterkiefer pflügt durch das Wasser – und die langen Zähne spießen sich wie Gabelzinken in einen Fischrücken. Einen Augenblick später ist die zappelnde Beute verschluckt, und der Jäger bringt sich mit wenigen Flügelschlägen erneut in Ausgangsposition.

Das Spießermaul eines Rhamphorhynchus ist ideal zum Fischefangen. Wer lieber anderes frisst, braucht ein anderes Gebiss. Stumpfe Höckerzähne zum Knacken von Muscheln. Ein Breitmaul zum Fangen von Insekten. Reusenborsten zum Heraussieben von Krebschen. Das Maulwerkzeug eines Flugsauriers verrät, wovon er lebt. Und wer diese Spezialkonstruktionen selbst begutachten möchte, kann das stundenlang im Jura-Museum von Eichstätt tun, wo die schönsten Solnhofener Fossilien ihre Geschichte erzählen. Da gibt es zum Beispiel einen Pterodactylus – zu Deutsch: einen Flugfinger –, der am Oberschenkel eine starke Kallusbildung zeigt, eine auffällige Verdickung des Knochengewebes. – Sicherlich interessant, aber wo ist die Geschichte?

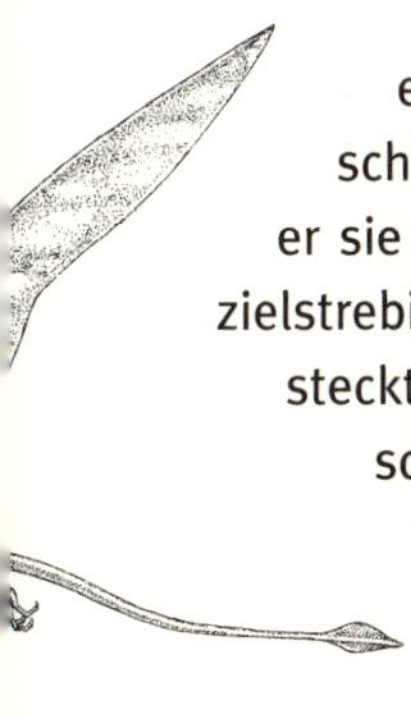

Wir sind schon dabei, sie aufzuspüren. Wir folgen einem Pterodactylus, der eben noch dabei war, im Uferschlick nach Würmern und Krebsen zu stochern. Jetzt hat er sie alle in seinem Kehlsack verstaut und fliegt eilig und zielstrebig zu den Felsenklippen, wo er sein Nest mit Jungen versteckt hat. Sie sind erst vor wenigen Tagen aus dem Ei geschlüpft und noch viel zu schwach, sich in der Luft zu halten oder gar den Strand nach Futter abzusuchen. Auch ein Saurierküken ist nicht gleich flügge. Wir haben unseren Ballon auf Nesthöhe gebracht, um die Fütterungsszene ganz aus der Nähe zu erleben. Wer hat schon das Glück, ein Pterodactylus-Nest zu finden? Ein bewohntes dazu? Aber die Vorfreude ist umsonst. Unser Flugsaurier hat uns versetzt und ist am Fuße der Klippen niedergegangen – neben einem kümmerlich behaarten Wesen, das jetzt hungrig seinen Mini-Rachen aufsperrt. Das Flugfingerchen ist irgendwie über den Nestrand und die Klippen gepurzelt und hat sich dabei den Oberschenkel gebrochen. Das sichere Todesurteil – wären da nicht die Eltern, die regelmäßig nach ihrem «Unglücksraben» schauen und ihm das Maul stopfen. Bis die beiden verschobenen Knochenenden – schlecht und recht, mit Kallusbildung eben – wieder zusammengewachsen sind.

Das Aufregende an dieser Geschichte ist ihr Beweischarakter. Der Knochenbruch stammt aus der Kinderzeit des Tieres und beweist somit direkt, dass Pterodactylus Brutpflege betrieb. Man hat das zwar lange schon vermutet, denn Flugsaurier sind warmblütig wie Vögel (deshalb das isolierende Haarkleid), sie legen Eier wie Vögel, und sie müssen fliegen lernen wie Vögel. Dann sollten sie auch – der Schluss liegt nahe – ihre Jungen füttern und versorgen, wie man das von Vögeln kennt. Trotzdem: Der geheilte Oberschenkel belegt, dass es wirklich so war. Knochen erzählen Geschichten – auch nach 150 Millionen Jahren.

Drüben, an einem breiten Strandabschnitt der Solnhofener Lagune, tut sich etwas. Hunderte von Flugsauriern haben sich dort versammelt. Sie stützen sich auf ihre Flügel und laufen ziemlich unbeholfen vor jeder heranrollenden Welle davon – aber nur, um sofort wieder vorzurücken und im nassen Sand zu stochern, den das zurückweichende Wasser freigibt. Als unser Ballon näher kommt, traue ich meinen Augen nicht. Sind wir wirklich im Jura? Oder nicht doch in der Gegenwart? Was sich da zwischen den Flugsauriern durch den Sand schiebt, habe ich tausendfach gesehen, in der Hand gehalten und sogar großgezogen: Es sind gepanzerte Pfeilschwanzkrebse. An der Küste Nordamerikas, bei Philadelphia oder bei Boston, sorgen sie alljährlich für ein umtriebiges Spektakel am Strand.

Jedes Frühjahr im März oder April, wenn der Vollmond die Flut besonders hoch ans Ufer treibt, verlassen diese Tiere zu Tausenden das Meer. Es ist ihre Paarungszeit. Wie krabbelnde Helme bewegen sie sich vorwärts. Zwei durchsichtige Ausstülpungen in der Panzerwand schützen die weit auseinander liegenden Facettenaugen. Sie haben den Krebsen, die eigentlich keine Krebse, sondern Spinnentiere sind, den wissenschaftlichen Namen «Limulus» eingetragen. Das klingt zwar irgendwie vornehm nach einem römischen Kaiser, aber bedeutet schlicht «der Schielende». – Die schielenden Panzerwesen also unternehmen jedes Jahr vor der nordamerikanischen Küste eine Invasion an Land. Meistens im Tandem, denn die Männchen haken sich mit speziellen Zangen bei den Weibchen ein, um im entscheidenden Augenblick an der richtigen Stelle zu sein. Die richtige Stelle ist eine Mulde, die das Weibchen ausbaggert. Und der entscheidende Augenblick ist gekommen, wenn ein paar tausend kaviargroße Eier in die Mulde purzeln. Dann muss das Männchen seine Spermawolke dazugeben.

Zwei Wochen lang brauchen die Eier strenge Ruhe im Sandbett. Dann darf der Limulus-Nachwuchs, schon mit Mini-Panzer versehen, nach draußen schlüpfen und ins Meer krabbeln. Aber die Chance dazu ist minimal; denn schon während des Paarungsfestes beginnt das Festmahl – für alle Arten von Vögeln. Vom kleinen Strandläufer bis zum Reiher. Dicht an dicht stecken sie ihre Schnäbel wie Spürsonden in den Sand und stochern um die Wette nach den Limulus-Gelegen.

Die Flugsaurier von Solnhofen gehen nicht anders vor. Sie scheinen dasselbe Ziel vor Augen zu haben: auch noch das letzte aller Limulus-Eier aufzustöbern. Ohne das langfristige Ergebnis zu kennen, müsste man die Pfeilschwanzkrebse fast bedauern: Nahezu das gesamte Resultat ihrer Fortpflanzungsbemühungen landet in hungrigen Sauriermägen. Aber ihr Überlebenserfolg ist phänomenal. Er mutet an wie ein Wunder.

Die Vorfahren der Pfeilschwanzkrebse krabbelten schon im Hunsrückmeer und an den Küsten Laurussias. Sie waren schon da, als die Reptilien das Landei erfanden. Sie überlebten die gefräßigen Flugsaurier, und sie kommen mit den Vögeln zurecht. Vermutlich werden sie auch uns überdauern. Bis heute kennt niemand das Geheimnis ihres Erfolgs.

Der Motor der Kontinente

Bei unserer Begeisterung für Flugsaurier und den ausdauernden Limulus haben wir stillschweigend hingenommen, dass es im Süden Deutschlands wieder eine Meeresküste mit Inseln und Lagunen gibt. Etwa auf der Höhe der heutigen Donau hat sich ein neuer Ozean aufgetan, das Tethys-Meer*. Es kündet von der Auflösung Pangäas. Tatsächlich zeigt der Superkontinent, kaum dass er entstanden ist, schon wieder erste Zerfallserscheinungen. Und wie immer in solchen kritischen Situationen nehmen wir eine Position in Satellitenhöhe ein und verfolgen von dort den neuen Aufbruch der Kontinente.

Aus guten Gründen haben wir dieses Mal einen Wissenschaftler aus der Vergangenheit mit an Bord genommen. Ich bin sicher, dass er den Ausblick auf die Erde genießen wird; denn er ist gewissermaßen der Vater Pangäas; vor einem knappen Jahrhundert hat er den Superkontinent entdeckt. Hinzu kommt, dass er selbst leidenschaftlicher Ballonfahrer war. Willkommen an Bord, Alfred Wegener! Doch der einstige Grönlandforscher, Meteorologe und Geologe ist kaum mehr ansprechbar; zu sehr nimmt ihn der Anblick der Erde gefangen. Was er sein Leben lang behauptet und verfochten hat – dort unten sieht er es bestätigt: Pangäa, die «ganze Erde», liegt ihm zu Füßen. Hätte er damals dieses Bild vorlegen können – damals auf der Jahresversammlung der Deutschen Geologischen Gesellschaft...

* Das Tethys-Meer, oft auch nur als die Tethys bezeichnet, trägt seinen Namen nach der Gattin des griechischen Schöpfergottes Okeanos.

Im Jahre 1912 trug Alfred Wegener zum ersten Mal seine neue Theorie der Kontinentalverschiebung vor. Seine Fachkollegen waren ins Senckenberg-Museum nach Frankfurt gekommen – und jetzt glaubten sie, nicht recht zu hören. Wegener verwies auf die markanten Küstenlinien von Afrika und Südamerika, und er setzte sie wie zwei Puzzlestücke zusammen. Auch die anderen Landmassen konnte er ziemlich passgenau hinzufügen – bis sie eine zusammenhängende Landmasse formten, die er Pangäa taufte. So habe die Welt einmal ausgesehen, lautete Wegeners Fazit, bevor sich die Kontinente in ihre heutige Position verschoben hätten.

Die Zuhörer waren allesamt entsetzt von Wegeners Theorie. Und man kann es ihnen nicht einmal verdenken. Da verschiebt einer riesige Landmassen wie Bauklötzchen. Lässt Ozeane entstehen und verschwinden. Und ganze Kontinente sollen durch den Meeresboden pflügen. Die Idee von Pangäa wurde auf der ganzen Linie verrissen: Ihre Kontinentalverschiebungstheorie, lieber Herr Wegener, hat mit seriöser Wissenschaft nichts zu tun. – Irritierend war nur, dass Wegener ein ganzes Paket von Beweismaterialien für die Existenz Pangäas beibringen konnte:

Gebirgsformationen hören an der afrikanischen Küste auf und setzen sich passgenau in Südamerika fort. Gletscherspuren im Gestein werden plötzlich durchlaufend, wenn man die Kontinente zusammensetzt. Vor allem aber konnte Wegener die Fundorte von Tier- und Pflanzenfossilien ins Feld führen. Sein liebstes Beispiel war der Zungenfarn Glossopteris. Die versteinerten Blätter findet man in so unterschiedlichen Erdteilen wie Australien, Indien, Südafrika, der Antarktis und Südamerika. Das ist schwer zu erklären, aber wenn man die Kontinente nach Pangäa «zurückversetzt», dann stammen die Farnpflanzen alle aus einem zusammenhängenden Gebiet in Süd-Gondwana. Entsprechende Fälle kann Wegener aus der Tierwelt aufführen – bei der Meeresechse Mesosaurus zum Beispiel, deren Verbreitungsgebiet ebenfalls durch die Verschiebung der Kontinente auseinander gerissen wurde.

Die Fundorte von Zungenfarn-Fossilien (dunkel eingefärbt) waren einer der Belege Alfred Wegeners für seine Kontinentalverschiebungstheorie.

Kein Zweifel, Alfred Wegeners Argumente waren stichhaltig; eine Verbindung zwischen den Erdteilen ließ sich nicht mehr bestreiten. Aber soll man deshalb gleich an die Ungeheuerlichkeit wandernder Kontinente glauben? Gibt es nicht Erklärungen, die weniger phantastisch sind? Wegeners Kollegen nahmen Zuflucht zu kurzfristigen Landbrücken, über die Wildwechsel geführt hätten. Oder zu treibenden Baumstämmen, die den Tier- und Pflanzentransport übernommen hätten. Dafür gab es zwar auch keine Belege, aber die Vorstellung wandernder Tiere war entschieden angenehmer als die wandernder Kontinente.

Die riesige Landmasse unter uns ist in Bewegung geraten. Gleich in mehreren Regionen Pangäas bilden sich Gräben und Risse. Gondwana schwenkt wieder nach Süden und öffnet einen Keil, in den das Tethys-Meer strömt – und dabei auch an Süddeutschlands Küsten mitsamt der Solnhofener Lagune brandet. Der große Block Eurasien bleibt zwar stabil (was ihm bekanntlich bis heute gelingt), aber Nordamerika macht Ansätze, sich wieder von Europa zu trennen. Die auffälligste Spaltung jedoch zieht sich mitten durch den uralten Gondwana-Kontinent: Südamerika löst sich von Afrika. Zunächst öffnet sich nur ein schmaler, geschwungener Meeresgraben. Aber er weitet sich jedes Jahr um ein paar Zentimeter. Der Atlantik entsteht – und wächst bis heute.

Alfred Wegener ist fasziniert vom Zerfall Pangäas. Er macht sich Skizzen und Notizen. Aber die entscheidende Frage bleibt: Wer oder was zerrt Afrika und Südamerika auseinander? Hätte er die Antriebskräfte nennen können, wären ihm seine Fachkollegen bestimmt eher gefolgt. Aber damals konnte er nur die Fliehkräfte der rotierenden Erde anführen, und die waren nachweislich zu schwach. In diesem Punkt hat er sich zweifellos geirrt – für die meisten Geologen ein nur zu willkommener Anlass, seine gesamte Theorie in Bausch und Bogen zu verdammen.

Ein halbes Jahrhundert nach Alfred Wegeners Vortrag wurde seine Grundidee glänzend bestätigt – dank neuer Forschungsergebnisse aus der Tiefsee. Und heute hat sie als «Plattentektonik» einen festen Platz im Schulunterricht. «Tekton» bezeichnet im Griechischen einen Bauhandwerker, und die Platten meinen tatsächlich Gesteinsplatten – allerdings sind diese riesig, noch größer als die Kontinente, und haben eine Dicke von rund 100 Kilometern. Diese Platten liegen – zwar nicht fugenlos, aber doch passgenau – aneinander und bauen die äußere Gesteinsschicht der Erde auf, die Lithosphäre (lithos = Stein). Insgesamt gliedert sich die Lithosphäre heute in zehn große und eine ganze Reihe kleiner Platten, und alle können sie auf dem heißen Untergrund des Erdmantels gleiten. Die beweglichen Elemente der Erdoberfläche sind also nicht die Kontinente selbst, wie es bislang den Anschein hatte, sondern die einzelnen Platten der Lithosphäre, auf denen die Kontinente als dicke Gesteinspakete lagern. Auf den ersten Blick scheint das die ganze Geschichte noch schwieriger zu machen; denn wie sollen sich die Platten gegeneinander verschieben, wenn sie dicht an dicht die gesamte Erdoberfläche bedecken?

An diesem Punkt kommen die Fugen zwischen den Platten ins Spiel. Längs dieser Trennlinien steigt glutflüssiges Gestein, so genanntes Magma, aus dem Erdinneren nach oben und treibt die angrenzenden Platten mitsamt den aufliegenden Kontinenten auseinander. Langsam, aber unaufhaltsam. Das ist der lang gesuchte, geheimnisvolle Antrieb, der die Landmassen in Bewegung setzt. Der Fugenspalt vergrößert sich dabei ständig und füllt sich mit erkaltetem Gestein aus der Tiefe der Erde.

Auch die Platten, auf denen Afrika und Südamerika liegen, werden durch einen derartigen Magma-Motor auseinander geschoben. Hier verläuft der Fugenriss mit hochquellendem Magma auf dem Kamm des Atlantischen Rückens, der sich als Unterwassergebirge durch den gesamten Atlantik zieht. Längs dieser Trennlinie entstand tatsächlich einmal der Bruch durch Pangäa und der erste trennende Meeresgraben zwischen Afrika und Südamerika. Seitdem hat sich dieser erste Fugenspalt vergrößert und ist bis auf Atlantikbreite angewachsen. Der Meeresboden des Atlantischen Ozeans besteht also aus erkaltetem Magma, das zwischen die auseinander rückenden Platten gequollen ist, und bis heute wächst er auf diese Weise jedes Jahr um ein paar Zentimeter. Afrika und Südamerika rücken auseinander, aber keiner der Kontinente muss dabei – wie Wegeners Kollegen kritisierten – «durch den Meeresboden pflügen»; sie bleiben fest auf ihrem Plattenuntergrund verankert – und bewegen sich dennoch über den Globus.

Das Prinzip der Plattentektonik funktioniert natürlich nur, wenn es für das Wachstum des Meeresbodens anderswo einen Ausgleich gibt – einen Ort, wo Meeresboden wieder verschwindet. Tatsächlich haben die Magma fördernden Plattenfugen ihr Gegenstück, wo sich die Plattenränder untereinander schieben und wieder ins Erdinnere abtauchen. Das geschieht zum Beispiel in den Tiefseegräben vor der Küste Japans oder der Anden-Staaten in Südamerika. Nicht von ungefähr gibt es in diesen Ländern immer wieder Erdbeben und Vulkanausbrüche. Das Schicksal der Platten ist von dem ihrer Bewohner nicht zu trennen.

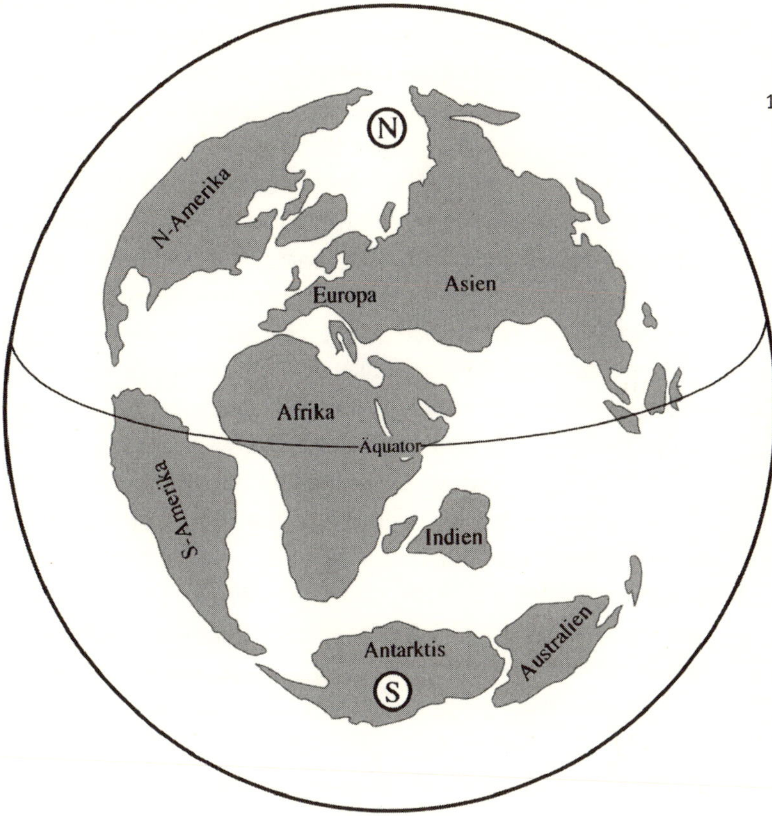

Der Superkontinent Pangäa zerfällt; die heutigen Kontinente entstehen.

Im Jura-Meer

Jetzt, nachdem wir wissen, welche Kräfte Pangäas Teile auseinander getrieben und das Tethys-Meer bis nach Süddeutschland ausgedehnt haben, müssen wir unbedingt nochmals zurück in den Jurassic Park dieser Gegend. Vor allem die berühmte Unterwasserabteilung mit ihren schwimmenden Echsen ist eine Sensation. Fahren wir also in das Gebiet von Holzmaden auf der Schwäbischen Alb, wo ein ruhiger Tethys-Ausläufer, der sich manchmal sogar zum Binnenmeer abschnürt, ideale Beobachtungsmöglichkeiten bietet. Als pflichtbewusste, interessierte Besucher sollten wir eigentlich zuerst einen Abstecher in die Gegenwart unternehmen. Im Holzmadener Hauff-Museum könnten wir alle möglichen Hintergrundinformationen über die Echsen einholen. Wir könnten an den riesigen, weltberühmten Fossil-Platten vorbeischlendern. Und natürlich würden wir die einmalige Stufenlandschaft aus glänzendem Schiefer bewundern. Sie füllt die große Museumshalle und zeigt die Lage der Fossilien in den verschiedenen Schichten und Zeitabschnitten: Die Schaustücke von den Wänden und Vitrinen sind zurückversetzt in ihre Steingräber, in denen sie die Jahrmillionen überdauerten. Ja, ein Besuch würde sich lohnen. Aber das Jura-Meer ist so nah und so verlockend – wir verschieben den Museumsbesuch und fahren lieber gleich zum Strand.

Die Entscheidung war richtig. Denn wir kommen gerade noch rechtzeitig, um ein Prunkstück des Jura-Meeres zu sehen. Eine gewaltige, über 3 Meter lange Paddelechse läuft über den Sand – zurück ins Wasser. Aber was heißt da «läuft»? Sie robbt und kriecht und windet den massigen Körper über den Untergrund. Mühsam und unbeholfen. Der lange Reptilienschwanz peitscht im Takt der Körperbewegungen, und der nicht weniger lange Hals schwingt bei jedem Schritt, als wollte er nachhelfen. Das Problem der Echse sind die Beine. Sie hat nämlich keine. Ihr Körper ist rund und bauchig wie eine Tonne, und an den Seiten sitzen vier mächtige Paddel.

Wie soll man damit anständig laufen? Aber die gleiche Frage könnte man auch anderen Reptilien stellen – zum Beispiel den großen Meeresschildkröten, die sich mit ihren Flossenfüßen jedes Jahr den Strand hochquälen.

Paddelechse Plesiosaurus

Sie machen es bekanntlich, um ihre Eier abzulegen, die sich nur an Land entwickeln können. Die bahnbrechende Erfindung des Reptilieneis gerät für sie zum anstrengenden Nachteil.

Wer als Landtier zum Wasserleben übergeht, sitzt meistens in der Zwickmühle zwischen der Fortbewegung im Wasser und der Fortpflanzung an Land. Als vernünftiger – das heißt: überlebensfähiger – Kompromiss bieten sich Flossen an, die gerade noch landtauglich sind. Diese Sowohl-als-auch-Lösung nutzen unter den Säugetieren bekanntlich die Robben; unter den Vögeln die Pinguine; unter den Reptilien die Meeresschildkröten – und unsere Paddelechse. Auch sie gehört zu den Reptilien, die ins Wasser zurückgewandert sind. Und wer weiß, vielleicht hat sie irgendwo in der Nähe ihre Eier vergraben; dafür wiederum sind Flossenschaufeln gar nicht so schlecht. (Ich erinnere mich mit knirschenden Zähnen an eine Strandnacht in Australien, als eine Schildkröte meinen Lagerplatz zu ihrem Legeplatz erkor: Ich wagte nicht, mich zu rühren – und wurde mit Kaskaden von Sandfontänen überschüttet.)

Plesiosaurus, so heißt unsere Echse, hat es fast geschafft. Ihr Strandbesuch ist zu Ende – und auch ihre Kraft. Unmittelbar vor der Brandung hält sie nochmals an, als müsste sie sich auf den letzten Schritt konzentrieren. Selbst Hals und Kopf verharren wie eingefroren. Ein, zwei Minuten geschieht nichts. Dann plötzlich erhöhte Schlagzahl aller Paddel. Der Bauch mit seinen extra verstärkten Rippen rutscht über die nassen Steine durch die Wellen. Plesiosaurus ist in seinem Element – und alle Schwerfälligkeit fällt von ihm ab. Elegant und zügig taucht er in die blaugrüne Tiefe; der letzte Gruß ist ein Schwanzschlag auf das Wasser.

Paddelechsen beim Schwimmen zu beobachten ist ein besonderes Vergnügen – auch wenn sich etwas Wehmut dazumischt. Der Schwimmstil mit vier großflächigen, abstehenden Paddeln ist einmalig. Kraftvoll und wendig wie ein Vierradantrieb. Dazu der lange Schwanz als Ruder und der bewegliche Hals, der den Kopf blitzschnell in jede Position bringen kann. Paddelechsen sind nicht die schnellsten Unterwasserkonstruktionen, aber sie verkörpern eine geniale und erfolgreiche Alternative zur Spindelform der Fische. Schade – und hier kommt die Wehmut ins Spiel –, dass mit den Sauriern auch diese Fortbewegungsart gänzlich ausgestorben ist. Die Säugetiere haben nichts Vergleichbares zustande gebracht. Ein Grund mehr, unsere Zeit im Jura-Meer zu genießen.

Wie Wagenräder schweben die gewundenen Gehäuse der Ammoniten im Wasser. Ein Schwarm lang gestreckter Tintenfische zieht vorüber; ihre Arme sind mit scharfen Fanghäkchen gespickt. Und natürlich gibt es Fische aller Art und Größe. Das Jura-Meer ist voller Leben. Jetzt tauchen in der Ferne sogar Delphine auf. Delphine? Natürlich ist das blanker Unsinn. Delphine wird es erst in 100 Millionen Jahren geben, wenn die Säugetiere ihrerseits den Schritt ins Wasser machen. Und doch sehen diese Tiere verblüffend nach Delphinen aus. Stromlinienförmiger Körper mit Rückenflosse; lang gezogene Schnauze; kräftige Schwanzflosse. Sogar die typischen Brustflossen fehlen nicht. Der Schwimmstil scheint zwar etwas anders, aber wie Delphine müssen sie zum Luftholen an die Oberfläche.

Es handelt sich um Ichthyosaurier, zu Deutsch: um Fischsaurier. Und die sind so etwas wie die Wappentiere des Jura-Meeres. Allerdings hat sich ihre Ausgestaltung im Laufe der Zeit mehrmals geändert: Bei den ersten Darstellungen fehlt die Rückenflosse; der Schwanz ist rund gezeichnet wie bei einer Eidechse, und er ist geradezu erbärmlich abgeknickt. Außerdem hielt man die Fischsaurier für Kannibalen, die kleine Artgenossen einfach hinunterwürgen. Den Anlass dazu gaben Ichthyosaurier-Fossilien, deren Inneres tatsächlich kleine und vollständige Skelette derselben Art enthielt. Und auch der Knick im Schwanz kommt nicht von ungefähr: Im Skelett der Fossilien ist er deutlich zu sehen.

Ein Glück für die Ichthyosaurier, dass sie sich nicht an die ersten Rekonstruktionen halten müssen, sonst könnten sie nie und nimmer die blitzschnelle Jagd auf Tintenfische ausführen, die sie jetzt begonnen haben. Einer nach dem anderen muss daran glauben, und jedes Opfer lässt eine dunkle Tintenwolke zurück, die sich langsam verteilt. Andere Spuren bleiben länger: Die kleinen Fanghäkchen der Tintenfische sind unverdaulich. Im Holzmadener Hauff-Museum liegen sie heute noch einem Fischsaurier im

Magen. Und im Raum nebenan präsentiert sich jenes weltberühmte Exemplar, das zum ersten Mal seine wirkliche Gestalt preisgab und damit das Rätsel um den Knickschwanz für immer aus der Welt schaffte: ein Fossil aus dem Jahre 1892, das der Schieferbruch-Besitzer Bernhard Hauff selbst freigelegt hat. Es zeigt nicht nur Knochen, sondern auch die Haut, die den Körper einschließlich der Flossen umhüllt. Ein sensationeller Fund – mit klärender Wirkung. Denn erstens enthüllt er eine große, stabilisierende Rückenflosse und zweitens eine kräftige, senkrecht stehende Schwanzflosse. Und der Knick? Die Wirbelsäule knickt ab, um den unteren Teil der Schwanzflosse zu versteifen; der obere Teil besteht nur aus Haut und Fleisch.

Ichthyosaurier sind allemal für Überraschungen gut. Auch die kleinen Skelette in ihrem Inneren mussten radikal umgedeutet werden: Sie sind keine verschluckten Opfer, sondern ungeborene Babys. Fischsaurier haben das Eierlegen aufgegeben; sie bringen ihre Jungen lebend im Wasser zur Welt – wie Delphine! Auch hier kommt der Beweis aus Holzmaden: Bei einem Muttertier stecken die Embryonen noch im Geburtskanal.

Fast könnte man glauben, die Delphine seien auf die alten Blaupausen der Ichthyosaurier gestoßen – so viele Parallelen gibt es. Aber dahinter steckt durchaus eine innere Logik. Beide machen den Kompromiss zwischen Land- und Wassertieren nicht mit, sondern schlagen sich ganz auf eine Seite: Sie passen sich an das Wasser an, legen sich die ideale Fischgestalt zu und werden zu perfekten Schwimmern – so perfekt, dass sie sich an Land nicht mehr fortbewegen können. Hätten sie als Ausweg nicht die Wassergeburt entwickelt, wären sie ausgestorben. Das trifft für die Ichthyosaurier im Jura zu wie für die Delphine von heute.

Bei so viel Ähnlichkeit ist es fast beruhigend, dass es doch einige Unterschiede gibt – ganz abgesehen davon, dass Fischsaurier ihre Jungen nicht säugen können. Der Schwimmstil zum Beispiel ist deutlich verschieden. Die waagerechte Flosse der Delphine schlägt auf und ab, und entsprechend schwingt der Rü-

Ichthyosaurus (oben) und Delphin: verblüffende Ähnlichkeit zwischen Saurier und Säuger

cken nach oben und unten. Fischsaurier dagegen haben eine senkrechte Schwanzflosse und schwimmen wie Fische. Reiner Zufall? Keineswegs. Hinter der kleinen Abweichung verbirgt sich der große Unterschied in der Herkunft. Delphine stammen von Säugetieren ab, die an Land galoppieren konnten. Aus der Rückenbewegung beim Galopp haben sie ihren Delphin-Stil abgeleitet. Die Ahnen der Ichthyosaurier hingegen bewegten sich schlängelnd in der Gangart der Eidechsen und hatten daraus ihren Schwimmstil zu entwickeln.

Ein weiterer, merkwürdiger Unterschied, den man auf den ersten Blick kaum bemerkt, war lange Zeit ein Rätsel. Delphine haben bekanntlich ihr Atemloch nach oben an die höchste Stelle des Kopfes verlegt, um das Luftholen zu vereinfachen. Eine sehr sinnvolle Anpassung an das Wasserleben. Warum aber haben die Ichthyosaurier nicht dasselbe gemacht? Alle anderen Anpassungsschritte – von der strömungsgünstigen Form mit stabilisierenden Rückenflossen bis zum Lebendgebären unter Wasser – haben sie mit Bravour gemeistert. Nur bei den Nasenlöchern ist Schluss. Die sitzen seitlich am Kopf, vor den Augen. Seltsam.

Anstatt uns weiter den Kopf zu zerbrechen, schauen wir einfach nach, wie die Ichthyosaurier selbst mit der «falschen» Position ihrer Nasenöffnungen fertig werden. Sie brauchen nur den Bruchteil einer Sekunde, um ihr Atemmanöver durchzuführen, und wir müssen schon genau hinsehen, um ihre Technik zu erkennen. Direkt unter der Wasseroberfläche legen sie sich auf die Seite, eines der Nasenlöcher bekommt Luft, und schon tauchen sie wieder ab.

Die Bewegung ist ihrem Schwimmstil angemessen: An der Oberfläche brauchen sie keinen «Buckel» zu machen wie Delphine, sondern krümmen ihren Körper seitlich nach Reptilienart. Dabei kommt automatisch ihre Schwanzflosse in eine waagerechte Lage und kann das Auf- und Abtauchen in idealer Weise steuern. Für Ichthyosaurier und ihren Schwimmstil sitzen die seitlichen Atemöffnungen goldrichtig. Auch hier hat die Natur die beste Lösung gefunden.

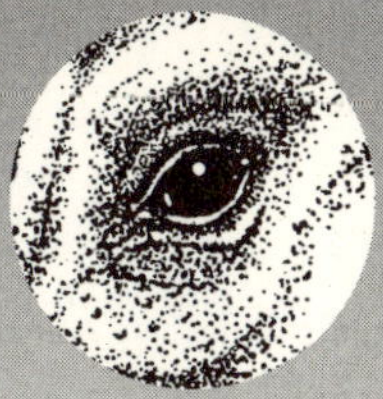

DIE BOMBE AUS DEM WELTALL

DINOS MIT FEDERN UND EIN ENDE MIT RÄTSELN

Die größten Sehenswürdigkeiten des Jurassic Park von Deutschland liegen zweifelsohne im Süden, und wie die meisten Besucher haben auch wir uns auf die Hauptattraktionen von Holzmaden und Solnhofen gestürzt.

Weit weniger bekannt sind die «Außenstellen» im Norden – zum Beispiel im Weser-Wiehengebirge. Das ist der nördlichste Höhenzug, bevor die Norddeutsche Tiefebene beginnt. Wir kennen die Gegend bereits, denn der Piesberg mit seinem Äquatorgestein ist ein Ausläufer dieser Berge.

Senkrecht an der Wand hoch

Die Wolken sind auf dem Rückzug, aber noch hängt ein feiner Nieselregen in der Luft. Die Felswand vor uns glänzt in dem milden und angenehmen Licht. Die Beobachtungsbedingungen sind optimal: Die mächtigen Fußabdrücke in der Wand wirken so plastisch, als wäre dort gerade erst jemand entlanggestapft. Und dieser Jemand muss gigantisch gewesen sein. Fußgröße: 63 Zentimeter. Drei mächtige stumpfe Zehen. Jeder Abdruck tief in den Boden gepresst. Die Spur eines gewaltigen, auf den Hinterbeinen laufenden Raubdinosauriers.

Ich bin mit Klaus-Peter Lanser, Paläontologe am Museum für Naturkunde in Münster, hierher gefahren, um die «Saurierspuren von Barkhausen» in Augenschein zu nehmen. Sie haben erst vor kurzem eine ganz neue Aktualität bekommen. Und Dr. Lanser ist wesentlich daran beteiligt.

Die dreizehigen Spuren führen in weit ausholenden Schritten senkrecht die Felswand hoch. Ein beunruhigender Eindruck. Auch wenn man sich klar macht, dass die Wand zur Jura-Zeit vor 150 Millionen Jahren ebenerdiger Schlammboden war. Viel später erst, bei der Bildung des Wiehengebirges, hat er sich aufgerichtet – zur heutigen Kinoleinwand aus Stein. Wir sehen zwar nur ein Standbild aus dem Action-Thriller, der sich hier einst abgespielt haben mag, aber es reicht aus, um Megalosauropus teutonicus* heraufzubeschwören. Ein Raubdinosaurier (Typ: T-Rex) von 1 bis 2 Tonnen Gewicht und einer Furcht erregenden Höhe von 4 Metern. Was hat ihn hierher geführt? War er auf der Jagd? Wen hat er verfolgt? Tatsächlich gibt es weitere Spuren. Sie sehen ganz anders aus – wie die Abdrücke von Elefantenfüßen. Und sie stammen auch von Elefantenfußsauriern – von so genannten Sauropoden mit langen Hälsen und Schwänzen und massigen Körpern (Typ: Brontosaurier). Friedliche Pflanzenfresser auf der Flucht vor dem gierigen Raubtier? – Wohl kaum. So kann der Action-Film nicht laufen, denn die Sauropoden-Spuren führen in die ent-

* So wurde der Verursacher der Spur genannt, die aber von jedem Raubdinosaurier dieser Größe stammen könnte.

gegengesetzten Richtung – wandabwärts. Vielleicht haben wir nur einen jurassischen Wildwechsel vor uns, den verschiedene Tiere zu verschiedenen Zeiten benutzt haben. Vielleicht. Aber wer die schaurige Dramatik bevorzugt, kann sich blutrünstige Szenen ausmalen – die sich «außerhalb des Bildes» abgespielt haben. Teutonicus könnte durchaus schon zugeschlagen und unter den Sauropoden gewütet haben, bevor er – voll gefressen und mit schwerem Gang – in der Richtung weiterzieht, aus der seine Opfer gekommen waren. Spuren haben den schönen Vorteil,

So könnte Megalosauropus teutonicus ausgesehen haben.

dass man viel in sie hineinlegen kann. Und bis vor kurzem gab es nichts außer diesen Spuren – die zugehörigen Raubdinosaurier schienen außer ihren Tritten auf deutschem Boden wenig hinterlassen zu haben. Bis zu Klaus-Peter Lansers Funden.

Nicht weit entfernt von Barkhausen, im östlichen Teil des Weser-Wiehengebirges, führt das Naturkundemuseum

Münster Grabungen durch. Es ist ein spektakulärer Ort – ein extremer Steilhang, der die letzte Stufe hinunter in die Norddeutsche Tiefebene bildet. Von oben scheint der Blick unbegrenzt, und man glaubt, weit in der Ferne das Meer sehen zu können. Hier, an dieser exponierten Stelle, lässt sich nur angeseilt und gesichert arbeiten. Aber es zahlt sich aus: Auf halber Höhe des Hangs stößt das Grabungsteam auf den gewaltigen Unterkiefer eines Raubdinosauriers. Der längste Zahn misst 18 Zentimeter – Bananengröße. Und sogar der Zahnwechsel im Rachen, die Spezialität der Dinosaurier, ist zu beobachten: Der neue Zahn sitzt bereits in Warteposition, um seinen Vorgänger hinauszuwerfen. Vom restlichen Körper ist nur eine Rippe erhalten – die allerdings komplett, und sie verrät die Größe des Tiers. Fast 5 Meter hoch, schätzt Lanser; mit 13 Metern Länge von Kopf bis Schwanz. Das kann sich sehen lassen. Und man kann diesen Kerl tatsächlich sehen. Im Museum in Münster steht drohend und hoch aufgerichtet sein Gerippe – oder, um ehrlich zu sein, das Gerippe eines ganz ähnlichen Typs aus Amerika.

Ist damit der «Räuber von Barkhausen» gefunden? Könnte er seine dreizehigen Tritte hinterlassen haben? Nicht ganz. Räumlich war er zwar in unmittelbarer Nähe, aber zeitlich war er recht weit entfernt. Die Fossilien sind 10 Millionen Jahre älter. «Macht nichts», sagt Klaus-Peter Lanser schmunzelnd, «vielleicht stammen die Spuren von seinen Kindeskindern.»

Auch die «Elefantentritte» von Barkhausen füllen sich zusehends mit Leben. Die Spuren führen gewissermaßen in den Harz, in die Nähe von Goslar. Völlig überraschend für die Paläontologenzunft war hier ein privater Fossiliensammler auf versteinerte Dinosaurierknochen gestoßen. Der Fund löste Begeisterung und weitere Suchaktionen aus. Insbesondere der Dinosaurierpark Münchehagen bei Hannover förderte die Grabungsarbeiten, und bis heute wurden über 8000 Knochen von verschiedenen Tieren geborgen – darunter Flugsaurier und Zwergkrokodile. Die Stars aber sind zweifellos die Sauropoden. Sie lebten zur selben Zeit, als die Spuren in Barkhausen entstanden, und ihre Füße passen wie ausgegossen.

Schon jetzt steht fest, dass damals eine ganze Herde von Sauropoden in der Nähe der Küste vorbeizog – das Jura-Meer hatte einen Ausläufer weit nach Norden geschickt. Alle Altersstufen waren bunt gemischt: Jungtiere, nicht größer als Kälber, und ausgewachsene Tiere von 10 bis 12 Metern Länge. Es könnte sich sogar um eine neue, noch unbekannte Sauropoden-Art handeln. Jedenfalls ist die Nasenregion merkwürdig aufgebläht. «Vielleicht diente sie zur Entsalzung», meint Raymund Windolf, der wissenschaftliche Berater des Dinosaurierparks, «die Tiere lebten schließlich im Meerwasserbereich.» Aber er fügt gleich hinzu, dass das eine wilde Spekulation sei.

Genauso unbestimmt und rätselhaft ist die Todesursache der Tiere. Was könnte eine ganze Dino-Herde auslöschen? Eine Flutwelle ist am wahrscheinlichsten, aber jeden Tag tauchen unerwartete Funde auf – und vielleicht auch unerwartete Antworten.

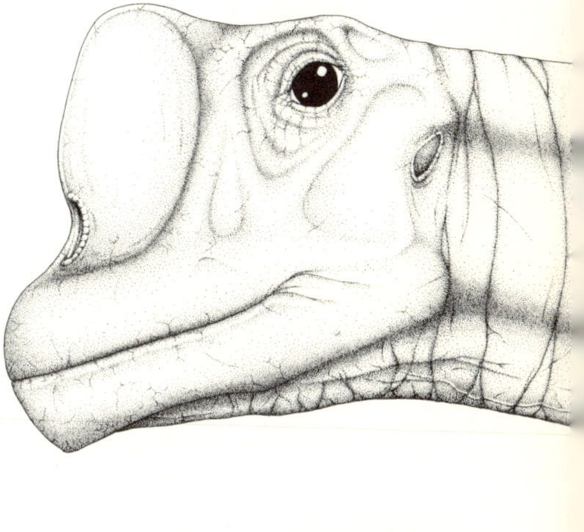

Neu entdeckter Sauropode aus dem Harz

Raymund Windolf ist jetzt schon euphorisch: Wir haben das «Solnhofen des Nordens» gefunden. – Für uns ist das ein Stichwort, um nochmals in das echte Solnhofen zurückzukehren, denn in der Lagune sind merkwürdige und einmalige Tiere aufgetaucht, die wie selten zuvor Verwunderung, Jubel und Streit ausgelöst haben. Ihr Name ist «Alte Feder».

Dinosaurier gehen in die Luft

Angefangen hat es mit einer einfachen Feder. Im Jahre 1860 wurde ihr Abdruck in einer Solnhofener Platte gefunden. Sie war wunderbar erhalten, sah aus wie eine moderne Vogelfeder, und so nannte man sie – wie sonst? – Archaeopteryx, die alte Feder. Schon ein Jahr später stießen die Steinbrucharbeiter auf ein vogelähnliches Wesen, zu dem die Feder passte. Man behielt den Namen bei: Der berühmte Solnhofener Urvogel hieß fortan Archaeopteryx.

Kaum ein Fossil hat so viel Geschichte geschrieben. Und diese Geschichte hat in den letzten Jahren sogar einen spannenden Anhang bekommen, als plötzlich die chinesische Verwandtschaft des Urvogels auftauchte und für Furore sorgte.

Ich muss gestehen, dass es mir mit Archaeopteryx geht wie mit Mona Lisa und Albert Einsteins herausgestreckter Zunge: Ich habe die Bilder zu oft gesehen, um noch gefesselt oder begeistert zu sein. Ein billiger Gipsabdruck von Archaeopteryx – das Geschenk eines Freundes (der hoffentlich nie dieses Buch liest) – zierte sogar jahrelang mein Arbeitszimmer: eine armselige Gestalt, dieser Urvogel, wie er da mit verrenktem Hals und gebrochenen Gliedern in den Steinen hing. Irgendwann habe ich ihn weiterverschenkt. Aber wenn man dann im Eichstätter Juramuseum vor dem Original steht, das wie eine Reliquie bläulich beleuchtet und unter einem Glasdom ruht, dann wird man doch wieder gepackt.

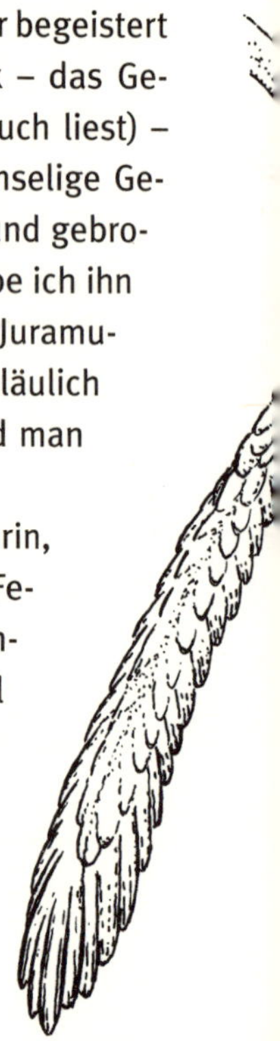

Die Bedeutung des Urvogels liegt, kurz gesagt, darin, dass er halb Vogel, halb Reptil ist. Er hat Flügel mit Federn und auch einen befiederten Schwanz, aber gleichzeitig Reptilienmerkmale wie Zähne, Schwanzwirbel und sogar noch Krallen an der Flügelfingern.

Heutzutage ist das vielleicht nicht so aufregend, aber bei seiner Entdeckung war es eine echte Weltsensation. Denn zwei Jahre zuvor hatte Charles

Darwin in seinem Buch «Der Ursprung der Arten» die Evolution, also die Entwicklungsgeschichte der Lebewesen, beschrieben. Die Vögel zum Beispiel, behauptete er, hätten sich aus den Reptilien entwickelt. Für viele Zeitgenossen war das nicht nur ketzerisch, weil es dem biblischen Schöpfungsbericht widersprach, sondern schlicht unvorstellbar. Dann müsse es ja auch Übergangsformen geben, wandten sie ein. Und genau das bot der Solnhofener Fund: eine Zwischenform vom Reptil zum Vogel – einen Beleg für die Evolutionstheorie. Es sollte nicht der einzige bleiben: Häuptling «Alte Feder» bekam den Mitstreiter «Zarte Kinnbacke».

Ich denke, es ist Zeit, uns diese beiden Helden an einem denkwürdigen Sommertag im Jura anzusehen. Unser Pilot beeilt sich mit der Landung. «Es sieht nach einem Unwetter aus», meint er, während er am Ufer der Solnhofener Lagune niedergeht, und der Ballon müsse in Sicherheit gebracht werden.

Urvogel Archaeopteryx

Halbhohes Buschwerk, niedere Sträucher, dazwischen ein paar vereinzelte Araukarien und Ginkgobäume. Ein Bach kommt träge aus dem Hinterland und schiebt seine braune Schlammzunge in die See. Aber noch mehr als die Landschaft interessieren uns die beiden zierlichen Urvögel, die, völlig in ihr Balzspiel vertieft, auf einem Araukarienast hin und her hüpfen. Sie schlagen dabei aufgeregt mit ihren schütteren Flügeln, während der lange Federschwanz wippend für das Gleichgewicht sorgt. Ihre Köpfe tragen Reptilienschuppen und erinnern tatsächlich an die von Eidechsen.

Die beiden scheinen nur noch Augen zu haben für die Reize des Partners und bemerken weder uns noch die riesige Gewitterwolke, die den Himmel jetzt zunehmend verdunkelt. Erste Windböen kommen auf, und draußen auf dem Wasser legen sich die Wellen Schaumkronen zu.

Zwischen den Büschen in der Bodensenke zu unseren Füßen bewegt sich etwas... kaum zu glauben: ein Raubdinosaurier. Kräftige Füße mit drei Zehen, wie wir sie schon kennen. Kurze Arme mit scharfen Krallen. Der typische Raubtierschwanz der Dinosaurier. Und, nicht zu übersehen: spitze Zahnreihen im Echsenschädel. Aber keine Angst, der ganze Kerl ist gerade mal hühnergroß. Und wenn er rennt, erinnern seine Bewegungen wirklich an ein Huhn oder einen anderen Vogel auf der Flucht: Kopf vorangestreckt, Schwanz waagerecht nach hinten, rasant trippelnde Beine. Richtig niedlich sieht er aus. Es ist Compsognathus – wörtlich übersetzt: zarte Kinnbacke. Der kleinste Raubsaurier, den man kennt.

Dieser Rekord stand allerdings von Anbeginn an in Gefahr, gebrochen zu werden. Schon 1861, im Jahr des Archaeopteryx-Fundes, war man auf winzige Dreizeher-Spuren gestoßen – offenbar stammten sie von einem Miniatur-Saurier im Spatzenformat. Nur die Gangart war schwierig zu deuten. Eine der vielen Theorien ging davon aus, dass der Winzling seine Vorderbeine wie Krücken benutzt und die Hinterbeine durchgeschwungen habe. Phantastische Erklärungen gibt es immer und für alles. Das entsprechende Tier hat man allerdings nie gefunden. Kein Wunder, denn die Wissenschaftler waren buchstäblich auf der falschen Fährte. Wenn man die Spur in der anderen Richtung liest, wird sie zur Spur eines jungen Limulus. 80 Jahre lang hat der Pfeilschwanzkrebs die

Wissenschaft genarrt. Dann war Compsognathus wieder der Kleinste.

Der Bach hat seine Trägheit aufgegeben und ist bedrohlich angeschwollen; im Hinterland müssen starke Schauer niedergegangen sein. Auch der Wind hat kräftig aufgefrischt. Es kann nur noch Minuten dauern, bis das tropische Unwetter losbricht.

Doch Kinnbacke lässt sich nicht stören. Er hat gerade eine Eidechse entdeckt und versucht, sie mit hartnäckiger Ausdauer unter einem Stein hervorzuscharren. Schließlich erwischt er sie mit den Beinkrallen. Alles Zappeln hilft nichts mehr; sie verschwindet zwischen den gar nicht so zarten Kinnbacken. Aber Compsognathus hätte nicht nur ans Fressen denken sollen... die Eidechse wird zu seiner Henkersmahlzeit.

Eine gewaltige Flutwelle donnert an Land. Stürzt sich schäumend in alle Gräben und Senken. Und zerrt mit sich, was sie kriegen kann. Auch Compsognathus gehört zu den Opfern. Er wird in den mittlerweile reißenden Bach gespült und hat keine Chance, sich über Wasser zu halten. Ertrinkend treibt er hinaus in die aufgewühlte Lagune.

Niemand hat gesehen, wie es passiert ist. Aber der lange Schwanz und der nasse Federbalg lassen keinen Zweifel zu: Auch einer der Urvögel gehört zu den Opfern. Alte Feder versinkt in den Fluten.

Als man 150 Millionen Jahre später das Compsognathus-Fossil untersuchte, war die kleine Eidechse in seinem Magen noch so gut erhalten, dass man sogar ihre Art bestimmen konnte. Und ein weiterer Punkt unserer Beobachtungen wurde bestätigt: die Vogelähnlichkeit. Der Knochenbau des zierlichen Dinosauriers erinnerte die Experten verblüffend an den eines Vogels.

Compsognathus und Archaeopteryx waren beide wie geschaffen, um Darwins Evolutionstheorie zu stützen: Es gab einen Vogel mit vielen Reptilieneigenschaften und ein Reptil mit vielen Vogeleigenschaften. Solnhofen sei Dank. Was will man mehr?

Aber da blieb eine beunruhigende Tatsache: Es gab keinerlei

Vorläufer für die Federn. Bei Archaeopteryx tauchen sie zum ersten Mal auf – gleichsam aus dem Nichts – und sind schon perfekt. Eigentlich ein Ding der Unmöglichkeit, wenn man sich vor Augen hält, wie hochkompliziert eine Vogelfeder aufgebaut ist. (Ein bekannter Wissenschaftler hat denn auch behauptet, die Federn des Urvogels seien eine Fälschung; man habe sie später einem Compsognathus-Fossil eingeritzt. Ein Aufschrei ging damals, vor etwa 20 Jahren, durch die Paläontologenzunft, und die Echtheit von Archaeopteryx samt Federn wurde zweifelsfrei nachgewiesen.)

Vor wenigen Jahren hat sich das Feder-Rätsel gelöst. In China stieß man auf eine phantastische Fundstelle mit Urvögeln und kleinen Raubdinosauriern. Darunter einer, der wie ein Doppelgänger von Compsognathus aussieht – bis hin zu der Tatsache, dass er ebenfalls eine Eidechse gefressen hatte. Aber – und das ist der entscheidende Unterschied – der chinesische Dino* trägt ein Faserkleid. Noch keine richtigen Federn zwar, aber vielleicht der erste Schritt in diese Richtung. Weitere, noch aufregendere Fossilien tauchten auf. Die chinesische Fundstelle erwies sich geradezu als Lehrpfad über den Weg zur Feder – oder: den Anlauf zum Fliegen. Alle Zwischenstufen vom fast nackten Dino über spärlich befiederte bis hin zu solchen mit noch unvollkommenen Federn tauchten auf. Fliegen konnten sie alle nicht, aber sie rannten flügelschlagend über den Boden und jagten nach Beute. Ihre Sprünge wurden weiter und höher und höher. Bis eine dieser Arten den nächsten Baum erreichen konnte. Diesen Weg zum Fliegen scheint Archaeopteryx genommen zu haben.

Die Vögel also stammen direkt von rennenden Dinosauriern ab. Im Grunde genommen s i n d sie Dinosaurier. Die einzigen, die überlebt haben. Wie die Raubdino-

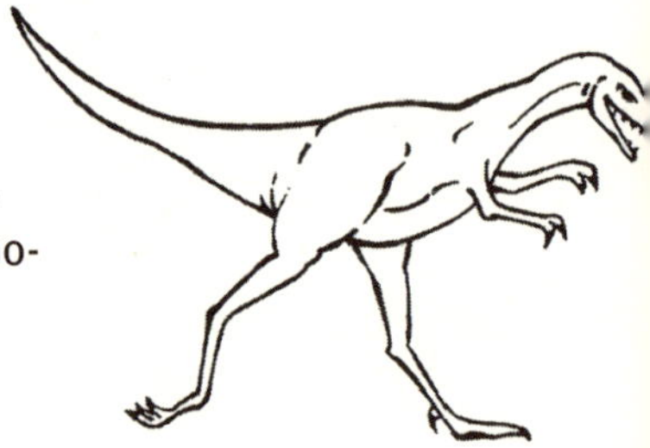

* Er heißt Sinosauropteryx.

saurier aus dem Jura haben die Vögel meist drei nach vorn gerichtete Zehen, tragen Schuppen (wenn auch nur an den Beinen) und legen Eier. Wie schön, dass es heute noch Dinosaurier gibt. Als Amsel, Drossel, Fink und Star. Oder als Brathendl.

Im ausgehenden Jura allerdings hatten die Vögel nicht viel zu bestellen gegen die übermächtigen Flugsaurier. Erst nach und nach machten sie Boden gut. Und später, im Zeitalter der Kreide, wurde das robustere «Federvieh» zur ernsthaften Konkurrenz. Schwanz und Flügel erhielten eine bessere Aerodynamik. Und das Federkleid konnte sogar gewechselt und repariert werden. Als Antwort beschritten die Flugsaurier einen Weg, auf dem ihnen die Vögel nicht folgen konnten: Sie nutzten ihre ultraleichte Bauart und entwickelten Riesenformen. Den Rekord hält Quetzalcoatlus (nach dem schaurigen Azteken-Gott Quetzalcoatl). Er ist das größte Lebewesen, das sich jemals in die Luft erhob – mit der unglaublichen Flügelspannweite von zwölf Metern. Bei einem Gewicht von etwa 86 Kilo. Dagegen wirkt der heutige Rekordhalter unter den Vögeln fast mickrig. Der Wanderalbatros bringt es von Flügelspitze zu Flügelspitze gerade mal auf 3,5 Meter.

Das Ende der Giganten

Seltsamerweise entstand im Zeitalter der Kreide (vor 140 bis 65 Millionen Jahren) auch bei anderen Tieren der Hang zum Gigantismus.

Die Ammoniten, die Kopffüßer mit Spiralgehäuse, brachten es auf 1,80 Meter Durchmesser. Über Tyrannosaurus mit seinem gewaltigen Schädel von einem Meter Länge wollen wir gar nicht reden, und auch die überdimensionalen, Pflanzen fressenden Sauropoden sind sattsam bekannt: Brachiosaurus war so lang wie ein Tennisplatz und wog 75 Tonnen. Supersaurus und Ultrasaurus werden, wenn sie endgültig rekonstruiert sind, noch größer ausfallen.

Es scheint fast so, als hätte die Natur es nochmals auf die Spitze getrieben, bevor der große Zusammenbruch kam.

Nie wieder wandelten solche Fleischberge auf der Erde. Was war der Grund dafür? Was trieb die Tiere in den Riesenwuchs? Es gibt verschiedene Erklärungsversuche, aber leider keine

Ausgewachsener Elefant und Brachiosaurus

Antworten, die sich auch beweisen ließen. Und selbst eine Ballonsafari zu den Giganten würde uns Spekulationen nicht ersparen: Wir könnten dann zwar erleben, wie die 30 Meter großen Ungetüme bequem die hohen Äste erreichen oder wie sie sich aufrichten und mit ihrem bloßen Gewicht die Bäume entwurzeln, um sie noch bequemer abfressen zu können. Kein Zweifel, ihr Riesenwuchs bringt ihnen auch riesige Futterportionen ein. Andererseits wären diese Portionen nicht nötig geworden, wenn sie sich – wie früher auch – an das normale Größenmaß gehalten hätten. Was noch könnte den Hang zum Gigantismus begünstigt haben?

Einige Wissenschaftler sehen darin die Antwort auf eine Abkühlung des Klimas. Je mehr Masse ein Körper hat, umso länger hält er die Wärme und kühlt nicht bei jedem Wettersturz aus. Dann wäre die gewaltige Masse der Dinosaurier ein Ersatz für ihre fehlende Warmblütigkeit. Aber das wirft sofort die Frage nach ihren Jungen auf: Als Winzlinge haben sie nicht den Vorzug der großen Masse; wie schlagen sie sich durch? Vielleicht, so spekulieren manche Paläontologen, waren die Riesensaurier als Babys ja warmblütig. Und erst ab einer bestimmten Größe haben sie ihre Kinder-Warmblutheizung verloren. Das sind nur Hypothesen und Mutmaßungen. Die Fossilien verraten nichts darüber. Immerhin wäre mit der Warmblütigkeit der Jungen auch ihr rasantes Wachstum nach dem Schlüpfen zu erklären. Ein Saurierei kann nämlich nicht größer als 60 Zentimeter gewesen sein, sonst wäre es entweder unter dem eigenen Gewicht zerborsten, oder die Schale hätte so dick sein müssen, dass die Jungen sie nicht mehr hätten durchbrechen können.

Die Sauropoden-Giganten kamen demnach als Winzlinge auf die Welt und brauchten einen gewaltigen Wachstumsschub. Es sei denn – und auch dieser Gedanke wird ernsthaft diskutiert –, sie schlüpften überhaupt nicht aus Eiern, sondern wurden lebend geboren. Bis heute nämlich wurde noch nie ein Ei eines Brachiosaurus oder eines anderen großen Sauropoden entdeckt. Aber schon morgen könnte ein zufälliger Fossilienfund Klarheit in diese vertrackte Angelegenheit bringen.

Und wer weiß, vielleicht wird sich dann herausstellen, dass die Dinosaurier weder kaltblütig (oder genauer: wechselwarm) waren wie die heutigen Reptilien noch warmblütig wie die Säugetiere, sondern dass sie eine ganz eigene Technik besaßen, ihre Körpertemperatur nach Bedarf zu regeln. Die Welt der Dinosaurier steckt – trotz unzähliger Bücher und Filme – noch voller Rätsel und verborgener Überraschungen. Das macht sie so anziehend und reizvoll. Auch in dem überschwemmten Flussdelta von Münchehagen, westlich von Hannover.

Das Gelände kann zwar nicht betreten werden, aber für die zahlreichen Dinosaurierbeobachter wurde eigens ein «Lehrpfad» errichtet. Ein Holzsteg führt über den Untergrund, auf dem die letzte Überschwemmung ihre Spuren hinterlassen hat: Überall sind Rippelmarken zu sehen – ein feines Waschbrettmuster, das von den Wasserwellen in den Ufersand modelliert wurde. Aber es sind nicht die einzigen Spuren. Jeder kann sich davon überzeugen, dass hier eine Sauropoden-Herde entlanggewandert ist. 22 Tiere haben ihre Fußabdrücke hinterlassen. Tief und rund und riesig. Die Hinterfüße so mächtig wie Baumstämme, einen knappen Meter im Durchmesser. Der Abdruck der Vorderfüße ist etwas kleiner, hat aber immer noch die Ausmaße eines Kanaldeckels. Mit 25 Tonnen Gewicht sind sie vorbeigestapft. Schrittlänge knapp 3 Meter. Jedes der Tiere 20 bis 30 Meter lang.

Der Boden muss gebebt haben, als die massigen Leiber durch das seichte Wasser zogen. Rauschen und Schäumen mit jedem Schritt. Schnaubende Atemgeräusche und dunkles Magengrollen. Ich kann mir ausmalen, was sich hier vor 140 Millionen Jahren abgespielt hat, aber kaum hebe ich den Blick, wird meine Vorstellungskraft Lügen gestraft. Dort steht ein Apatosaurus in voller Größe. Überragt Bäume und Häuser. Wie ein weit auslegender Kran. Lässig lässt er ein paar Zweige aus dem Maul baumeln, was seine herablassende Haltung noch unterstreicht. Ein einziger Schlag seines Schwanzes, und die große Besucherhalle des Dinosaurierparks Münchehagen mit ihrem Holzsteg, ihren berühmten Saurierspuren und ihren gläsernen Wänden – all das ginge mit einem einzigen wuchtigen Schwanzschlag zu Bruch.

Der Dinosaurierpark Münchehagen lebt davon, dass seine Modelltiere zum Teil schockierend echt wirken und dass sie sich nicht auf Wiesen oder gar Sockeln aufhalten, sondern in der Wildnis agieren. Da bricht unvermittelt ein Tyrannosaurus aus dem Gebüsch. Oder ein Velociraptor spurtet elegant über den Weg. Eine großartige Möglichkeit, sich in die Welt der Dinosaurier zu begeben – für alle, die bei unserer Ballonreise nicht mitgekommen sind.

Über 150 Millionen Jahre lang bestimmten die Dinosaurier das Geschehen auf der Erde. Dann, vor 65 Millionen Jahren, hatten sie das Feld zu räumen. Und mit ihnen drei Viertel aller existierenden Arten. Das Erdmittelalter verabschiedet sich mit einem brutalen Massensterben. Was ist passiert? Was hat dem Leben insgesamt so zugesetzt? Es sind dieselben beunruhigenden Fragen, wie wir sie uns rund 200 Millionen Jahre zuvor gestellt haben, als Pangäa so drastisch entvölkert wurde. Beunruhigend, weil offenbar Kräfte existieren, die auch die stärksten, erfolgreichsten und genialsten Lebensentwürfe im Handumdrehen von der Erde entfernen können. Es gibt kein Gewohnheitsrecht auf Leben – nicht einmal nach 150 Millionen Jahren.

Es hat nicht an Versuchen gefehlt, den Untergang der Dinosaurier zu erklären. Alles, was uns hin und wieder plagt, wurde schon als Todesursache in Betracht gezogen. Der Heuschnupfen soll es gewesen sein, hervorgerufen durch die in der Kreidezeit neu entstandenen Blütenpflanzen. Oder Verstopfung. Oder Erkältungskrankheiten. Science-Fiction-Fans haben sogar die Ausrottung durch außerirdische Jagdtouristen vorgeschlagen. Natürlich liegt es nahe, die späteren Nutznießer verantwortlich zu machen, und so hält sich hartnäckig die Geschichte von den intelligenten, warmblütigen Säugetieren, die bei Nacht den kältestarren, tumben Dinosaurierriesen die Eier geklaut oder ihnen gar die Haut vom Leib gefressen hätten.

Aber warum erst jetzt? Nach 150 Millionen Jahren gemeinsamer Geschichte? Die ersten Säugetiere tauchten schließlich schon Ende der Trias auf. Und vor allem kann keine Rede davon sein, dass die Dinosaurier schwerfällige, rückständige Auslaufmodelle waren. Es gab unter ihnen rasante Sprinter und sogar aufopferungsvolle Mütter, die ihre Eier im Nest bewachten und die Jungen, bis sie auf eigenen Beinen stehen konnten, mit vorgekauter Nahrung versorgten. Die Belege dafür kommen von einer 10 Quadratkilometer großen Brutkolonie von Entenschnabelsauriern, die unter einer Schlammflut begraben wurde. In einigen Nestern waren die Jungen gerade erst geschlüpft, in anderen schon weiterentwickelt, und die ältesten hatten bereits die Größe von Kälbchen. So konnte man aus verschiedenen Momentaufnahmen das gesamte Nestleben der Entenschnabelsaurier rekonstruieren. Das Bild von den dümmlichen und primitiven Dinosauriern, die den höher entwickelten Säugetieren hätten weichen müssen, lässt sich jedenfalls nicht halten.

Hinzu kommt eine Tatsache, die man gerne übersieht: Was immer die Dinosaurier auslöschte, es zog auch zahllose Pflanzenarten sowie kleine und große Meeresbewohner mit in den Abgrund. Selbst Warmblütigkeit bot nicht unbedingt Schutz; denn auch die Vogelarten wurden drastisch gelichtet. Ganz zu schweigen von den warmblütigen Flugsauriern: Kein einziger hat seine Art durch die Katastrophe gebracht und in das nachfolgende Tertiär gerettet.

Warum, wie schnell und nach welcher Auswahl der Massentod zuschlug, darüber wird bis heute debattiert. Vor allem zwei Parteien liegen sich in den Haaren. Es gibt die Einschlagsgegner und die Einschlagsbefürworter. Gemeint ist der Einschlag eines gewaltigen Meteoriten – eines Kleinstplaneten aus dem Weltall, der vor 65 Millionen Jahren die Katastrophe ausgelöst habe. An dem Einschlag selbst ist kaum zu zweifeln. Weltweit hat er seine Spuren hinterlassen. Zum Beispiel eine dünne, gerade mal einen Zentimeter starke Iridiumschicht im Gestein. Iridium ist ein chemisches Element, das auf der Erde ganz selten, aber umso häufiger in Meteoriten vorkommt. Es ist beim Aufschlag verdampft und hat sich über die ganze Erde verteilt. Auch das typische Auswurfmaterial, das bei einem derartigen Einschlag entsteht, wurde gefunden: aufgeschmolzenes Gestein, das im Flug zu kleinen Kügelchen erstarrt ist, so genannte Mikrotektite. Und im Jahr 1992 spürte man als letztes Glied der Beweiskette sogar den Ort des Einschlags auf: den riesigen, nur noch unterirdisch vorhandenen Chicxulub-Krater in Mexiko. Aus seiner Größe von 180 Kilometern konnte man auf das Kaliber des Weltraumgeschosses zurückschließen: mindestens 10 Kilometer im Durchmesser. Höchstwahrscheinlich ist ein Bruchstück des Himmelskörpers auch im Indischen Ozean niedergegangen und hat dort die Inselgruppe der Seychellen hinterlassen.

Der Treffer aus dem Kosmos jedenfalls ist erwiesen; auch die Zeit stimmt mit dem Übergang von der Kreide ins Tertiär überein. Aber kann ein solches Ereignis wirklich derart verheerende Folgen anrichten und 75 Prozent aller Arten hinwegfegen? Darunter die größten und kräftigsten aller Zeiten? Das ist der Einwand der Einschlagsgegner, die den «Nadelstich» in die Erdoberfläche nur als Gnadenstoß für die bereits heftigst angeschlagenen Dinosaurier ansehen. Ihr Untergang sei keineswegs auf einen Schlag erfolgt, sondern habe bereits vor dem Einschlag eingesetzt und sich über mindestens 3 Millionen Jahre hingezogen. Mit einem Treffer aus dem Kosmos sei das nun mal nicht zu erklären – so der Standpunkt dieser Wissenschaftler. Stattdessen machen sie erdgebundene Einflüsse verantwortlich: lang anhaltende Vulkanausbrüche, die damals tatsächlich in Südindien stattgefunden haben, oder eine schleichende Klimaverschlechterung.

Die Einschlagsbefürworter hingegen weisen darauf hin, dass die Dinosaurier in ihrer langen Geschichte schon mit mehreren Klimaveränderungen und weltweiten Vulkanausbrüchen fertig geworden seien. Der Einschlag eines Himmelskörpers von Tausenden von Milliarden Tonnen hingegen sei ein fürchterliches Ereignis mit globalen Folgen.

Riskieren wir einen vorsichtigen Blick aus sicherer Weltraumhöhe. Der Erdball mit seiner dünnen, bläulich schimmernden Lufthaut liegt unter uns. Normalerweise bietet sie Schutz vor Geschossen aus dem Weltraum und lässt sie als Sternschnuppen verglühen. Aber dieses Mal ist die Hülle zu dünn: Keine zwei

Sekunden braucht das Riesengeschoss, um sie zu durchrasen. Als gleißend aufleuchtender Feuerball stürzt es auf die Halbinsel Yucatan in Mexiko. Ein greller Einschlagsblitz. Gefolgt von einem Feuerwerk aus Glutwolken und geschmolzenen Gesteinsfetzen. Die Erde erzittert unter der Wucht des Aufpralls, der mehr Energie freisetzt als alle Atomwaffen der Supermächte zusammen. Lavaströme und verheerende Flutwellen verwüsten das Land. Überall Gewitterstürme und Waldbrände, die erst von sintflutartigen Regenfällen erstickt werden. Es ist giftiger Regen, denn der Meteorit hat schwefelhaltige Gesteinsschichten durchschlagen und Wolken aus Schwefelsäure freigesetzt.

So dramatisch diese unmittelbaren Einschlagsfolgen auch erscheinen, viel vernichtender ist das Nachspiel, das sich über Jahre, vielleicht Jahrzehnte hinzieht: Milliarden Tonnen von Asche und Staub verdunkeln die Sonne und tauchen die Erde in ein schummriges Dämmerlicht. Viele Pflanzen verkümmern oder gehen ganz zugrunde. Und natürlich verschwindet mit ihnen auch der Blütenstaub: In der dünnen Iridiumschicht, die den Zeitabschnitt der Katastrophenjahre markiert, ist kaum noch Pollen zu finden. Als erste Zeichen der Erholung tauchen dann besonders viele Farnsporen auf. Schon damals waren Farne offenbar Pionierpflanzen, die als Erste wieder Fuß fassten – so wie 65 Millionen Jahre später auf den Aschefeldern des Mount St. Helens.

Für viele Tiere jedoch kommt das Wiederaufleben der Pflanzenwelt zu spät; vor allem für die riesigen und immer hungrigen Dinosaurier. Tyrannosaurus Rex und der gehörnte Triceratops gehören zu den prominentesten Opfern. Das schließt natürlich nicht aus, dass die Blütezeit der Dinosaurier damals schon vorüber war und dass sie ohnehin über kurz oder lang ausgestorben wären. Aber der Meteorit hat die Entscheidung vorweggenommen und ihnen keine Chance gelassen.

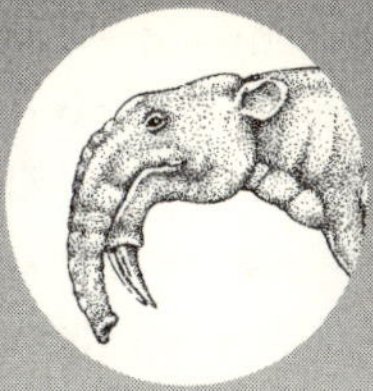

MORGENRÖTE FÜR DIE SÄUGER

VON PFERDEN UND KÜNSTLERN

Das Massensterben vor 65 Millionen Jahren scheint aufgeklärt. Die Spuren des Killers ziehen sich rund um den Globus. Und schließlich konnte er selbst in Mexiko gefasst und seine Komplizen in anderen Teilen der Welt dingfest gemacht werden. Trotzdem dürfte der Fall noch lange nicht abgeschlossen sein. Es bleiben zu viele Ungereimtheiten und Widersprüche – oder «kleine Schönheitsfehler», wie die Verfechter der Einschlagstheorie sagen. Wieso haben die Fische überlebt, aber die Ammoniten nicht – jene Kopffüßer mit dem Spiralgehäuse, die uns schon im Devon begegnet sind? Warum entkamen die Vögel dem Anschlag, nicht aber die Flugsaurier? Was hat die zierlichen Insekten geschützt? Und die robusten Krokodile? Oder, noch schwerer einzusehen: Wie konnten die Korallen die Tage der Finsternis überstehen? Sie sind ja von ihren kleinen grünen Algen-Untermietern abhängig, die ihrerseits auf Licht angewiesen sind. Das letzte Wort in Sachen «Anschlag aus dem Kosmos» ist sicher noch nicht gesprochen. Aber unabhängig davon, wie der Tathergang im Einzelnen verlief, die Nutznießer stehen fest: Die Säugetiere treten das Erbe der Dinosaurier an. Zumindest an Land und im Wasser. In der Luft übernehmen Vögel die Herrschaft und retten wenigstens eine Dino-Linie in die beginnende Erdneuzeit.

Wie eine Lawine überziehen die Warmblüter mit den Milchdrüsen den Planeten. Zunächst waren sie unscheinbar: spitzmausähnliche Kleinsäuger, die sich über das Heer von Insekten hermachten; einen erdgeschichtlichen Augenblick später, nach 3 Millionen Jahren, hatten sie schon die Größe von Hunden; und nach 10 Millionen Jahren gab es bereits 130 Gattungen* von Säugetieren – ein gutes Drittel mehr als heute.

Der Aufstieg der Säugetiere geschieht so rasant, als hätten sie im Untergrund nur auf den Augenblick gelauert, endlich ihre überlegenen Fähigkeiten auszuspielen: ihre Warmblütigkeit, die sie gegen Kälte wappnet; und ihre geniale Technik, den Nachwuchs erst im Mutterleib hochzupäppeln und später auch noch mit Milch zu ernähren. Aber da stellt sich sofort die Frage: Wenn sie so überlegen sind, warum haben die Säugetiere dann über 100 Millionen Jahre auf die Machtübernahme warten müssen? Und warum haben sie es nicht einmal aus eigener Kraft, sondern nur mit «himmlischer» Unterstützung geschafft? Antwort: Weil die angebliche Überlegenheit eine typische, von Säugern für Säuger fabrizierte Schönfärberei darstellt – wir neigen unbewusst dazu, die Klasse der Säugetiere, zu der wir selbst gehören, besonders herauszustreichen. Als «Säuger-Chauvinismus» hat das der bekannte Saurierforscher Robert T. Bakker einmal bezeichnet. Tatsächlich aber sind Warmblütigkeit und die Fähigkeit zu säugen nicht von vornherein besser, sondern müssen teuer erkauft werden: Eine Löwenmutter benötigt jeden Monat das Fünffache (!) ihres Körpergewichts an Fleisch. Der kaltblütige Komodo-Waran dagegen kommt mit der Hälfte seines Körpergewichts aus, weil sein Stoffwechsel wesentlich sparsamer ist. – Die Säugetiere, deren Organismus ständig auf Hochtouren läuft, sind in der Rolle von Sprit schluckenden Rennwagen, die von einer Tankstelle zur nächsten rasen. Kein Problem, solange es genügend Tankmöglichkeiten gibt. Was aber, wenn die Tankstellen zu selten sind oder kaltblütig

* Unter Gattung versteht man eine Gruppe nah verwandter Arten.

von Öko-Spar-Autos blockiert werden? Genau das war die Situation der Säugetiere durch Jahrmillionen hindurch. Die kaltblütigen Dinosaurier verbrauchten weniger Energie und hatten die Jagd- und Weidegründe untereinander aufgeteilt – und die Säugetiere hatten das Nachsehen.

Erst als mit Beginn des Tertiärs die übermächtige Saurierkonkurrenz abgetreten war, bot sich den Säugern die Chance, die hinterlassenen Reviere und Lebensräume zu besetzen. Wer lernt als Erster klettern? Wer hat die schnellsten Beine? Oder den besten Riecher für Insekten? Wer frisst Blätter? Wer nagt Rinde? Der große Wettbewerb unter den Säugern entbrennt. Und führt – wir kennen das seit dem Kambrium – zu einer phantastischen Vielfalt in kürzester Zeit (wie immer nach erdgeschichtlichen Maßstäben). Die neue Epoche des Aufstiegs aus dem – für Säugetiere – dunklen Mittelalter erhält den sinnfälligen Namen Eozän, die Zeit der Morgenröte. Eine Morgenröte, die immerhin 20 Millionen Jahre andauert, von vor 55 bis 35 Millionen Jahren.

Wir sind bereits unterwegs, um uns das Erwachen der Säugetiere mit eigenen Augen anzusehen. Ich habe da einen besonders verträumten Platz im Sinn – ganz in der Nähe von Darmstadt, bei dem heutigen Dorf Messel. Der Ort ist nicht leicht zu finden: Wir müssen unseren Ballon 50 Millionen Jahre in die Vergangenheit navigieren, in die Epoche des Eozäns, und 1300 Kilometer nach Süden, in die Gegend des heutigen Sardinien. Zudem versperrt uns subtropischer Regenwald die Sicht. Da gibt es Fächerpalmen, Lorbeer- und Walnussbäume. Das dichte Grün unter uns erscheint überraschend vertraut; kaum zu glauben, dass hier noch vor 15 Millionen Jahren riesige Dinosaurier umherstapften – bis sich der tödliche Vorhang über ihren Himmel zog ...

Ein Rippenstoß bringt mich auf den Boden des Ballonkorbs zurück. Hansgeorg Lutz, unser Pilot, deutet aufgeregt nach unten. Die blaugrüne Fläche in einer Waldlichtung – das muss er sein, der Messel-See. Schilfbestände am Ufer; umgeben von Büschen und Strauchwerk. Hier, bevor der Wald wie eine dunkle Wand beginnt, setzen wir zur Landung an – ein idealer Platz, um den See und seine Umgebung zu beobachten. Schon der erste Blick aufs Wasser erfüllt mich mit einer gewissen Genugtuung: Ja, wie erwartet blühen dort Seerosen. Auch die grünen Algenschlieren sind nicht zu übersehen. Fehlt nur noch, dass ... Ich brauche nicht lange mit dem Fernglas zu suchen. Sie liegen, halb ins Wasser getaucht, reglos am Ufer: Krokodile – die größten von ihnen 4 Meter lang. Mächtig und furchtlos, als wollten sie demonstrieren, dass die Herrschaft der Reptilien noch fortbestehe.

Triumphierend wie jemand, der an der Straßenkreuzung steht und feststellt, dass sie mit dem Stadtplan übereinstimmt, halte ich meinen Messel-Plan hoch – ein Faltblatt mit einem Krokodilfossil auf der vordersten Seite und der Überschrift «Weltnaturerbe Grube Messel». Die Fossilien aus der Grube Messel, heißt es darin, seien einmalig in ihrem Erhaltungszustand. Dicht gepackte Algenschichten im Untergrund der Grube deuteten darauf hin, dass der hier einst gelegene See jedes Jahr eine «Grünalgen-Blüte» erlebt habe. Bei deren Zersetzung entstand sauerstoffloser Bodenschlamm, der alle Lebewesen konservierte, die hier zur letzten Ruhe eingebettet wurden. Seerosenblüten zum Beispiel und Krokodile. – Stimmt.

Das Faltblatt hatte mir Stephan Schaal in die Hand gedrückt – der Leiter der Messel-Abteilung am Forschungsinstitut Senckenberg in Frankfurt. Er war mit mir zu der berühmten Grube gefahren, die seit 1995 zum «Naturerbe der Menschheit» zählt. Eine einmalige Auszeichnung in Deutschland. Aber «ohne den Müll wäre Messel längst nicht so berühmt». Dr. Schaals verschmitzte Bemerkung klingt mir noch im Ohr, und ich sehe die großen Abfalltrichter vor mir und die Wägestationen für Mülllaster, die heute wie Mahnmale am Rand der Grube stehen. Tatsächlich war der Ernennung zum Naturerbe ein jahrelanger, heftiger Streit vorausgegangen: Die Grube sollte zur zentralen Mülldeponie für das Rhein-Main-Gebiet werden. Erst in letzter Sekunde wendete sich das Blatt, aber «nicht, weil die Messeler Bürger sich plötzlich für die Frühzeit der Säugetiere begeistert hätten», so Stephan Schaal, «sondern eher, weil ihnen der Müll gestunken hat».

Jetzt sind wir hier, in der Frühzeit der Säugetiere. Aber auch bei mir hält sich die Begeisterung in Grenzen. Denn weit und breit ist kein Säugetier in Sicht. Den Ton scheinen andere anzugeben. Die amphibischen Frösche quaken. Zikaden zirpen. Und die Luft summt vor Insekten. Sie haben sich auf neue Ausflugsziele eingestellt: auf bunt leuchtende und wohlriechende Blüten. Dort holen sie sich süße Energiegetränke ab und werden dafür zum Pollentransport (oder frivoler: zur Sexvermittlung) eingespannt. Diese Handelsbeziehung wurde zwar schon im ausklingenden Erdmittelalter aufgebaut, aber jetzt erst kommt sie richtig in Schwung. Kein Rückschlag durch den Einschlag – nach diesem Motto scheinen Insekten wie Blütenpflanzen offenbar gut durch die Meteoritenkatastrophe gekommen zu sein.

Die Säugetiere rund um den See halten sich bedeckt; eine kleine Safari scheint also angebracht. Achtung vor Schlangen!, rufe ich mir ins Gedächtnis. Denn Messel gilt als «Schlangengrube»: Über 100 Exemplare wurden gefunden. Den Blick nach unten gerichtet, suche ich vor jedem Schritt den Boden zwischen den Sträuchern ab – um dann umso kräftiger aufzutreten. Die Erschütterung soll angeblich Schlangen vertreiben – zumindest die Schlangen in 50 Millionen Jahren ... Plötzlich spüre ich etwas hinter meinem Rücken. Schritte. Leises Rascheln. Ich fahre herum – und erstarre. Schweißausbruch bis in die Fingerspitzen. Vor mir steht ein Ungeheuer in Federn – ein Riesenadler, der mich bei weitem überragt. Sein Schnabel nach unten gekrümmt, so groß wie ein Schlachtermesser. Ein einziger Hieb, und ich wäre ... all meine Gedanken setzen aus. Ich starre auf diesen Albtraum von Vogel – und er starrt zurück. Wie ein Huhn dreht er den Kopf zur Seite, um mich besser beäugen zu können.

Und jetzt fällt mir schlagartig sein Name ein: Diatryma – der Riesen-Laufvogel Diatryma. Wie kann man in dieser Situation nur an Namen denken – der Kopf geht eigene Wege. Irgendetwas habe ich kürzlich über Diatryma gelesen. Die Szene aus einem Kinderbuch taucht auf: Der Laufvogel treibt mit Riesenschritten eine Herde verängstigter Urpferdchen vor sich her. Wann kommt der Angriff? Langsam senkt Diatryma den Kopf, ohne mich dabei aus dem Auge zu lassen. Dann stößt blitzschnell der Schnabel vor – und rupft ein Blättchen ab. Ein Blatt!? Natürlich, das war's, was ich gelesen hatte*: Diatryma gehörte höchstwahrscheinlich zu den Entenvögeln und sei ein Pflanzenfresser gewesen. Dem Schnabel fehle vorne die typische Greifvogelzacke zum Aufreißen der Beute – ein Detail, das ich erleichtert bestätigen kann. Der ganze Körperbau sei zu schwerfällig für die Jagd, und auch die Krallen seien keine scharfen, gebogenen Greifvogelkrallen. Zum ersten Mal wage ich, den Blick von dem nicht mehr ganz so furchtbaren Schnabel, in dem gerade ein Blättchen verschwunden ist, abzuwenden und auf die Füße zu schauen: riesige dreizehige Treter – ein Tritt hätte mich zu Boden geschmettert. Trotzdem sind es wunderbare Füße oder besser Krallen – keine messerscharfen Sichelkrallen, sondern stumpfe Laufkrallen, ähnlich wie bei Hühnervögeln. – Die Lähmung fällt ab, ein Atemstoß der Erlösung – so hörbar und kräftig, dass Diatryma erschreckt mit den Stummelflügeln schlägt und sich mit langen Schritten davonmacht.

Die Vögel haben es weit gebracht nach der Himmelskatastrophe – kein Zweifel. Aber die «Morgenröte» ist auf ihre säugenden Zeitgenossen gemünzt. Wo stecken sie? Ich habe es mir auf einem umgestürzten Maulbeerbaum gemütlich gemacht und kann in aller Ruhe den Waldrand und das Seeufer beobachten. Nur die Hitze macht mich schlapp. Zu meinen Füßen mühen sich seit Minuten zwei Schildkröten mit der Paarung ab; die Panzer sind wirklich hinderlich. Kein Wunder, dass die Messeler Fossilien sie mehrmals bei dem langwierigen Unterfangen zeigen.

Auch das kleine Krokodil lässt sich nicht von der Hitze stö-

* Die Vögel in der Grube Messel. Gerald Mayr: Natur und Museum, Band 130, Heft 11, Nov. 2000.

ren. Unbekümmert läuft es zum See, als könnte ihm nichts passieren. Irrtum – unwillkürlich suche ich die Umgebung ab, ob nicht eine Riesenschlange auf Beutezug ist. Ich habe den kleinen Alligator vor Augen, der im Inneren einer versteinerten Messeler Riesenschlange gefunden wurde. Aber das Krokodil hier hat Glück und erreicht unbeschadet das Wasser.

Mein Faltblatt verrät mir, welche Säuger sich hier eigentlich einstellen müssten. Ameisenbären zum Beispiel, Ur-Tapire oder andere Exo-

Der Riesenvogel Diatryma war vermutlich ein harmloser Pflanzenfresser.

ten. Ich habe von einer Touristensafari in Afrika gehört, wo jeder Teilnehmer eine Liste bekam und alle Tiere, die er gesehen hat, ankreuzen konnte. Die großen, wie Elefanten oder Löwen, waren fett gedruckt und zählten doppelt. Abends wurde abgerechnet und verglichen. – Hätte ich auf meinem Faltblatt ankreuzen müssen, dann würde ich ziemlich alt aussehen ... Ein Platsch vom See lenkt meinen Blick auf die sich ausbreitenden Wellenkreise. Da war etwas ins Wasser gesprungen. Ich brauche nicht lange zu warten, bis das Tier wieder auftaucht – mit einem Fisch im Maul. Ein fischender Igel, wie mich mein Faltblatt aufklärt. Ich widerstehe der Versuchung, den «Tauch-Igel» anzukreuzen.

Die ärgste Hitze ist vorüber, und jetzt kommt Leben ins Geäst. Über mir huscht und knackt und kratzt es, ohne dass ich etwas entdecken könnte. Aber mehr und mehr erfasst mich das vage Gefühl, dass mich jemand ansieht. Beunruhigt suche ich das Dickicht der Blätter ab. Und plötzlich trifft mein Blick auf ein Augenpaar. Neugierige, große, nach vorn gerichtete Augen. Nur ein paar Meter entfernt. Dann teilt sich das Blattwerk, und sehr bedächtig erscheint ein kleines, behaartes ... im ersten Augenblick denke ich an ein Äffchen. Aber das Gesicht hat eine Schnauze mit zitternden Schnurrhaaren. Der lange Schwanz hängt leise wippend über den Ast. Das Tierchen rückt etwas näher, und jetzt erkenne ich an jeder Hand die fünf kleinen Fingerchen, die sich um den Ast klammern.

Ich brauche nicht nachzudenken, ich spüre unmittelbar – und jeder hätte es gespürt –, dass das kleine Geschöpf irgendwie mit uns verwandt ist. Und erst recht, als es sich aufrichtet und mit einer Hand in sein Brustfell greift. Nicht, um sich zu kratzen, dafür ist die Geste zu behutsam – nein, da hängt, kaum sichtbar, ein nuckelndes Baby. Ich bilde mir sogar ein, leise Schmatzgeräusche zu hören, aber vermutlich geht die Phantasie mit mir durch. Bevor ich richtig gerührt bin, gibt es einen Wisch – und beide sind verschwunden. Nicht mal ein Rascheln ist zu hören. Auch ohne mein Faltblatt weiß ich, dass ich einem Vorfahren der Primaten – einer

Tiergruppe, der wir selbst angehören – begegnet bin. Das lemurenähnliche Wesen gehört zwar nicht zu unseren unmittelbaren Ahnen, aber die verwandtschaftliche Nähe war augenfällig. Morgenröte auch für das Menschengeschlecht.

Immer wieder schweift mein Blick hinüber zum Waldrand. Efeu rankt sich an den Bäumen hoch und wetteifert mit wildem Wein; die großen Trauben sehen verlockend aus. Hoffentlich locken sie heute auch die berühmtesten Messel-Tiere an (in entsprechenden Listen wären sie besonders fett gedruckt): die Urpferdchen. Sie sind zum Wahrzeichen der Grube Messel geworden; denn nirgendwo gibt es schönere und aussagekräftigere Urpferd-Fossilien. Manche tragen sogar ein Junges im Leib, bei dem jedes Knöchelchen und jeder Milchzahn zu erkennen ist. Und bei einigen lässt sich heute noch sagen, was sie zuletzt geknabbert haben, bevor sie gestorben sind. Zum Beispiel bei dem Exemplar im Hessischen Landesmuseum in Darmstadt. Hier sind, eingebettet in die schwärzliche Magenmasse, ziemlich große Kerne zu sehen – so groß wie Traubenkerne. Und nichts anderes verbirgt sich dahinter: Es handelt sich um die unverdauten Überreste von Trauben. – Deshalb setze ich auf den Messel-Wein am Waldrand. Immerhin Südlage.

Doch die Urpferdchen haben ihren eigenen Kopf und ihren eigenen Geschmack. Ich bemerke sie erst, als sie ganz in meiner Nähe sind. Lautlos sind sie aus dem Gebüsch zu meiner Rechten getreten – und da stehen sie: Fünf zierliche Pferdchen; nicht größer als Rehkitze und ähnlich grazil. Ich hätte aufjubeln können über diese Miniaturausgaben; eine Hundehütte als Stall hätte ausgereicht. Nervös schlagen sie jetzt mit dem Schwanz und scharren mit den – nein, nicht mit den Hufen. Sie haben noch keine Pferdehufe, sondern drei Zehen an den Vorderfüßen – nicht schlecht für den weichen, unebenen Waldboden. Auch ihre Köpfe sind nicht unbedingt «edle Pferdeköpfe», sondern erinnern ein wenig an Schafe. Hinzu kommt der kurze, etwas gedrungene Hals. Und trotzdem – ohne meine Einbildungskraft zu strapazieren – wirken sie wie Pferde im Kleinstformat. Vor mir drängen sich Mini-Rösser. Darunter Stuten und Fohlen.

Die Fohlen sind so winzig, dass ich sie zwischen den Bodenpflanzen erst gar nicht bemerkt habe. Auf bleistiftdünnen Beinchen staksen sie umher und versuchen ungeduldig stupsend bei ihren Müttern zu trinken. Aber dafür ist jetzt keine Zeit; die Gruppe setzt sich vorsichtig in Bewegung und steuert auf einen Baum mit tief hängenden Ästen zu, der etwas außerhalb auf der Lichtung steht. Es ist ein Lorbeerbaum. Mit sichtlichem Genuss machen sich die Urpferdchen über seine Blätter her – und wenigstens jetzt, nachdem sie die Weintrauben unbeachtet ließen, handeln sie «wissenschaftlich korrekt». Mit eigenen Augen habe ich im Senckenberg-Institut den Krümel aus einem Urpferdchen-Magen gesehen – in 300facher Vergrößerung. Da waren nicht nur Blattreste zu erkennen, sondern sogar die einzelnen Spaltöffnungen. Sie stellen eine Art Fingerabdruck im Reich der Flora dar, weil sie von Pflanze zu Pflanze verschieden sind. Und die Wissenschaftler hatten keine Schwierigkeiten mit der Identifizierung: «eindeutig Lorbeerblätter!».

Sie müssen besonders würzig schmecken, denn meine Urpferdchen hören gar nicht auf zu fressen. In aller Ruhe kann ich die Winzlinge beobachten, und unwillkürlich muss ich an donnernde Hufe und schwitzende Pferdeleiber denken; an wilde Herden, die in einer Staubwolke über die Steppe jagen. Wieso haben die Urpferdchen den schützenden Wald verlassen? Warum sind sie von zarter Blätterkost auf hartes Gras umgestiegen? Was hat sie so groß und kräftig werden lassen und zu den besten «Laufmaschinen» der Natur gemacht?

Der galoppierende Aufstieg der Pferde hat mit einem Ereignis fernab von Deutschland oder Europa zu tun. Es handelt sich um ein einschneidendes Ereignis, das die Erde insgesamt verändert und auch die Voraussetzungen für unsere eigene Existenz geschaffen hat.

So etwas können wir uns nicht entgehen lassen; es ist geradezu Pflicht, an den Ort des Geschehens zu fahren, wo derart entscheidende Weichen für unsere Zukunft gestellt werden. Einziges Problem: Wir müssen uns warm dafür anziehen. Es geht an den Südpol.

Klimasturz mit Folgen

Dick vermummt beuge ich mich über den Rand des Ballonkorbs, um eine grobe Skizze für unser Logbuch zu entwerfen. Kein Problem, die Umrisse der Antarktis zu erkennen; sie sehen aus wie auf Satellitenbildern der Gegenwart. Nur die Farbe ist anders: Das gewohnte Weiß des antarktischen Eispanzers fehlt. Stattdessen das dunkle Braun und Grün einer spärlich bewachsenen Felslandschaft. Die Antarktis ist eisfrei. Und für Australien gilt das erst recht. Richtig, Australien! Der australische Kontinent hängt nach wie vor – wie zu Gondwanas und Pangäas Zeiten – an der Seite der Antarktis. Allerdings scheint die Verbindung in die Brüche zu gehen; es bilden sich bereits Bruchstellen und Gräben: Australien ist dabei, sich abzusetzen. Ich schaue auf unseren Bordkalender: Ende des Eozäns, vor 35 Millionen Jahren. Es ist die Zeit der kritischen Weichenstellung. Um alles Weitere im Auge zu behalten, bleiben wir fest in unserer Position hoch über dem Südpol, aber fahren beschleunigt durch die Jahrmillionen. Im Zeitraffer trennt sich Australien und geht auf Distanz. Die schmale Meeresstraße zwischen den Kontinenten öffnet sich zunehmend und wird auch genutzt: Die Meeresströmungen ändern ihre Richtung und durchfließen die neue Passage. Im Kreisverkehr umrunden sie die Antarktis – eine Route, die bislang unmöglich war. Die Ringströmung aus kaltem Wasser legt sich wie eine Kühlbox um den Kontinent und riegelt ihn ab. Meeresströme aus wärmeren Breiten, die früher die antarktische Küste erreichten, haben keinen Zutritt mehr. Ihre wärmende Wirkung bleibt aus. Die Antarktis kühlt ab.

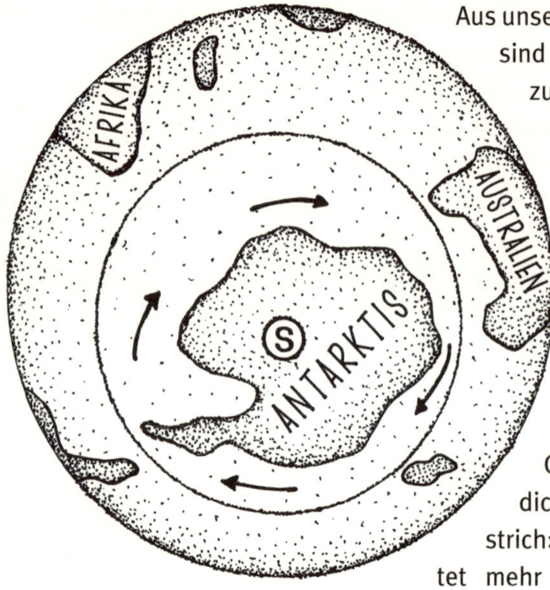

Aus unserer Vogelperspektive sind die Folgen deutlich zu sehen: Die dunkle Farbe der Antarktis wandelt sich in blendendes Weiß. Ich krame schleunigst nach meiner Sonnenbrille. Das Land versinkt im Schnee, der sich unter dem eigenen Gewicht zu Eis verdichtet. Der weiße «Anstrich» am Südpol bedeutet mehr als ein originelles Farbenspiel. Er reflektiert die Sonnenstrahlung so kräftig, dass die ganze Erde den Wärmeverlust zu spüren bekommt. Die Atmosphäre kühlt sich ab, das Klima verändert sich: Es wird kälter auf der Erde. Der Eispanzer wächst noch mehr. Wir ziehen die Mützen tiefer ins Gesicht.

Gegen Ende des Eozäns also kommt es weltweit zu einem deutlichen Temperatursturz. Nicht jeder hat die Möglichkeit, diesen Klimaumschwung live aus einem Ballon mitzuerleben. Die Wissenschaftler greifen zu anderen Methoden. Mit modernen Messgeräten können sie aus der Zusammensetzung der Kalkschalen von Meerestieren auf die Wassertemperatur schließen. Aber es gibt eine weitere Art der Temperaturmessung, die so originell und einfach ist, dass ich sie unbedingt erwähnen muss: das Beobachten von Blättern – genauer: von Blatträndern. Je wärmer ein Gebiet, umso mehr große Blattarten mit glatten Rändern und «Abtropfspitzen» gibt es. Umgekehrt überwiegen in kühlen Regionen die kleinen, gezackten

Blätter. Man braucht nur die Pflanzenarten mit glatten und mit gezackten Blättern auszuzählen und kann aus deren Häufigkeit auf die durchschnittliche Jahrestemperatur rückschließen. Diese Low-Tech-Methode gilt für die grünen Blätter von heute wie für die versteinerten Blätter der Vergangenheit. Und sie bestätigt, was wir schon wissen: Australiens Abmarsch vom Südpol führt zu einem Temperatursturz.

Zum ersten Mal in der Erdneuzeit wird es kühl. Der eigentliche Kälteschlag, bei dem auch der Nordpol sein Eis abbekommt, steht zwar noch bevor, aber bis dahin tut sich einiges auf der Erde. Vor allem im Reich der Pflanzen beginnt eine stille, aber zähe Revolution. Ein niedriger Spross, der bis dahin nicht in Erscheinung getreten war, kämpft mit neuartigen Waffen gegen die Übermacht der hohen Bäume. Der unscheinbare Emporkömmling nutzt die Gunst des Klimas: Im Gegensatz zu den herrschenden Urwäldern mag er das kühle und trockene Wetter, das ihm der anwachsende antarktische Eispanzer beschert. Der sorgt ja nicht nur für Abkühlung, sondern auch – indem er gewaltige Wassermengen «auf Eis» legt – für zunehmende Trockenheit. Die Wälder ziehen sich mehr und mehr zurück, und die neue Pflanzenart gewinnt an Boden. Jeder kennt sie; der Bauer mäht sie; Allergiker hassen sie: Die Rede ist von den Graspflanzen.

Gras ist ein besonderes Kraut. Es wächst fast überall. Und es gibt sich so schlicht und urtümlich, dass es schwer fällt, sich die Landschaften des Karbons oder des gesamten Erdmittelalters ohne die grünen Halme vorzustellen. Aber kein Saurier hat jemals Gras gesehen, geschweige denn gefressen. Es gab zu ihrer Zeit weder saftige Weiden noch weite Savannen mit wogenden Gräsern. Das Gras, die Urform des Getreides, erscheint erst im Tertiär. Auch intelligente, zivilisierte Saurier hätten kein Brot backen können.

Der Siegeszug des Grases rund um die Welt hat mit dem Klimaumschwung zu tun. Aber nicht allein. Der wachsende Erfolg der Gräser geht auch auf eine raffinierte Selbstverteidigung zurück: Sie zeigen innere Härte. Eingelagerte Kieselsäure-Kristalle machen nicht nur jede Sense und jeden Rasenmäher stumpf, sondern auch die Mundwerkzeuge der meisten Käfer und Insekten. Und den Säugetieren ergeht es nicht besser: Wer Gras fressen will, muss sich durchbeißen können. Er braucht besonders verschleißresistente Zähne mit großen Kauflächen.

Dennoch, die Kieselhärte allein sichert den Gräsern das Überleben nicht. Schließlich gibt es genügend Tiere, die ihren Hunger auf der Wiese stillen – und wir profitieren davon mit jedem Schluck Milch oder jedem Beefburger, den wir zu uns nehmen. Erst ein weiterer Trick hat das Gras auf Erfolgskurs gebracht: seine außergewöhnliche Wachstumsstrategie. Sie erinnert ein wenig an die Feuer speienden Drachen, die flugs ihre Köpfe nachwachsen lassen, sobald sie (von Siegfried oder anderen Recken) abgeschlagen werden. Gras wächst nach. Auch wenn seine Blätter immer wieder abgeknabbert oder abgemäht werden. Die Wachstumszonen liegen unerreichbar tief für Schneidezähne, und sie werden nicht müde, neue Stängel und Blätter nachzuschieben. So halten sich ausgedehnte Savannen trotz riesiger Herden und grüne Golfplätze trotz unermüdlicher Platzwarte. – Jeder Baum müsste da neidisch werden. Eine Eiche, die von Schädlingen kahl gefressen wurde, kann allenfalls ein zweites Blätterkleid, den so genannten Johannistrieb, ausbilden. Dann ist endgültig Schluss.

Gras also erobert weite Teile der Erde,* weist die Wälder in ihre Schranken und bietet ein schier unendliches Nahrungsangebot – für alle, die es nutzen können. Auch unter den Urpferdchen gelingt einigen die Umstellung von Blättern auf Gräser. Sie ziehen hinaus aus dem schrumpfenden Wald in die weite Prärie, aber jetzt gelten neue Spielregeln. Es gibt kein Dickicht mehr, in dem man sich verstecken könnte. Gegen schnelle Raubfeinde hilft nur

* Vor allem im so genannten Miozän vor 25 bis 35 Millionen Jahren.

die noch schnellere Flucht. Dazu benötigt man lange Beine mit kräftiger Muskulatur und massiven Hufen sowie einen langen Hals für den weiten Ausguck – und natürlich auch, was gerne übersehen wird, um trotz der langen Beine das kurze, zarte Gras zu erreichen. Man könnte eine lange Liste von Extras erstellen, die für ein Fluchttier der Steppe von Nutzen sind – vom Rundum-Blick bis zur Schweißkühlung; die Pferde haben sich alle Extras einbauen lassen. Sie sind *die* Renner der Steppe geworden. Vor allem aber haben sie sich hohe Backenzähne angeschafft – so hoch, dass sie ein Leben lang heruntergekaut werden können. Und um möglichst viele dieser Zähne unterzubringen, mussten sie ihre Schnauze in die Länge ziehen. Der edle Kopf der Pferde ist ihre Antwort auf die Kieselsäure-Härte des Grases.

Doch trotz ihres beeindruckenden Kauapparates sind Pferde bis heute schlechte Futterverwerter. Sie holen längst nicht das Maximum an Energie aus dem Gras – der Grund, warum Rossäpfel hervorragendes Brennmaterial sind. Insbesondere mit dem Abbau der Cellulosefaserchen hapert es. In ihrem Blinddarm haben die Pferde zwar eine Mikrobenfabrik eingerichtet, wo Bakterien die Cellulose zerlegen, aber es gibt ergiebigere Verfahren. Die meisten Weidetiere sind Wiederkäuer: Kiefermahlend liegen sie da und kauen ein zweites Mal durch, was sie schon einmal gefressen haben – sie machen aus der einfachen Gräserkost ein Menü mit zwei Gängen. Beim ersten Gang landet das Grünfutter im Pansenmagen, der fest in der Hand (wenn man das so sagen kann) von Bakterien und anderen Einzellern ist. Sie leben dort wie im Schlaraffenland: In einer säurefreien Umwelt, bei angenehmer Temperatur von 38 Grad, können sie in ihrer Leibspeise geradezu baden. Das sind ideale Bedingungen für ihre Vermehrung: In einem Kaffeelöffel Pansenflüssigkeit leben mehr Bakterien als Menschen auf der Erde. Und alle zerlegen sie die Cellulose des Grases. Erst beim zweiten Gang landet der grüne Brei – reichlich mit Bakterien gewürzt und nochmals durchgekaut – im «gewöhnlichen» Magen mit Magensäure.

Pferde müssen, wie gesagt, ohne dieses Mehrschritt-Verdauungsverfahren auskommen. Und wahrscheinlich hängt es damit zusammen, dass der Aufstieg vom Urpferdchen zum «richtigen» Pferd keineswegs so glatt und glorreich verlief, wie das viele gezeichnete Stammbäume nahe legen. Da tauchen Schritt für Schritt trittfestere Hufe, bessere Zähne und günstigere Körperformen auf – gerade so, als hätte ein Konstrukteur nach jedem Testlauf etwas verbessert. Aber so war es ganz und gar nicht. Oftmals führte die Entwicklung in eine Sackgasse, und mehrmals waren die Pferde so gut wie ausgestorben ... hätte nicht irgendeine der zahlreichen, bis dahin unbedeutenden Nebenlinien mehr Glück entwickelt und den Lebensfaden fortgesponnen.

Auch die Messeler Urpferdchen mussten abtreten. Europa war über 20 Millionen Jahre pferdefrei. Und selbst dort, wo die Pferde entstanden und ihre Hauptentwicklung durchmachten, selbst in Nordamerika starben sie schließlich aus. Vor 12 000 Jahren. Und wer weiß, womöglich gäbe es überhaupt keine Pferde mehr, wenn nicht der Mensch für ihre Fortpflanzung gesorgt hätte. Aus purem Eigeninteresse, versteht sich. Man konnte sie einspannen. Man konnte darauf satteln. Und am Ende hatte man sogar eine Rosshaardecke.

Aber jetzt haben wir uns irgendwie vergaloppiert. Wir haben uns von der Entwicklung am Südpol und der Entwicklung der Pferde mitreißen lassen. Dabei ist der Mensch noch gar nicht dran in unserem Reiseprogramm. Fahren wir also schleunigst wieder zurück in die Zeit des Eozäns oder etwas später – auf ein paar Millionen Jahre kommt es nicht an, denn es geht um eine Angelegenheit, die sich länger hinzieht: Afrika legt sich mit Europa an.

Die Meeresstraße von der Nordsee ins Mittelmeer

Es ist ja nicht das erste Mal, dass die beiden Kontinentalplatten miteinander in Konflikt geraten. Schon im Karbon war Gondwana gegen das damalige Laurussia gedonnert und hatte den Variskischen Gebirgsgürtel hochgepresst. Und jetzt, beim zweiten Anlauf? – Wie immer, wenn wir uns einen Überblick verschaffen wollen, nutzen wir die Weltraumtauglichkeit unseres Ballons und verfolgen das interkontinentale Geschehen aus der Satellitenperspektive.

Die Bruchstücke Pangäas gehen weiter ihre eigenen Wege. Nordamerika setzt sich von Europa ab, aber die Trennung verläuft ziemlich unsauber und zögerlich: Immer wieder tauchen Landverbindungen auf, die einen Fußmarsch zwischen den Kontinenten ermöglichen. Auf solchen Wegen müssen auch die Urpferdchen nach Messel eingewandert sein. Südamerika entfernt sich nach wie vor von Afrika, seinem ehemaligen Gondwana-Nachbarn. Und Afrika selbst schwenkt nach Norden ein, in Richtung Europa. Eine besondere Rolle spielt dabei Italien, das geologisch zur Afrikanischen Platte gehört und wie ein Rammsporn gegen Europas Südküste vorgeschoben wird. Auch hier sind die Verhältnisse ziemlich unüberschaubar und verwickelt, aber letztlich wird Afrikas Drängen und Schieben zur Entstehung der Alpen führen.

Davon ist im Augenblick allerdings noch wenig zu sehen: Die späteren Gebirgsmassive der Zentralalpen heben sich erst als flache Höhenrücken aus dem Meer, und ständig arbeiten Wind und Wetter daran, sie wieder einzuebnen. Aber der Druck Afrikas reicht weiter, als man denken möchte. Wir lassen unseren Ballon nach Norden treiben bis auf die Höhe von Kassel. Selbst hier, 500 Kilometer von den Alpen entfernt, ist der Einfluss Afrikas sichtbar. Längs der uralten Naht zwischen Gondwana und Laurussia entstehen neue Risse und Unruheherde. Die tief im Untergrund ruhenden Sockel der Variskischen Berge werden nach oben gehoben: als Erzgebirge, Harz oder Rheinisches Schiefergebirge. Auf Afrikas Drängen hin, unterstützt durch die Ausweitung des Nordatlantiks, schiebt sich die heutige Kette der Mittelgebirge in die Höhe – eine Art Echo aus längst vergangenen, variskischen Zeiten, als es weder Säugetiere noch Vögel gab; als noch nicht einmal die Dinosaurier existierten.

Aber ganz so friedlich, wie es hier klingt, läuft es nicht ab. Unter dem Druck von Süden reißt an manchen Stellen die alte Narbe wieder auf, und glutflüssige Lava tritt aus der Wunde. So auch im Westerwald – rund um den heutigen Stöffel. Dieser Berg sieht nicht gerade spektakulär aus; zudem ist er von Steinbrüchen «angefressen». Aber er hat eine durchaus dramatische Vergangenheit hinter sich ...

Wir treffen rechtzeitig ein und halten unseren Ballon in sicherer Entfernung, bevor das Spektakel beginnt. Schon die Kulisse ist sehenswert: unter uns – wie ein freundliches Auge – das dunkle Rund eines Kratersees. Seine Uferböschungen sind mit dichtem Grün bewachsen. Im Wasser quaken die Frösche, und auf den Blumen sitzen leuchtend blaue Rüsselkäfer. Ein friedliches Fleckchen, ideal für einen Badeausflug. Allenfalls die Krokodile im Uferschlamm könnten einen davon abhalten.

Und noch etwas hält uns auf Distanz zu diesem See. Ein paar Kilometer entfernt wartet ein mächtiger Vulkan. Mit Dampf- und Rauchwolken und gelegentlichem Grummeln macht er klar, wie heiß er ist und wie sehr er auf seinen Auftritt wartet. Wie auf Kommando eröffnet er das Naturschauspiel und schießt mit einem Donnerschlag Fontänen glühender Gesteinsbrocken und Lavafetzen in die Luft. Es folgt eine kurze, dramaturgisch geschickte Pause – dann beginnt weiß glühende Lava über den Kraterrand zu quellen. Flüsse und Kaskaden geschmolzenen Gesteins stürzen zu Tal. Sie sammeln sich zu einem mächtigen Strom, der alles niederwalzt und in Flammen setzt, was auf seinem Weg liegt. Und dieser Weg führt – das lässt sich jetzt schon absehen – in Richtung unseres freundlichen Badesees. Unerbittlich schiebt sich der Lavastrom voran. Seine Oberfläche kühlt in der flirrenden Luft und erstarrt zunehmend zu einer schwarzen Kruste. Aber diese Haut ist ein turbulentes Chaos aus Rissen und Klüften, aus denen glutflüssiges Gestein nach oben schießt. Erkaltete Brocken werden ein Stück weit mitgetragen – wie Eisschollen auf einem reißenden Fluss –, bevor sie wieder eintauchen und aufgeschmolzen werden.

Die Front des Lavastroms erreicht unseren See. Büsche und Bäume haben sich entzündet. Wer nicht fliehen konnte, ist in der Gluthitze gestorben. Jetzt schiebt sich die Lavazunge unter aufschießenden Dampfwolken in den See und legt sich als steinerne Matte über seinen Untergrund. Der Seeboden ist luft- und wasserdicht versiegelt – unter einer Lavaschicht, die weiter anwächst und schließlich eine Mächtigkeit von 100 Metern erreicht. Ende des Naturschauspiels. Der Nachbarvulkan hat einen Basaltdecke über unseren so freundlichen, einladenden See gestülpt. Schade – wir sollten ihn eigentlich wieder lüften.

Aber das hat bereits die Stöffeler Basaltindustrie für uns getan. Seit 1898 baut sie den Basalt ab. Schicht für Schicht wurde der Deckel abgetragen und zu Kopfsteinpflaster und Straßenschotter verarbeitet. Jetzt steht das Ende des Abbaus bevor: An vielen Stellen ist der einstige Seeboden erreicht.

Michael Wuttke bückt sich und reicht mir ein Blättchen vom Boden. 25 Jahrmillionen alt, jede Rippe und Ader aufs feinste versteinert. «Wurde in den See geweht», stellt er beiläufig fest, während er mich zu seiner Grabungsstelle führt. Dr. Wuttke ist der für Erdgeschichte zuständige Paläontologe am Landesamt für Denkmalpflege in Mainz. Seit 1992 holt er mit seinem Grabungsteam ans Tageslicht, was der Basaltdeckel bislang verborgen hielt: Rüsselkäfer, deren Blau so kräftig leuchtet wie einst; einen Maulwurf, der ins Wasser gespült wurde, oder eine Ameisenkönigin, die beim Hochzeitsflug ertrunken ist.

Der Star unter allen, schwärmt Michael Wuttke, sei jedoch eine kleine Maus … (klingt nicht sonderlich aufregend in meinen

Ohren) ... eine Maus, deren Zähne man schon lange kenne (na und?). Die Pointe hat er sich bis zum Schluss aufgespart: Das kleine Nagetier konnte fliegen; die Flughaut ist wunderbar erhalten. Wenn es seine Beinchen ausstreckte, spannte sich die Haut wie ein Gleitschirm, und das Tierchen konnte von Baum zu Baum segeln. Michael Wuttke bekommt leuchtende Augen, wenn er davon erzählt. Die Stöffelmaus sei der erste bekannte Gleitflieger unter den Säugetieren! Und sie habe sogar einen besonderen Knochen entwickelt, um die Flughaut aufzuspannen. Es gelingt ihm auf Anhieb, mich zu begeistern. Und ebenso hat er es bei den Bürgern und

Flugmaus aus dem Westerwald

Gemeindevorstehern rund um den Stöffel geschafft. Er konnte sie überzeugen, dass nicht jeder einen konservierten Kratersee in seiner Nachbarschaft habe – und schon gar nicht einen See mit fliegenden Mäusen. Ein Jahrhundert lang hätten die Gemeinden vom Basalt gelebt, jetzt sollten sie von dem leben, was darunter hervorkommt. Wuttke wirbt für seine Vision, den Stöffel zu einem Erlebnispark zu machen, der den Besuchern die Tier- und Pflanzenwelt des Tertiärs vor Augen führt. Und weil er ein Machertyp ist, hat er erst einmal für die Stöffel-Gemeinden Enspel, Stockum-Püschen und Nistertal das große «Maus-Fest» ins Leben gerufen. 7000 Besucher waren auf Anhieb dabei, um das Ereignis aus dem Tertiär zu feiern. Ströme von Bier und Wein erinnerten an die Lavaströme von einst und Grillfunken an die vulkanischen Explosionen. Erfreuliche Spätfolgen von damals, als der Westerwald den Druck Afrikas zu spüren bekam.

Auch andere Gebiete Deutschlands geraten unter den Einfluss Afrikas. So zum Beispiel das Gebiet nördlich der Donau: Der einstige Meeresboden aus dem Jura wird zur Schwäbischen Alb angehoben – und mit ihm all die im Schlick versunkenen Paddelechsen und Fischsaurier, die wir noch lebend beobachten konnten.

Der tiefste Umbruch der deutschen Landschaft aber geschieht in der Südwest-Ecke. Eigentlich ist es ein Einbruch; denn hier sackt der Boden ab, und eine gigantische Schlucht von über 3000 Metern Tiefe entsteht. Gleichzeitig richten sich zu beiden Seiten hohe Bergmassive aus dem Untergrund auf – ebenfalls alte variskische Fundamente. Man braucht nicht lange darüber nachzudenken, was sich hinter diesem spektakulären Super-Canyon verbergen könnte: Die Rede ist vom Oberrheingraben und seinen Randgebirgen Schwarzwald und Vogesen. Allerdings muss ich diese Schilderung gleich wieder zurücknehmen, bevor jemand auf einer abenteuerlichen Ballonfahrt durch diese Höllenschlucht besteht. Denn so, in dieser Abgrundtiefe, hat sie niemals existiert. Fast im gleichen Maße nämlich, wie der Oberrheingraben absackt, wird er auch aufgefüllt. Seine wirkliche Tiefe bleibt immer unter dem abgetragenen und eingeschwemmten Gesteinschutt von Schwarzwald und Vogesen verborgen.

Immerhin ist die Netto-Absenkung so tief, dass sich der Graben mit Wasser füllt: Von Süden her strömt ungehindert das Mittelmeer ein – die Alpen bilden ja noch keine durchgehende Barriere. Und von der anderen Seite her dringt die Nordsee ein. Jetzt führt eine 30 bis 40 Kilometer breite Meeresstraße durch Deutschland. Man hätte damals, vor 30 Millionen Jahren, von Hamburg ins Mittelmeer schippern können: durch die Lücke zwischen Harz und Hunsrück hindurch nach Mainz, und von dort weiter über Basel ins Mittelmeer. Aber Vorsicht. Der Seegang ist beachtlich. Vor allem im Raum Mainz wird es gefährlich; denn hier

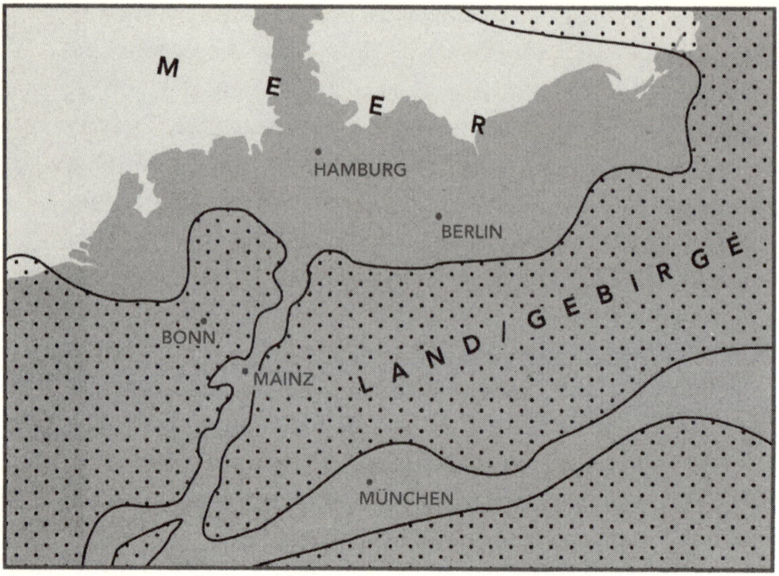

Die Meeresstraße durch Deutschland, die vor 30 Millionen Jahren die Nordsee mit dem Mittelmeer verband.

weitet sich die Wasserstraße zum «Mainzer Becken» mit fast 100 Kilometern Breite. Orkanstürme bauen haushohe Wellen auf, und eine Kette schroffer Felseninseln sorgt für unberechenbare Strömungen. Eine dieser Inseln hat es mir besonders angetan: die Steigerberg-Insel, südwestlich von Mainz.

In der Kiesgrube am Steigerberg staut sich die Hitze. Von den rötlichen Steilhängen prallt die Mittagssonne zurück, und der kleine See, der den tiefsten Aushub füllt, wirkt eher als Pfütze, die jeden Augenblick verdunstet sein könnte. Etwas höher gelegen knirscht und dröhnt eine altertümliche Siebmaschine. Sie lässt sich von riesigen Schaufelladern füttern und schüttet den Kies, nach Korngröße sortiert, zu exakt geformten Kegeln auf. Aber mich interessieren andere Arbeiten. Im oberen Drittel des Hangs ist eine Art Baustelle eingerichtet. Da stehen Vermessungsgeräte auf Stativen. Ich höre das schürfende Geräusch von Schaufeln.

Und regelmäßig werden Schubkarren über den Abhang gekippt. Ganz offensichtlich hat dies nichts mit der Kiesgewinnung zu tun. Zudem spielt sich alles in einer Felskulisse ab, die sich deutlich von der Umgebung unterscheidet. Neugierig geworden, beeile ich mich mit dem Aufstieg, und nach ein paar Minuten stehe ich nicht nur hoch über der Sohle der Kiesgrube, sondern auch buchstäblich in einer anderen Welt: in der Brandungszone eines tosenden Meeres – das sich für einen Augenblick zurückgezogen hat. Der rote Lavafels ist glatt poliert von der Schmirgelkraft anrollender, sandbeladener Brecher. Sie haben aus dem Steilufer der Steigerberg-Insel eine grandiose Klifflandschaft voll runder, sinnlicher Formen herausgeschliffen. Sanfte Hohlkehlen. Pilzförmige Ausstülpungen. Glatt geschmirgelte Rundungen. Man benötigt nicht viel Phantasie, und das Siebgeräusch aus der Tiefe wird zum Lärmen der Brandung. Die Wellen rennen schäumend gegen das Kliff, verfangen sich gurgelnd in seinen Höhlen und Felstöpfen, bevor sie sich mit rollenden Kieseln und Steinen wieder zurückziehen. Jede Welle variiert das Spiel. Die eine schlägt ungestüm gegen das Ziel. Die nächste lässt es gemächlich ausrollen. Und manche geben gebrochen auf, bevor sie die Klifflinie erreichen.

Die Studenten und Hilfskräfte des Geologischen Landesamtes Rheinland-Pfalz schuften wie Bauarbeiter, um das 30 Jahrmillionen alte Kliff freizulegen.* Sie kratzen Ablaufrinnen und Strudellöcher aus; sie lösen festgebackenen Schutt aus Brandungskehlen. Und sie balancieren ihre schwer beladenen Schubkarren auf schmalen Brettern an den Rand des Steilhangs. Wenn sie den Abraum über die Kante kippen, sieht es tatsächlich so aus, als stürzte er ins Wasser – in die Tiefe der einstigen Meeresstraße.

* Das Kliffgestein selbst ist uraltes Lavagestein, dessen Entstehung wir aber durchaus hätten beobachten können; es stammt aus der Zeit des Perms, als auch anderswo in Deutschland – zum Beispiel im Zeisigwald bei Chemnitz – die Vulkane aktiv waren.

Schauen wir uns etwas um dort unten. Offensichtlich wird die neue Abkürzung zwischen den Meeren gerne genutzt: Es herrscht reger Betrieb. Aber seltsamerweise bleibt die Überraschung aus: Thunfische und Dorsche ziehen durch; es gibt Adlerrochen und Zackenbarsche; und natürlich gehen Haie auf Jagd. Die Bewohner der Mainzer Straße könnten auch heute leben. Selbst die Meeressäuger sehen kaum anders aus als ihre modernen Verwandten. Wale (die es schon im Eozän ins Wasser zog) lassen sich zwar nicht blicken, aber eine Herde von Seekühen weidet in den wogenden Tangwäldern, die im Brandungsschatten vor der Insel wachsen.

Eine der Kühe liegt verendet auf dem Meeresboden. Todesursache unbekannt. Aber ihr Leben nach dem Tod habe ich mir in aller Ausführlichkeit schildern lassen.

Wie abgesprochen treffen wir uns in der Kiesgrube am Steigerberg. Jeder der Fossiliensammler hat seine eigene Sternstunde in der Grube erlebt, und der Austausch von Erfahrungen und Geschichten ist bereits voll im Gange. Harald Stapf hat einen 6 Zentimeter langen Haifischzahn mitgebracht. Der sei ihm vom Förderband der Siebmaschine praktisch vor die Füße gefallen. Der zugehörige Weißhai muss an die 10 Meter groß gewesen sein – ein Monster unter den Meeresstraßen-Räubern. Manfred Reisch holt eine Steinplatte hervor, die mit Muscheln besetzt ist. Das Ungewöhnliche dabei ist, dass die meisten ein kleines Loch in der Schale tragen – es ist nur 1 Millimeter groß, aber es stammt von einem Raubüberfall, der sie das Leben gekostet hat. Manfred kann sogar den Täter vorführen: die Raubschnecke Murex; sie durchbohrt die Muschelschalen, um ans weiche Innere zu kommen. (Murex ist die berühmte «Purpurschnecke», die bis ins Mittelalter den kostbaren Farbstoff für die Roben der Herrscher geliefert hat.)

Und dann ist der 78-jährige Johann Adam dran. Augenzwinkernd verweist er auf seinen Namen und präsentiert – eine Rippe. Damit habe bekanntlich alles angefangen. Auch bei ihm, in den fünfziger Jahren. Johann Adam war damals Juniorchef des Kieswerks, und bei einem seiner Inspektionsgänge fällt ihm ein Stück Knochen auf, das aus dem Sand schaut. Er gräbt nach und stößt auf ein komplett erhaltenes Seekuh-Skelett. Doch wie soll er es bergen? Wenn die Knochen durcheinander geraten...? Er hat ja keine Ahnung von Wirbeltier-Anatomie. Aber Johann Adam findet eine Lösung, und er ist heute noch begeistert davon: «Ich habe jeden Tag ein paar Knochen eingepackt und mir genau gemerkt, wie sie im Sand gelegen haben. Und genau so habe ich sie im Wohnzimmer wieder aufgebaut.» Es hat ein paar Monate gedauert, bis die Seekuh vollständig in das Wohnzimmer der Adams umgezogen war. Heute steht sie als Prunkstück im Atrium der Bayerischen Staatssammlung in München.

Etwa 10 Millionen Jahre lang ist die Meeresstraße durch Deutschland passierbar. Dann richten sich die Alpen auf – immer noch nicht zum Hochgebirge, aber hoch genug, um dem Mittelmeer den Weg zu versperren. Als sich auch die Nordsee zurückzieht, fällt die Wasserstraße trocken, und der Rheingraben kann endlich dem Rhein seinen Weg weisen. Genauer gesagt: dem Ur-Rhein. Der entspringt nämlich irgendwo im Schwarzwald, weil die Alpen noch zu dürftig sind, um ihn zu speisen.

Das Schreckenstier von Eppelsheim

Ballonfahrer sind Frühaufsteher – sie müssen starten, solange der Wind noch schläfrig ist: vor Sonnenaufgang. Im ersten Morgengrauen also steigt unser Ballon fauchend aus der Grube. Das einzige Geräusch neben dem schrillen, vibrierenden Dauergesang der Vögel. Wir passieren die roten Felsen des Kliffs, die im Widerschein des Morgenhimmels leuchten. Der See schrumpft tatsächlich zur Pfütze. Dann übersteigen wir den Rand der Grube, sehen auf den Steigerberg zurück – und werden von der aufgehenden Sonnenscheibe geblendet. Mit sanfter Wärme vertreibt sie unser letztes Frösteln.

Der Ballon schwebt über die Felder der Rheinebene, Richtung Südosten. Wir überfliegen das Städtchen Alzey und folgen ein paar Minuten der lärmenden, unbegreiflich hektischen Autobahn. In der Ferne taucht das Bauerndorf Eppelsheim mit seinen eng zusammenstehenden Fachwerkhäusern auf. Als ich das nächste Mal nach unten schaue, sind die Autos samt ihrer Asphaltpiste verschwunden. Stattdessen Pferdegespanne, die hoch beladene Erntewagen ziehen. Überall auf den Getreidefeldern schwingen die Bauern ihre Sensen. Frauen und Kinder bündeln die Ähren, und aus den Höfen von Eppelsheim klingen die Dreschflegel. Kein Zweifel, wir sind in «der guten alten Zeit», als Adrian Ludwig Richter seine idyllischen Erntebilder malte. Unser Chronometer zeigt das Jahr 1835.

Inmitten der Felder jedoch, in einer kleinen Senke, herrscht angeregte Volksfeststimmung: Das halbe Dorf scheint versammelt. Alle reden durcheinander, lachen und gestikulieren. Dazwischen laute Kommandos. Beim Näherkommen fallen uns die Bretterbohlen, Seile und Leitern auf. Und die kräftigen Bauernburschen. Über zwei Dutzend sind es. Sie reißen Witze, lassen ihre Muskeln spielen und schielen dabei auf die Mädels. Zentrum des ganzen Auflaufs ist ein 4 bis 5 Meter tiefes Loch in der Erde, in dem irgendetwas Bedeutsames vor sich geht. Tatsächlich ruht dort unten ein riesiger Schädel – der Rest eines schrecklichen Ungeheuers. Zwei gut gekleidete Herren, die Gelehrten August von Klipstein und Johann Jacob Kaup, geben Anweisungen, das Dinotherium giganteum, wie sie es genannt haben, zu bergen. Zu Deutsch: das gigantische Schreckenstier. Das Vorhaben ist alles andere als einfach, denn Schädel und Oberkiefer samt Zähnen sind als Ganzes erhalten, und so – am Stück – sollen sie auch nach oben gehievt werden. Kaup hat eine Idee – und bewundernd stelle ich fest, dass sie sich bis heute in der Paläontologie bewährt hat: Er lässt einen Gipsbrei anrühren und den Fund zur Stabilisierung eingipsen. Vorher jedoch, um die Ummantelung auch wieder lösen zu können, wird «der entblösste Theil des Schedels mit Öl

Die Bergung des «Ungeheuers von Eppelsheim» (historischer Holzschnitt)

und Schweinefett tüchtig eingesalbt». So müsste es klappen. Wenn nur das Gewicht nicht wäre: Über 400 Kilogramm wiegt der ganze Packen. Aber Klipstein hat inzwischen die Hebekräfte organisiert: in zwei Reihen zu zwölf Mann stehen sich die Bauernburschen gegenüber. Und jetzt Kaups Kommando von unten: «Ziiiieht! Aber vorsichtig!» Die Seile spannen sich. Die Muskeln spannen sich. Und selbst das Publikum ist gespannt. 24 starke Männer ziehen den Schreckensschädel aus der Tiefe. Jubel, Wein und Beifall, als er oben ankommt.

Die nächste Etappe scheint leicht. Der Schädel muss nur noch auf einen Erntewagen gehoben werden – die Ladefläche ist bereits mit weichen Sofakissen ausgepolstert. Aber was heißt da «nur noch»? Wo und wie sollen die Männerarme zupacken? 400 unhandliche Kilogramm. Mit einer gewissen Schadenfreude verfolge ich die Diskussionen, Fehlversuche und Neuversuche, die das Riesenpaket nur knapp überlebt. Die können's auch nicht besser, murmele ich vor mich hin und muss daran denken, wie wir diese Ladeszene für Filmaufnahmen nachspielen wollten: Nach einer geschlagenen Stunde, mehreren Anläufen und unzähligen Diskussionen fand der Bürgermeister von Eppelsheim die Lösung. Behutsam, obwohl es nur eine Nachbildung war, stemmte er den Schädel in die Höhe und setzte ihn wie ein rohes Ei auf die Kissen. Das Ganze freilich mit der Ladeschaufel seines nagelneuen John-Deere-Traktors.

Auch Kaup und seine Mannen haben es schließlich geschafft, aber jetzt beginnen die nicht weniger harten Auseinandersetzungen mit den Kollegen. Was ist das für ein gigantisches Tier – ab-

Riesentapir und Riesenseekuh (unten): zwei historische Rekonstruktionsversuche des Dinotheriums

gesehen davon, dass es «schrecklich» ist und eine Schulterhöhe von über 3 Metern hat? Der Unterkiefer, den Kaup schon einige Jahre zuvor geborgen hat, macht die Frage auch nicht leichter. Da sitzen riesige, nach unten gekrümmte Stoßzähne im Knochen. Wozu wurden sie gebraucht? War das Ungeheuer ein Riesentapir? Oder eine Riesenseekuh? Beide Meinungen werden mit Leidenschaft verfochten. Kaup selbst stellt sein Dinotherium elefantenähnlich dar, weil er die große Nasenöffnung im Schädel als Rüsselansatz interpretiert. Allerdings muss er sich über die Hinterbeine, von denen er keine Knochen kennt, hinwegmogeln. In der Rekonstruktionszeichnung liegt sein Schreckenstier brav hinter einem Farnbusch, der die umstrittene Partie verdeckt.

Und heute? Weiß man heute, was sich hinter dem Fund von Eppelsheim verbirgt? Der kleine Zeitsprung in die Gegenwart ist von besonderem Reiz: Wir bleiben an Ort und Stelle mit unserem Ballon, wir stehen wieder vor einem Loch im Boden, und wieder sind es zwei Gelehrte, die sich in der Tiefe zu schaffen machen: die Paläontologen Oldrich Fejfar und Jens-Lorenz Franzen. Sie haben zwar keinen Riesenschädel zu präsentieren, aber nicht von ungefähr graben sie an derselben Stelle: Hier genau floss vor 10 Millionen Jahren der Ur-Rhein; in seinen sandigen Uferzonen könnten noch weitere Knochen oder Zähne ruhen. «Primatenknochen wären am schönsten», sagt Franzen und weist uns darauf hin, dass damals schon 1,20 Meter große Menschenaffen in der Gegend lebten.

Zum Glück für uns sind beide Paläontologen auch Rüsseltier-Experten, und Professor Fejfar aus Prag hat erst kürzlich das Bild von den Dinotherien zurechtgerückt. Nein, erklärt er uns, die hätten zwar einen Rüssel wie Elefanten, seien aber keine. Ihre Beine seien schlanker, ihre Backenzähne anders geformt, und mit ihren gekrümmten Stoßzähnen hätten sie vermutlich die Rinde von Bäumen geschält. Dann drückt er uns seine letzte Rekonstruktionszeichnung in die Hand: «Die sahen doch gut aus – schade, dass sie ausgestorben sind.»

Kunst und Kälte

Für die imposanten «Hauerelefanten» und viele ihrer Zeitgenossen kommt das Ende, als die Erde abermals in ein Kältebad getaucht wird. Und dieses Mal breiten sich als Folge nicht nur Savannen und Wiesen aus, sondern kilometerdicke Gletscher schieben sich über weite Teile des Globus. Die Erde stürzt in eine Eiszeit, aus der sie bis heute nicht richtig herausgefunden hat.

Moderne Rekonstruktion des Dinotheriums

Der neue Temperatursturz betrifft uns persönlich. Denn er verhilft den Menschenaffen zu einer äußerst spannenden Nebenlinie – zu aufrecht gehenden Primaten, die überraschend erfindungsreich und lernfähig sind und das Gelernte an die nächste Generation weitergeben – durch Gesten und Worte, durch Tontafeln, Bücher oder das Internet. Hier räumen die Paläontologen normalerweise das Feld und überlassen es den Kollegen von der Archäologie, die sich ausschließlich mit der Menschheitsgeschichte befassen. Trotzdem wollen wir uns an einem ganz besonderen Punkt in diese Geschichte einschleichen und unsere Vorfahren belauschen. Wir steuern unseren Ballon – nicht nach Afrika, wo alles begann, sondern in eine Gegend, die uns schon aus Saurierzeiten her vertraut ist: zu den Höhlenmenschen auf der Schwäbischen Alb.

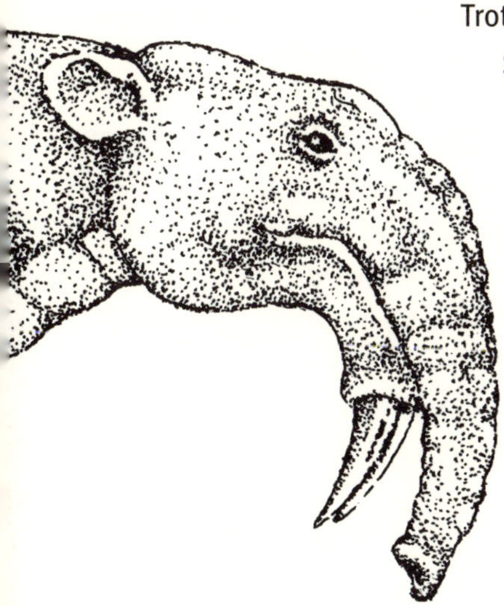

Zugegeben, der Sprung von den Hauerelefanten zu den Höhlenmenschen kommt – selbst für erprobte Zeitreisende – etwas unvermittelt. Aber glücklicherweise weht der Wind nur schwach, und unsere Fahrt dauert lange genug, um nochmals in Ruhe über den so folgenreichen Kälteeinbruch nachzudenken.

Der erste Temperatursturz war ja durch Magmaströme im Erdinneren ausgelöst worden. Sie hatten Australien abgespalten und so eine Vereisung der Antarktis ausgelöst. Das war zum Ende des Eozäns, vor rund 35 Millionen Jahren. Jetzt wird eine weitere Kühlstufe hinzugeschaltet: Vor 3 bis 4 Millionen Jahren wächst auch am Nordpol eine Eiskappe heran. Und wie zuvor sind die «Höllenkräfte» des Erdinneren dafür verantwortlich zu machen. Erneut drehen sie am Regelknopf des Klimas – nicht am Südpol, auch nicht am Nordpol, sondern in einer ganz unscheinbaren Ecke der Welt: Zwischen Südamerika und Nordamerika brechen Vulkane aus dem Meeresboden und schütten die Landenge von Panama auf – eine Verbindung, die bekanntlich bis heute hält. Auf den ersten Blick scheint das nicht beunruhigend. Eine schmale Landbrücke, irgendwo im «wilden Westen» – wie soll sie eine dramatische Vereisung der Erde heraufbeschwören? Aber ein kleiner Schalter, der den Strom unterbricht, kann bekanntlich viel bewirken.

So auch hier: Der neue Landstreifen unterbricht die Verbindung zwischen Atlantik und Pazifik – und verändert den Meeresstrom, der bis dahin durch diese Lücke führte: Der warme Golfstrom staut sich vor der verschlossenen Tür und wird nach Norden abgedrängt. Er sucht sich seinen Weg – wie er es bis heute macht – entlang der nordamerikanischen Küste und bis über Europa hinaus in das Nordmeer.

So weit, so gut. Aber wie sollen die warmen Wassermassen des Golfstroms eine Eiszeit auslösen? Statt langer Erklärungen schieben wir in Gedanken einen Topf mit heißer Suppe in das Tiefkühlfach – und schon nach wenigen Minuten sind die Wände vereist; das warme, rasch verdunstende Wasser schlägt sich als weiße Eisschicht nieder.

Nach dem gleichen Prinzip sorgt der warme Golfstrom für weißen Niederschlag in den kalten nördlichen Regionen: Es schneit – und es schneit mehr, als Schnee abschmelzen kann. Das setzt nicht nur die Gletscherbildung in Gang, sondern kostet Wärme, weil Schnee und Eis die Sonnenstrahlung zurück in den Weltraum spiegeln. Deshalb kühlt die Erde ab.

Das Klimageschehen ist insgesamt eine äußerst verwickelte

Angelegenheit, und wahrscheinlich kann der Golfstrom nicht allein für die Vereisung verantwortlich gemacht werden. Aber dass er zu den Hauptschuldigen gehört, steht außer Frage.

Die neuen Eismassen im Norden jedenfalls ändern das Klima, wie wir es schon mehrmals erlebt haben: Es wird trockener auf der Erde. Und auch die Folgen für die Pflanzenwelt sind uns bereits vertraut: Das Gras gewinnt; der Wald verliert. Selbst in den afrikanischen Tropen setzt sich jetzt das Grasland durch, und die Wälder schwinden. Das Thema ist nicht neu für uns und nicht neu für die Erde. Aber es ist ein Thema mit überraschenden Variationen.

Seinerzeit waren es Urpferdchen, die mit neuen Entwicklungsschritten ihre Vertreibung aus dem Wald bewältigten. Jetzt gelingt es einigen Primaten, sich an das offene Grasland anzupassen. Sie werden zu Dauerläufern mit Schweißkühlung. Wer weniger Haare hat, kann den Kühleffekt sogar steigern. Nacktheit zahlt sich aus. Bringt aber zugleich ein Problem für die Jungen: Sie verlieren den Haltegriff im Fell. Das wiederum bekommen diejenigen in den Griff, die sich aufrichten können. Damit werden die Hände frei, und man kann die Kinder tragen – oder auch Steine und Stöcke bearbeiten ... und so fort.

Was warum welche Anpassungen ausgelöst und nach sich gezogen hat – darüber wird bis heute gern und häufig gestritten. Aber all diese Entwicklungsschritte erfolgten nach denselben Regeln, die den Fischen Beine oder den Sauriern Flügel machten: Kleine, zufällige Änderungen wurden beibehalten, wenn sie sich als nützlich erwiesen und die Zahl der Nachkommen erhöhten.

Die neue Trockenheit jedenfalls hat zu einem neuen aufrecht gehenden Graslandbewohner geführt. Wir sind Kinder der Eiszeit.

Die Versuchung ist groß, unseren Ballon auf einen Lokaltermin nach Afrika umzuleiten, um die vielen offenen Fragen zu klären. Wie haben sich die Urmenschen verständigt? Wie sind sie trotz Löwen und Hyänen an Fleisch gekommen? Und wie verlief der Werdegang zum «denkenden Menschen», zum Homo sapiens?

Aber wir würden uns in Details verlieren; immer mehr zeigt sich, dass unsere frühe Vorgeschichte ähnlich verworren und von vielen Sackgassen, Neben- und Parallelentwicklungen geprägt ist wie die Geschichte der Pferde. Es gab unüberschaubar viele Anläufe zur Menschwerdung – darunter vierschrötige Arten mit malmenden Kiefern. Andere Ur-Menschen hatten O-Beine. Und wieder andere waren zierlich und schlank. Ausgestorben sind sie alle. Fast alle. Dass es schließlich geklappt hat, war keineswegs zwangsläufig, sondern hat eine Menge mit Glück und Zufall zu tun.

Am Vogelherd

Wir sind im 33. Jahrtausend vor unserer Zeitrechnung. Der Himmel ist klar über der Schwäbischen Alb. Vereinzelte Schneefelder erinnern zaghaft daran, dass Eiszeit herrscht, aber das Wetter ist mild mit Temperaturen um die 16 Grad. Unter uns, im Tal der Lone, grast eine Gruppe von Wildpferden. Misstrauisch sichern sie immer wieder in Richtung der Kalkfelsen am Hang, wo sich ein dunkler Höhleneingang öffnet. Von dort zieht eine Rauchfahne in den Himmel und zeigt uns schon von weitem, dass wir nicht umsonst angereist sind: Die berühmte Vogelherdhöhle ist derzeit bewohnt. Und wenn wir Glück haben, treffen wir jenes Genie, dem die Höhle ihren Ruf verdankt.

Bei dem schönen Wetter spielt sich das Leben auf dem Vorplatz der Höhle ab. Jeder scheint sich die Zeit zu vertreiben, bis das Essen fertig ist. Ein junger Mann hat sich seine zerrissene Hose übers Knie geworfen und ist dabei, sie zu flicken: Mit einem Knochenpfriem durchbohrt er das Fell und zieht den Riss mit einer dünnen Rentiersehne zusammen. Ab und zu ruft er lachend seinem Kumpel etwas zu, der sich mit seinem Speer abmüht. Mit Harz und Wachs hat er eine neue Steinspitze in den Schaft geklebt und umwickelt ihn jetzt mit einer angefeuchteten Tiersehne. Eine

Windung legt sich lückenlos an die andere. Beim Trocknen wird sich die Sehne straffen und für eine «todsichere» Verbindung sorgen. – In die Stimmen und das Gelächter mischen sich die hellen Töne eines Blasinstruments. Ein Mädchen hat seine Felldecke ans Feuer gerückt und spielt völlig versunken auf einer Knochenflöte – einem ausgehöhlten Schwanenknochen mit fünf Grifflöchern.

Kein Zweifel, die Vogelherdhöhle wird von modernen Menschen bewohnt – Menschen, wie wir es sind. Das Einzige, was uns trennt, ist das in 33 000 Jahren gesammelte, ausgetauschte und weitergegebene Wissen. Ein Stück Kulturgeschichte also. Keiner dieser Vogelherdmenschen, würde er in unserer Zeit aufwachsen, hätte Schwierigkeiten, sich zurechtzufinden. Allerdings müsste er dann auf die duftende Fischsuppe verzichten, die schon samt Gewürzen und Pilzen im Topf köchelt. Und diesen Topf muss man gesehen haben: eine Mulde im Boden, sauber ausgelegt mit einer Tierhaut. Die Köchin greift zur bereitliegenden Astgabel und angelt einen heißen Stein aus der Glut. Das Wasser zischt auf, als er in der Topfmulde versinkt. Kochkunst in der Steinzeit. Ein paar Sekunden später ein lautes Knacken: Der Stein hat die Abschreckung nicht heil überstanden und ist in zwei Teile zersprungen. Das Missgeschick passiert schon mal – und versetzt Jahrtausende später Archäologen in Begeisterung: Sie wissen, dass sie einen Kochstein vor sich haben.

Etwas entfernt vom Feuer, am Eingang der Höhle, hat sich ein älterer Mann gemütlich auf einem Fellstapel zurechtgesetzt. Ein Lederband hält ihm die langen Haare aus der Stirn; die grauen Strähnen sind nicht zu übersehen. Eine Armlänge entfernt und bequem zu erreichen: eine Art Werkbank. Auf einem Felsvorsprung liegt ein Satz Steinmesser und Schaber – ordentlich nach der Größe sortiert. Daneben einige Brocken Mammut-Elfenbein. Der Mann hat seine Fellärmel hochgekrempelt, um besser arbeiten zu können. Und diese Arbeit ist es, die Geschichte geschrieben hat und bis heute Bewunderer findet. Mit sicheren Bewegungen setzt der Mann sein Werkzeug an; schneidet, schabt und ritzt. Unter seinen Händen wandelt sich ein Stück Elfenbein in eine zierliche Pferdegestalt, die bequem in eine Handfläche passt. Er wechselt das Werkzeug; formt Ohren, Nüstern und Mähne; poliert das Stück mit feinstem Schmirgelsand. Wir erleben einen Künstler in seinem Atelier. Und sein Kunstwerk ist weit mehr als der Versuch, ein Pferd abzubilden. Es ist eine persönliche Schöpfung, aus eigenem Material nach eigenen Vorstellungen gestaltet. Eine Figur, die sich selbstbewusst über die Proportionen des natürlichen Vorbilds hinwegsetzt und das Wesen eines Pferdes, seine Schönheit und Kraft in einem künstlerischen Wurf zum Ausdruck bringt. Nicht minder überzeugend ist ein kleines Mammut aus Elfenbein, das bereits fertig gestellt auf der Werkbank ruht und – obwohl nur walnussgroß – die ganze Bulligkeit und Kraft des Riesentieres widerspiegelt.

Die Elfenbeinfigürchen aus der Vogelherdhöhle sind die ältesten Zeugnisse menschlicher Kunst, die man bislang weltweit gefunden hat. Und sie gehören zu den schönsten. Wer möchte, kann sich davon selbst im Schlossmuseum in Tübingen überzeugen. Aber noch ist das Pferdchen nicht vollendet, noch fehlt der Schwanz. Unser Elfenbeinschnitzer begnügt sich damit, den Ansatz herauszuarbeiten. Dann lässt er das Stück prüfend durch die Finger gleiten und scheint mit seiner handschmeichelnden Arbeit zufrieden.

Er verlässt seinen Sitz, überquert ruhig und würdevoll den Vorplatz und geht auf den jungen Mann zu, der seinen Speer fertig gestellt hat. Was die beiden miteinander reden, ist nicht zu verstehen, aber ein Ausdruck von Ernst und Feierlichkeit liegt in den Gesichtern. Die Blicke gehen hinüber zur Kochstelle, dann hinunter ins Tal, wo sich die Pferde aufhalten. Andere sind hinzugetreten. Schweigend. Offenbar wird der Künstler als Schamane geachtet. Denn jetzt legt er dem Jäger eine Hand auf die Stirn, und unter dem Singsang beschwörender Worte überreicht er ihm das Elfenbeinpferd. Es wird seinen Besitzer als Talisman begleiten. Es wird ihm magische Kräfte verleihen und bei der bevorstehenden Pferdejagd den Erfolg erzwingen. Alle Umstehenden sind davon überzeugt.

Von der Kochmulde her erschallt ein energischer Ruf, der nur eines bedeuten kann: Essen ist fertig!

AUSBLICK: SO WEIT DIE PLATTEN TRAGEN

Eigentlich könnten wir unser Logbuch aus der Hand legen und unsere Reise beenden. Aber «wir haben noch etwas Gas in der Flasche», verkündet unser Pilot und schlägt vor, einen Abstecher in die andere Richtung zu machen – in die Zukunft.

Auch in Zukunft wird nichts und niemand die gigantischen, unberechenbaren Höllenkräfte des Erdinneren aufhalten. Die Platten mit den Kontinenten werden uns tragen, wohin sie wollen. Und wie schon in der Vergangenheit werden sie Meeresströme steuern und mit ihnen unser Klima. Sie werden Gebirge falten und Ozeane verschlucken. Und dies alles mit vulkanischem Feuerwerk und verheerenden Erdbeben begleiten. Die Kulissen für das Drama des Lebens werden von der Glutschmelze unter unseren Füßen bewegt. Chaotisch und unberechenbar.

Aber auch die Handlung selbst ist nur in groben Zügen festgeschrieben; die aus unserer Sicht wohl einschneidendsten Ereignisse sind meist das Werk des Zufalls. Denn es war keineswegs zwangsläufig, dass die Vierfüßer das Land erobern würden oder dass die Reptilien als Sieger aus der Perm-Trias-Krise hervorgehen würden. Und ohne den unglückliche Abgang der Dinosaurier hätten es die Säugetiere nie zu einer Hauptrolle gebracht. Mit anderen Worten: Könnte man das Schauspiel des Lebens nochmals bei null – oder sagen wir, im Kambrium vor 540 Millionen Jahren – beginnen lassen: Die Erde sähe heute anders aus, und mit Sicherheit gäbe es keine Menschen wie uns.

50 Millionen Jahre haben wir hinter uns gelassen und werfen aus unserem Ballon ein letztes Mal einen Blick hinunter auf das «Gesicht» der Erde. Sehr erbaulich ist es nicht. Das Mittelmeer mit all seinen schönen Badestränden und antiken Sehenswürdigkeiten ist zugeschoben – bis auf ein schmales Rinnsal. Afrika hat offensichtlich seinen Nordkurs fortgesetzt und sich mit Eurasien zu einem neuen Superkontinent vereint. Irgendwie kennt man das zur Genüge.

Und Menschen? Von Menschen oder ihrer Zivilisation ist nichts zu sehen. Höchstwahrscheinlich sind sie ausgestorben – wie jede andere hoch entwickelte Art der Erdgeschichte zuvor. War es Selbstzerstörung? Eine Epidemie? Ein Meteoriteneinschlag?

Der Gedanke, dass es eines Tages keine Menschen mehr geben wird, hat für viele – und ich zähle mich dazu – etwas zutiefst Bestürzendes. Und auch die Vorstellung, dass andere – Insekten vielleicht – die Lücke füllen werden, ist nur ein schwacher Trost.

Aber ganz so fremd sollte uns der Gedanke an unsere Vergänglichkeit nicht sein. Auch unser eigenes persönliches Leben ist bekanntlich nur eine winzige, vergängliche Etappe in der Geschichte der Menschheit. So, wie die Existenz der Menschheit nur eine winzige Etappe in der Geschichte des Lebens ist. Hier wie dort bleibt uns nichts, als uns tatkräftig in unser Schicksal zu fügen.

Wir haben nur dieses eine Leben: Machen wir was draus! Und wir haben nur diese eine Menschheitsgeschichte: Machen wir was draus; machen wir etwas aus der Welt, solange sie uns hat. – Und deshalb die Order an unseren Piloten: Schleunigst zurück in die Gegenwart.

NACH DER LANDUNG

Jetzt, nachdem wir wieder heil gelandet sind – etwas erschöpft, aber um einige Erlebnisse reicher –, bleibt mir nur, mich für die Teilnahme an unserer Deutschland-Tour durch die Jahrmillionen zu bedanken. Natürlich hoffe ich, dass die Reise keine Enttäuschung war – auch wenn nicht alle Passagen gleichermaßen spannend und unterhaltsam ausfielen. Sicher wären manche (ich auch!) gern länger bei den Dinosauriern oder den gewaltigen Hauerelefanten geblieben oder hätten gern mehr über Plattentektonik oder die Eiszeiten erfahren. Aber dafür gibt es besondere Studienreisen, die jedem, der mehr wissen möchte, offen stehen. Ich würde mich freuen, wenn unser erster orientierender Überblick aus dem Ballon dazu einen Anstoß gibt.

Mir selbst hat unsere Reise Spaß gemacht, und ich habe viel dabei gelernt – auch dass Zeitreisen weit mehr Zeit kosten, als ich gedacht hatte. Und so muss ich all diejenigen um Nachsicht bitten, die wenig von meiner Gegenwart hatten, weil ich irgendwo unterwegs in der Vergangenheit war – an den Gestaden des Zechsteinmeers oder bei den Urpferdchen am Messelsee. Viele Termine, Verabredungen und Dreharbeiten fielen den Sauriern oder anderem Urgetier zum Opfer. Und ich bewundere meine Frau, dass sie so lange jemanden ertragen konnte, der nur noch Reisegedanken und die zugehörigen Etappenziele im Kopf hatte.

Dass wir uns im Labyrinth der Erdgeschichte nicht total verfahren haben, dafür haben Professor Carsten Brauckmann und Dr. Michael Wuttke Sorge getragen. Ihnen gilt mein herzlicher Dank für die sachkundige und arbeitsintensive Überprüfung der Reiserouten und Reisedaten. So manche Anregung kommt von ihrer Seite, und es gab mir stets ein gutes Gefühl der Sicherheit, solche professionellen und einfühlsamen Begleiter an Bord zu haben.

Ich kann gar nicht aufzählen, wer noch alles mit spontanen Recherchen, mit Bildern und Informationen meine Wissenslücken gestopft hat. Kaum einer meiner Freunde und Bekannten blieb von Anfragen verschont – und immer waren sie dringend. An dieser Stelle ein pauschales Dankeschön an alle. Ich hoffe, ihr werdet das Resultat eurer Bemühungen als Größenangabe, Jahreszahl oder Messwert wiederfinden.

Vom Start weg bis zur Landung war Julia Kühn eine begeisterte und feinsinnige Lektorin, die den nächsten Reiseabschnitt kaum erwarten konnte. Wenn das nicht beflügelt ... oder den Brenner aufflammen lässt.

Apropos Brenner: Unseren Heißluftballon und seinen großartigen Piloten Hansgeorg Lutz gibt es tatsächlich. In der Fernsehdokumentation des ZDF, die unsere Reise mit anderen Mitteln darstellt, spielen beide eine tragende Rolle.

ERDNEUZEIT	Tertiär		5 Mio.	Homo sapiens
		Miozän		
			25	
		Oligozän		
			36	
		Eozän		Urpferdchen
			55	
		Pliozän		
			65	Massensterben/ Ende Dinosaurier
ERDMITTELALTER	Kreide			Dinosaurier
			140	Flugsaurier
	Jura			Fischsaurier
			210	erste Säugetiere
	Trias			
			250	Massensterben
ERDALTERTUM	Perm			
			290	Reptilien
	Karbon			
			360	Amphibien
	Devon			
			410	Fische
	Silur			
			440	erste Landpflanzen
	Ordovizium			
			500	
	Kambrium			Trilobiten und andere Meerestiere
			540 Mio.	

LITERATUR UND BILDQUELLEN

Einige Bücher zur Ergänzung und Vertiefung:

PALÄONTOLOGIE

Ernst Probst: Deutschland in der Urzeit. C. Bertelsmann 1986.
Ein fleißiges, sorgfältiges und umfangreiches Buch, das die bedeutenden Fossilfunde Deutschlands aus allen Erdzeitaltern beschreibt. Zahlreiche Zeichnungen, Farbfotos und «Lebensbilder» ergänzen den Text, der allerdings einiges Durchhaltevermögen erfordert.

Uwe George: Expedition in die Urwelt. GEO-Buch 1993.
Ein typisches GEO-Buch – aufwendig, teuer, großartige Bilder. Uwe George hat die berühmtesten Fundstellen und Entdecker persönlich aufgesucht. Seine Berichte über diese Begegnungen sowie seine eigenen Expeditionen sind durchgehend spannend und sachkundig geschrieben.

Jill Bailey/Tony Seddon: Young Oxford. Urgeschichte. Beltz & Gelberg 1999.
Ein knapper und reichlich bebilderter Leitfaden durch die Perioden der Erdgeschichte. Bestens geeignet für einen ersten Überblick. Konzentrierte, aber leicht verständliche Texte.

Richard Fortey: Leben – eine Biographie. C. H. Beck 1999.
Mein absolutes Lieblingsbuch. Fortey ist Curator im Londoner Museum of Natural History. Er schildert die Geschichte des Lebens zwar recht ausführlich, aber stets so persönlich, so charmant und intelligent – und streckenweise so humorvoll –, dass man nicht weiß, wofür man sich mehr begeistern soll: für diesen Autor oder für die Geschichte, die er erzählt.

DINOSAURIER

Ernst Probst/Raymund Windolf: Dinosaurier in Deutschland. C. Bertelsmann 1993.

Alle Dinosaurier und Dinosaurierspuren und ihre Entdeckungsgeschichten in Deutschland bis in die frühen neunziger Jahre.

Robert T. Bakker: The Dinosaur Heresies. Zebra 1995.

Ein weltbekannter Klassiker. Die «Bibel» für alle Dinosaurier-Fans. Bakker hat es geschafft, die Dinosaurier von ihrem früheren Geruch der schwerfälligen Rückständigkeit zu befreien. Er hält sie für warmblütig, flinkfüßig und hoch entwickelt. Seine dramatischen, selbst gezeichneten Darstellungen sind eine Kunst für sich.

ERDGESCHICHTE

Donald MacDougall: Eine kurze Geschichte der Erde. Scherz 1997.

Als Geologe und Geophysiker beschreibt MacDougall kompetent den Werdegang des Planeten Erde: welche Rolle das Wasser und die Atmosphäre spielen; wie man die Temperaturen vergangener Zeiten misst oder wie die Drift der Kontinentalplatten die Geschichte des Lebens beeinflusst.

Simon Lamb/David Sington: Die Erdgeschichte. Könemann 2000.

Fernseh-Begleitbuch zur BBC-Serie «Earth Story». Welche Kräfte formen und gestalten die Erde? Und woher wissen wir das? – Sorgfältig und anschaulich aufbereitet; mit einer Fülle schlüssiger grafischer Darstellungen.

Bildquellen

Wir danken sehr herzlich Dr. Christoph Bartels für den Bundenbacher Borstenwurm auf S. 60, Thomas Laven für den Sauropoden auf S. 157 und Elke Gröning für die Zeichnung der Riesenlibelle Meganeura auf S. 88, des Urnetzflüglers Homoioptera auf S. 94 und des Riesentausendfüßers auf S. 98/99.

Marjorie Courtenay-Latimers Skizze (S. 74) wurde vom J. L. B. Smith Institute of Ichthyology zur Verfügung gestellt. Scheuchzers Flugblatt (S. 106) ist abgedruckt in Herbert Wendts «Ich suchte Adam» (rororo 1965). Die Abbildung des versteinerten Baumes (S. 119) von 1759 findet sich im Archiv des Museums für Naturkunde Chemnitz, der Holzschnitt (S. 197) im «Atlas dinotherii gigantei» von A. v. Klipstein und J. J. Kaup aus dem Jahre 1836. Die zwei historischen Rekonstruktionen des Dinotheriums (S. 198) finden sich in «Das Mammut und seine ausgestorbenen Verwandten» von Burkart Engesser, Oldrich Fejfar und Pavel Major (Veröffentlichungen aus dem Naturhistorischen Museum Basel, Nr. 20, 1996).

REGISTER

Kursiv gesetzte Zahlen verweisen auf Seiten mit Abbildungen.

Weißenhäuser Strand
HAMBURG
Elbe
GORLEBEN
Weser
Ems
Oder
BERLIN
Wiehengebirge
MÜNCHEHAGEN
HANNOVER
OSNABRÜCK
BARKHAUSEN
Wesergebirge
GOSLAR
CLAUSTHAL-ZELLERFELD
Harz
MÜNSTER
Rhein
Ruhr
BOCHUM
HAGEN
Rh. Schiefergebirge
KASSEL
Thüringer Wald
DRESDEN
FREIBERG
CHEMNITZ
GLAUCHAU
Erzgebirge
KÖLN
Rheinisches Schiefergebirge
Westerwald
BONN
Ägidienberg
ENSPEL
Stöffel
Steigerberg
KOBLENZ
Eifel
FRANKFURT
Main
BUNDENBACH
MAINZ
MESSEL
DARMSTADT
BAD KREUZNACH
ALZEY
EPPELSHEIM
Hunsrück
Rhein
KARLSRUHE
Altmühl
SOLNHOFEN
EICHSTÄTT
Donau
STUTTGART
HOLZMADEN
TÜBINGEN
Schwarzwald
Schwäbische Alb
Lontal/Vogelherdhöhle
MÜNCHEN
TROSSINGEN
SEEWIESEN
ÖHNINGEN
Alpen